职业教育汽车类专业教材

发动机原理与汽车理论

（第5版）

李　晗　张西振　主　编
高元伟　仲琳琳　翟　静　副主编

人民交通出版社

北京

内 容 提 要

本书是职业教育汽车类专业教材。主要内容包括:发动机原理基础知识、发动机的换气过程、汽油机的燃料与燃烧、柴油机的燃料与燃烧、发动机的特性、汽车的动力性、汽车的制动性、汽车的使用经济性、汽车的操纵稳定性、汽车的舒适性、汽车的通过性。

本书可作为职业院校汽车类专业教材,也可作为汽车从业人员职业培训用书。

本书配有教学课件,教师可通过加入汽车高职教学研讨群(QQ:64428474)获取。

图书在版编目(CIP)数据

发动机原理与汽车理论/李晗,张西振主编.

5 版.—北京:人民交通出版社股份有限公司,2025.

7.—ISBN 978-7-114-20438-8

Ⅰ.U464.11

中国国家版本馆 CIP 数据核字第 20257BX572 号

Fadongji Yuanli yu Qiche Lilun

书　　名	:**发动机原理与汽车理论(第 5 版)**	
著 作 者	:李 晗　张西振	
责任编辑	:时　旭	
责任校对	:赵媛媛　魏佳宁	
责任印制	:张　凯	
出版发行	:人民交通出版社	
地　　址	:(100011)北京市朝阳区安定门外外馆斜街 3 号	
网　　址	:http://www.ccpcl.com.cn	
销售电话	:(010)85285911	
总 经 销	:人民交通出版社发行部	
经　　销	:各地新华书店	
印　　刷	:北京市密东印刷有限公司	
开　　本	:787×1092　1/16	
印　　张	:15	
字　　数	:351 千	
版　　次	:2004 年 1 月　第 1 版	
	2008 年 6 月　第 2 版	
	2013 年 7 月　第 3 版	
	2018 年 12 月　第 4 版	
	2025 年 7 月　第 5 版	
印　　次	:2025 年 7 月　第 5 版　第 1 次印刷　总第 23 次印刷	
书　　号	:ISBN 978-7-114-20438-8	
定　　价	:48.00 元	

(有印刷、装订质量问题的图书,由本社负责调换)

PREFACE 第5版前言

本教材第一版于2004年1月出版发行,2008年6月修订出版了第2版,2013年7月修订出版了第3版,2018年12月修订出版了第4版。为适应职业院校汽车类专业课程建设和教学改革的需要,同时不断紧跟现代汽车技术和市场的发展步伐,根据广大用书院校的要求,编者对此书进行修订再版。本版力求贴近汽车理论的实际问题,把编者多年的教学、科研经验融入其中,使其不但适用于汽车类专业的教学,也可作为汽车企业技术人员的参考书。此次修订主要聚焦以下几个方面:

1. 知识内容的优化

考虑到随着汽车电控技术的不断发展及汽车使用条件的优化,对汽车在磨合期、低温条件、高温条件、高原及山区条件、无路和坏路条件下的使用要求也不再严苛,因此对"第十二章 汽车性能的合理使用"进行了整章删减;为了帮助学习者梳理知识体系,拓展学习思路,提高学习效果,在每一模块增加了模块小结;考虑到国家对既具备专业知识和技能,又拥有良好的职业素养、创新能力、团队协作能力等综合能力的复合型人才的需求,将原有的学习目标细化为知识目标、技能目标和素养目标。

2. 引用标准的更新

由于与汽车各个性能相关的汽车评价和测试方法的标准发生了很大变化,本次修订全部参照现行标准进行了改写。

3. 编写质量的提升

修改了第 4 版中遗留的文字和图形错误，并加强了参考文献的校对与更新。

本教材继续保留了前 4 版的整体结构体系，全书共分为十一个模块，主要包括发动机原理基础知识、发动机的换气过程、汽油机的燃料与燃烧、柴油机的燃料与燃烧、发动机的特性、汽车的动力性、汽车的制动性、汽车的使用经济性、汽车的操纵稳定性、汽车的舒适性及汽车的通过性。

本次修订由辽宁省交通高等专科学校李晗、张西振担任主编，高元伟、仲琳琳、翟静担任副主编，其他参加编写的有吴胜良、张青松、张义、司景萍、李培军、项仁峰、沈沉等。全书由张西振教授统稿。

本教材在编写过程中参考了大量资料，也听取了很多企业专家的建议，在此对资料的原作者和各位专家一并表示衷心感谢。

受编者水平所限，书中难免存在不足或疏漏之处，欢迎使用本教材的师生和其他读者提出宝贵的意见。

编　者
2025 年 1 月

二维码索引

CONTENTS **目　录**

发动机原理基础知识

学习目标

◈ **知识目标**

1. 能够描述工程热力学基本概念、工程热力学中气体的基本状态参数及理想气体的状态方程；

2. 能够描述热力学第一定律的相关概念及公式；

3. 能够描述热力学第二定律的相关概念；

4. 能够描述发动机的实际循环与理想循环的区别；

5. 能够描述发动机性能评价指标的计算方法；

6. 能够描述影响发动机机械效率的因素。

◈ **技能目标**

1. 能够运用气体的热力性质、热力学第一定律及热力学第二定律的知识,分析发动机的工作过程；

2. 能够分析总结与发动机性能相关的各种因素,以及提高发动机性能的措施；

3. 能够计算发动机性能指标,并对发动机性能进行评价；

4. 能够计算发动机机械效率,并分析影响发动机机械效率的因素。

◈ **素养目标**

1. 学习气体热力性质的相关知识,强化不计较个人得失、把集体利益放在第一位的奉献意识；

2. 学习热力学第一定律的相关知识,摒弃不劳而获的懒惰思想,建立正确的劳动价值观念；

3. 学习发动机的实际循环与理想循环的区别,培养坦然面对困难、勇敢接受挑战的优秀品质；

4. 学习发动机机械效率相关知识,树立学无止境、不断追求进步的人生态度。

模块导学

发动机原理主要以发动机的性能指标为主线,通过分析影响发动机各个工作过程的因素,找出提高汽车发动机性能的一般规律和具体措施。

发动机原理是以工程热力学为基础,来研究发动机工作过程的。本模块重点介绍学习发动机原理所必需的工程热力学基础知识、发动机循环和评价发动机性能的指标。

一　气体的热力性质

（一）基本概念

1. 工质

汽车发动机是将燃料燃烧的热能转换成机械能的机器,而热能与机械能的相互转换,是由发动机汽缸内的气体通过吸热、放热、压缩、膨胀等热力过程来实现的。在热力学中,将实现热能与机械能相互转换的工作物质称为工质。

工质的概念

因为气体具有良好的流动性和膨胀性,所以汽车发动机采用的工质都是气体。

2. 热力系统

研究发动机的工作过程,主要是研究发动机汽缸内气体的热力过程。在热力学中,将作为研究对象的某一宏观尺寸范围内的工质称为热力系统,如汽缸内的气体;将热力系统以外和热功转换过程有关的其他物体统称为外界。

3. 热力状态

在发动机工作过程中,作为工质的气体本身也在不断变化,宏观上表现为气体温度、压力、容积等的变化。在热力学中,把工质在某一时刻所处的宏观状况称为工质的"热力状态",简称"状态"。在研究中,为便于说明气体状态的变化,可以选用一些物理量来描述气体所处的状态,这些用来描述气体状态的物理量即称为气体的状态参数,如温度、压力和容积等。

应当注意:状态参数只取决于气体所处的状态,即气体的状态一定时,状态参数则必须有固定的数值,否则,就不是状态参数。

4. 热力过程

在热力学上,将热力系统中的工质从某一初始状态变化到另一状态所经历的整个过程称为热力过程。

（二）基本状态参数

工程热力学中规定的气体状态参数有很多,而发动机原理中常用的是可以直接用仪器测量的温度(T)、压力(p)和比体积(v)三个状态参数,又称基本状态参数。

1. 温度

在日常生活中,通常用温度来描述物体的冷热程度。热的物体温度高,冷的物体温度低。冷热程度不同的两物体互相接触后,就会有热量传递,通常是冷的物体吸收热量而温度升高,热的物体放出热量而温度降低。经过一段时间后,两物体的温度达到相同时,不再发生热量传递。

按分子动理论,温度是描述物体内部大量分子不规则运动剧烈程度的物理量,是分子运动速度的代表。气体的温度越高,分子平均运动速度越高,气体内部分子的平均动能就越大。

热力学中所用的温度是开氏温度,用符号 T 表示,单位为开尔文,简称开,单位符号为 K。K 是国际单位制(SI)的基本单位。国际单位制规定,采用水的三相点温度,即水的固相(冰)、液相(水)和气相(水蒸气)三相平衡共存的温度,作为定义热力学温度的基准,并严格规定水的三相点温度为 273.16K,而热力学温度 1K 等于三相点温度的 1/273.16。

工程上所用的摄氏温度用符号 t 表示,单位为摄氏度,单位符号为℃,摄氏温度与开氏温度的换算关系为:

$$t = T - 273.15$$

由此可见,摄氏温度的零点($t = 0$)与水的三相点并不严格相等。三相点 273.16K 相当于摄氏温度 0.01℃,开氏温度 0K 相当于摄氏温度 -273.15℃。

在工程上为了简化计算,常把摄氏温度与开氏温度的换算关系式近似写为:

$$t = T - 273$$

必须注意,只有开氏温度才是状态参数,开氏温度不可能有负值。

2. 压力

单位面积上所受的垂直作用力称为压力,物理学上称之为压强。气体的压力就是气体对单位面积的容器壁所施加的垂直作用力。按分子运动学说,气体的压力实质就是大量分子无规则运动而碰撞容器壁所产生的平均作用力。

热力学中的压力是指气体分子对单位容器壁产生的实际作用力,称为绝对压力,用符号 p 表示,单位是帕斯卡,简称帕,单位符号为 Pa,因为帕的单位很小,所以常用千帕(kPa)或兆帕(MPa)作单位。

$$1kPa = 10^3 Pa$$

$$1MPa = 10^6 Pa$$

必须注意,只有绝对压力才是气体的状态参数。在实际中,当气体的绝对压力高于大气压力时,用压力表测量的气体压力不是气体的绝对压力,而是气体的绝对压力与当时大气压力 p_0 的差值,称为表压力,用 p_g 表示,则:

$$p = p_g + p_0$$

而当气体的绝对压力低于大气压力时,用真空表测得的数值是大气压力与气体绝对压力的差值,称为真空度,用 p_v 表示,则:

$$p = p_0 - p_v$$

气体的绝对压力与表压力和真空度的关系如图 1-1 所示。

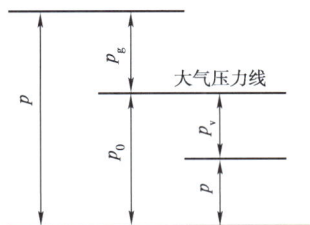

图 1-1　绝对压力与表压力和真空度的关系

压力的概念

3. 比体积

单位质量的气体所占的容积称为气体的比体积,用符号 v 表示,单位为 m^3/kg,则:

$$v = \frac{V}{m}$$

式中:V——气体的总容积,m^3;

m——气体的质量,kg。

(三) 理想气体状态方程

理想气体仅是热力学研究中的一种理想模型。所谓理想气体,就是假设分子本身不占体积,分子之间也没有吸引力的气体。当气体的压力较低或温度较高时,由于气体分子间的距离远大于其分子直径,并且分子的质量很小,所以分子间的相互吸引力可忽略不计;同时,气体分子所占的体积比其容积小得多,也可忽略不计。因此,在对汽车发动机的研究过程中,空气、混合气和废气均可近似看作理想气体。

理想气体的温度(T)、压力(p)和比体积(v)三者之间的关系式,称为理想气体状态方程(克拉贝隆方程)。它是在实验基础上,根据分子动理论导出的。

对 1kg 理想气体,其状态方程为:

$$pv = RT$$

对 m kg 的理想气体,其状态方程则为:

$$pV = mRT$$

式中:V——m kg 理想气体的总容积,m^3,$V = mv$;

R——气体常数,其数值取决于气体的性质,kJ/ (kg·K)。

理想气体状态方程说明了任意状态下三个基本状态参数之间的相互关系,在气体质量一定的情况下,只要任意两个状态参数一定,则第三个状态参数也一定。因此,在分析发动机的工作过程中,通常用两个状态参数组成的坐标图来表示气体状态的变化过程,如图 1-2 所示为压力-比体积坐标图,简称压容图或 p-v 图。

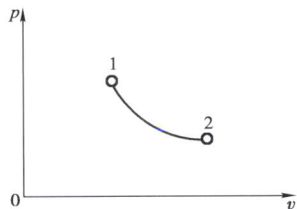

图 1-2　p-v 图

1、2-分别代表理想气体两个不同的状态

二 热力学第一定律

（一）功、热量和内能

1. 功

在热力学中,功是指当气体的压力和容积发生变化时,气体与外界之间相互传递的机械能。功一般用符号 W 表示,单位为焦耳,单位符号为"J",也常用"kJ"为单位,$1kJ = 10^3 J$。

如图 1-3 所示,设封闭汽缸内的气体质量为 1kg,活塞截面积为 $A(m^2)$,气体的压力为 p,活塞被气体推动一个微小距离 dx,在此期间,1kg 气体容积(即比体积)的微小变化量为:

$$dv = Adx$$

若不考虑活塞与汽缸之间的摩擦和漏气等损失,按力学上定义的功等于物体所受的力与在力作用下使物体移动的距离之积,则 1kg 气体对外界所做的微元功为:

$$dw = pAdx = pdv$$

若已知气体从状态 1 变化到状态 2 的过程中,气体压力 p 与比体积 v 之间的函数关系,则 1kg 气体对外界所做的功为:

$$w = \int_{v_1}^{v_2} pdv$$

根据积分原理,1kg 气体对外界所做的功也就是在 p-v 图上曲线下面阴影部分的面积。因此,p-v 图又可称为示功图。

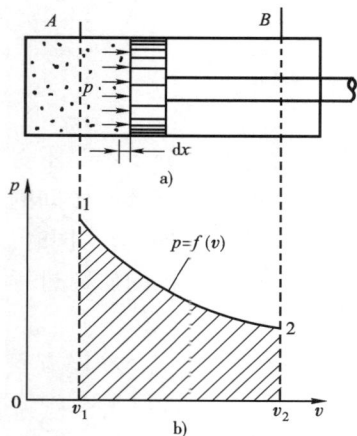

图 1-3   1kg 气体对外所做的功

若汽缸内的气体质量为 m,其总容积 $V = mv$,则气体从状态 1 变化到状态 2 对外所做的功为:

$$W = mw = \int_{v_1}^{v_2} pmdv = m\int_{v_1}^{v_2} pdv$$

从功的计算公式不难看出,气体状态发生变化时,对外所做的功不仅与气体的初、终状态有关,而且与气体所经历的热力过程有关。热力过程的性质不同,如吸热或放热等,气体压力 p 和比体积 v 之间的函数关系也不同。此外,当气体的状态变化使容积(或比体积)增加时,所做的功为正值,即气体膨胀对外做功;反之,当气体的状态变化使容积(或比体积)减小时,所做的功为负值,即外界对气体做功使气体压缩。

2. 热量

温度不同的两个物体相互接触时,就会有热量传递,通常是高温物体将热量传递给低温物体,使低温物体温度升高,而高温物体自身的温度则降低,直到两物体的温度相等后,不再有热量传递。在上述过程中,传递热量的多少与两个物体大小和温度差有关,由于随着两物体温度的变化,温度差逐渐减小,高温物体向低温物体传递热量的速度也逐渐变慢。

应当注意,按状态参数的定义,功和热量都不是气体的状态参数,它们的数值与气体所处的状态无关,而是在热力过程中气体(即热力系统)与外界之间传递的能量。因此,不能说"气体在某一状态下具有多少功或热量",而只能说"气体在某一热力过程中与外界交换了多少功或热量"。热量和功的根本区别在于:功是两物体间通过宏观的运动发生相互作用而传递的能量,热量则是两物体间通过微观的分子运动发生相互作用而传递的能量。

按分子动理论,物体温度高低代表了其分子运动能量的大小,温度不同的两个物体接触后,由于其分子在不规则的运动中相互碰撞,于是具有较大运动能量的分子将能量传递给运动能量较小的分子,所以说热量仅是由于温度不同,在两个物体间通过微观的分子运动作用而传递的能量。

通常 1kg 气体与外界传递的热量用符号 q 表示,$m$kg 气体与外界传递的热量用符号 Q 表示,热量的国际单位与功一样为焦耳,单位符号为 J,也常用 kJ 为单位。

在用热力学方法分析发动机工作过程中,通常用比热来计算热量。比热是指单位量的物质温度每变化 1K 时吸收或放出的热量,用符号 c 表示,即:

$$c = \frac{dq}{dT}$$

式中:dq——单位量的物质在温度变化 dT 时吸收或放出的热量。

气体比热的数值与物理量单位、气体的种类、热力过程及加热(或放热)时的温度有关。当物量理单位、气体的种类、气体经历的热力过程一定时,气体的比热是温度的函数,因此热量可用下列方法进行计算:

1kg 气体的温度发生微量变化 dT 时,吸收或放出的微元热量 dq 为:

$$dq = cdT$$

1kg 气体的温度从 T_1 变化到 T_2 时,吸收或放出的热量 q 为:

$$q = \int_{T_1}^{T_2} cdT$$

$m$kg 气体的温度从 T_1 变化到 T_2 时,吸收或放出的热量 Q 为:

$$Q = mq = \int_{T_1}^{T_2} cmdT$$

同时规定,气体从外界吸收热量 Q 为正,而气体向外界放出热量 Q 为负。

3. 内能

气体的内能就是指气体内部所具有的各种能量的总和,主要由气体分子运动的动能和分子间的位能组成。分子运动的动能包括分子直线运动动能、旋转运动动能、分子内原子振动能、原子内的电子振动能等,它仅取决于气体的温度,随温度的升高分子运动的动能增大。分子间的位能是分子间相互吸引而形成的,它取决于气体的压力或比体积。当气体的状态一定时,气体的温度、压力和比积都有固定的数值,其内能也必然有固定的数值,所以内能也是气体的状态参数。

对于理想气体而言,因假设其分子间没有引力,也就没有位能,所以理想气体的内能仅指其内部动能,它是温度 T 的单值函数。1kg 气体的内能用符号 u 表示,单位为 J/kg 或 kJ/kg,则:

$$u = f(T)$$

在对发动机进行的热功转换过程进行分析时,通常只需计算气体内能的变化值,而不需确定在某一状态下气体内能有多少。1kg 气体的温度从 T_1 变化到 T_2 时,其内能的变化量 Δu 为:

$$\Delta u = u_2 - u_1 = f(T_2) - f(T_1)$$

$m$kg 气体的内能用符号 U 表示,单位为 J 或 kJ,温度从 T_1 变化到 T_2 时,其内能的变化量 ΔU 为:

$$\Delta U = U_2 - U_1 = m[f(T_2) - f(T_1)]$$

(二)热力学第一定律的内容

在热力学中,热力学第一定律可以表述为:热和功可以相互转换,为了获得一定量的功,必须消耗一定量的热;反之,消耗一定量的功,必会产生一定量的热。

热力学第一定律是能量转换与守恒定律在热力学中的具体表述,其意义在于告诉人们不消耗能量而可获得机械功的第一类永动机是不存在的,在利用气体实现热功转换的发动机工作过程中,气体与外界交换的机械功和热量与其内能的变化量三者之间遵循能量守恒原则。

根据能量转换与守恒定律,1kg 气体由状态 1 变化到状态 2 所经历的过程中,如果气体与外界交换的热量为 q_{1-2},机械功为 w_{1-2},内能的变化量为 $u_2 - u_1$,三者之间的平衡关系可用能量平衡方程表示为:

$$q_{1-2} = u_2 - u_1 + w_{1-2}$$

$m$kg 气体由状态 1 变化到状态 2 所经历的过程中,则有:

$$Q_{1-2} = U_2 - U_1 + W_{1-2}$$

上述能量平衡方程表明,气体在经历状态变化的过程中,从外界吸收的热量等于其内能的增加量与对外所做的机械功之和。

注意:方程中各项可以是正数或负数,规定与前述相同,其总结见表 1-1。

功、热量和内能的正负　　　　　　表 1-1

热量 q 或 Q	工质从外界吸收热量	正
	工质向外界放出热量	负
功 w 或 W	工质膨胀对外做功	正
	工质压缩消耗功	负
内能增量 $u_2 - u_1$ 或 $U_2 - U_1$	工质内能增加	正
	工质内能减少	负

三 热力学第二定律

（一）热力循环

发动机是利用气体吸热后膨胀来获得机械功的,但由于气体推动活塞运动的行程是有限的,所以仅靠单一的气体膨胀过程,不可能使发动机连续不断地做功。为使发动机连续不断地做功,就必须在气体膨胀做功后,通过外界使其压缩再回到初始状态。在热力学中把工质由某一初始状态出发,经过一系列的状态变化再重新回到初始状态所经历的一个封闭过程称为热力循环,简称循环。

循环可分为正向循环和逆向循环。把热能转换成机械功的循环称为正向循环,如汽车发动机的工作循环。消耗外界机械功而将热量从低温物体传递给高温物体的循环称为逆向循环,如冰箱、空调的循环。

在一个循环中,由于气体从某一初始状态经过一系列的状态变化再回到初始状态,所以循环可用 p-v 图上的封闭曲线来表示。如图 1-4 所示,设封闭曲线 1—a—2—b—1 表示 1kg 工质进行正向循环。由 p-v 图可以看出,工质在 1—a—2 膨胀过程中吸收热量 q_1,并对外界做功;在 2—b—1 压缩过程中消耗机械功,并向外界放出热量 q_2;工质膨胀时对外界做的功大于压缩时消耗的功,

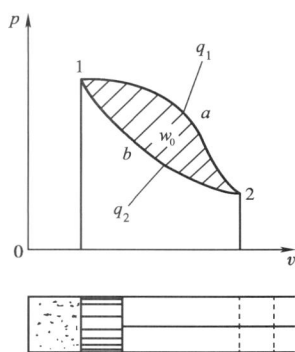

图 1-4 热力循环 p-v 图

循环中工质所做的净功 w_0 可用 p-v 图上封闭曲线 1—a—2—b—1 所包围的面积(图 1-4 中阴影部分)表示;循环中工质从外界吸收的净热量为膨胀过程吸收热量的绝对值 q_1 与压缩过程向外界放出热量的绝对值 q_2 的差值,即 $(q_1 - q_2)$。由于工质经过一个循环又回到初始状态,其内能不发生变化,即 $\Delta u = 0$。根据热力学第一定律则可得出:

$$q_1 - q_2 = w_0$$

上式说明,工质在循环中从高温热源吸收热量 q_1,只将其中的一部分转换成机械功 w_0,而另一部分热量 q_2 传递给低温热源。

对 $m$kg 工质进行的热力循环,净功与净热量之间的关系为:

$$Q_1 - Q_2 = W_0$$

式中：W_0——工质在循环中做的净功,kJ;

Q_1——工质在循环中吸收的热量,kJ;

Q_2——工质在循环中放出的热量,kJ。

（二）循环评定指标

发动机工作过程中,工质向低温热源传递的热量一般是无法回收利用的。为评价发动机循环进行的好坏,通常用循环热效率和循环平均压力来评定。

1. 循环热效率

循环热效率是指循环中热功转换的效率,它等于循环中工质对外界做的净功与从高温热源吸收的热量之比,用符号 η_t 表示,即:

$$\eta_t = \frac{W_0}{Q_1} = \frac{Q_1 - Q_2}{Q_1} = 1 - \frac{Q_2}{Q_1}$$

循环热效率说明了在实现热功转换过程中的热量利用程度,可用来评定循环在能源利用方面的经济性,是评定发动机性能的重要指标之一。

2. 循环平均压力

循环平均压力用来评定循环的动力性,它是指单位汽缸工作容积所做的循环功,用符号 p_t 来表示,即:

$$p_t = \frac{W_0}{V_h}$$

式中:V_h——汽缸工作容积,m^3。

(三)热力学第二定律的内容

热力学第一定律和第二定律都是人们经过长期的生产实践总结出来的规律,这两条基本定律是热力学的理论基础。根据热力学第一定律可以知道热功转换时能量守恒,但是,根据热力学第一定律解决不了在热机中燃料燃烧所产生的热量能否全部地利用来做功的问题。要回答这一类热功转换条件的问题,必须依赖热力学第二定律。

热力学第二定律常用的表述都是说明实现某种具体热功转换过程的必要条件。因为这种具体过程非常多,所以热力学第二定律的表述方式也很多,以下两种主要的表述方式具有普遍意义。

(1)热力学第二定律的开尔文(英国)表述:"不可能建造一种循环工作的机器,其作用只是从单一热源取热并全部转变为功,而不引起其他变化。"

"单一热源"是指温度均匀并且恒定不变的热源。"其他变化"就是指除了由单一热源吸热,把所吸的热用来做功以外的任何其他变化。

这一表述说明,从单一热源(如大气、海洋或大地等)不断地吸取热量而将它全部转换成机械功的第二类永动机是不可能制成的,为了连续地获得机械功,至少必须有两个热源,即高温热源和低温热源,热机工作时,从高温热源取得热量,只能把其中一部分转变为机械功,而把其余的一部分热量传递给低温热源。任何热机循环的热效率都不可能达到100%。

(2)热力学第二定律的克劳修斯(德国)表述:"不可能将热量由低温物体传向高温物体而不引起其他变化。"

这一表述说明:不管使用什么机器,都不可能不付代价地实现把热量由低温物体转移到高温物体。各种制冷机都必须消耗功并把这些功转换为热量和低温物体的热量一起传给高温物体,才能获得制冷,使低温物体的温度进一步降低。

热力学第二定律尽管有各种不同的表述方式,但其实质都是从不同的现象来说明热力过程进行的方向性,可概括为这样一个事实:一切自发地实现的过程都是不可逆的。所谓

"自发过程"是指符合自然规律、能够自发地无条件地实现的过程,例如压缩气体时消耗的功转变成热量,或温度不同的两个物体接触时热量由高温物体传向低温物体等就是这类过程。"不可逆"是指自发过程的反向过程是不能无条件地自发地实现的,即进行一个自发过程后,不论用何种复杂的方法,都不可能使系统和外界都恢复原状而不留下任何变化。

四　发动机循环

发动机循环的各个过程进行情况直接影响发动机的性能。研究发动机循环,目的在于分析影响发动机性能的各种因素,进而找出改善发动机循环、提高发动机性能的一般规律。

(一) 发动机的实际循环

发动机的工作过程就是实际循环不断重复进行的过程。发动机实际通常用汽缸内工质的压力 p 随汽缸容积 V(曲轴转角 θ)而变化的图形来表示,如图 1-5 所示为四冲程非增压发动机的实际循环 $p\text{-}V$ 图和 $p\text{-}\theta$ 图。

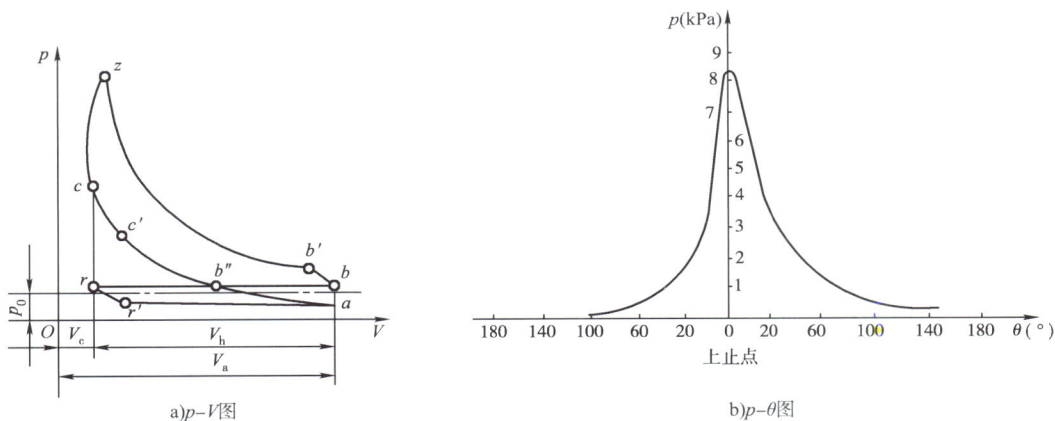

图 1-5　四冲程非增压发动机实际循环图
p_0-大气压力;V_c-燃烧室容积;V_h-汽缸工作容积;V_a-汽缸总容积

四冲程发动机的实际循环由进气、压缩、燃烧、膨胀和排气 5 个热力过程组成。

1. 进气过程(图 1-5a 中 $r\text{-}a$ 线)

进气过程是发动机将新鲜空气或混合气吸入汽缸的过程,其作用是为热功转换做必要的准备。

在进气过程中,活塞由上止点向下止点移动,进气门在活塞到达上止点前开启,排气门在活塞到达上止点后关闭。

进气过程的初始点 r 也就是上一循环排气过程的终点。由于上一循环排气过程中残留在燃烧室内的废气压力(r 点的压力 p_r)高于大气压力 p_0,所以进气过程开始后,随着活塞下行,首先是残余废气膨胀,使汽缸内气体的压力

进气过程

下降。直到汽缸内气体的压力下降到低于大气压力的 r' 点时,在压力差的作用下,新鲜气体经发动机进气系统被吸入汽缸。

由于进气系统有阻力,进气终了的压力(a 点的压力 p_a)仍低于大气压力。新鲜气体进入汽缸后,因受到高温机件和残余废气的加热,进气终了的温度(a 点的温度 T_a)总是高于大气温度 T_0。进气终了的压力和温度一般为:

汽油机 $\qquad\qquad\qquad\qquad p_a = (0.80 \sim 0.95)p_0$

$$T_a = 310 \sim 340\text{K}$$

柴油机 $\qquad\qquad\qquad\qquad p_a = (0.75 \sim 0.90)p_0$

$$T_a = 370 \sim 400\text{K}$$

进气过程进行的好坏,可用实际进入汽缸的新鲜空气或混合气的数量来评定,由理想气体状态方程不难得出:在汽缸容积一定时,提高进气终了压力、降低进气终了温度是增加进气量的有效措施。进气量的增加意味着循环加热量的增加,循环热效率一定时,可增加循环净功,从而提高发动机动力性。

在实际发动机工作过程中,由于进气门的迟后关闭和进气流的惯性,新鲜气体被吸入汽缸的过程直到活塞达下止点(a 点)后,进气门关闭时为止。

2. 压缩过程(图 1-5a 中的 a-c 线)

活塞在汽缸内压缩工质的过程,即为压缩过程。压缩过程的作用是提高汽缸内气体的温度和压力,为着火燃烧创造有利条件。同时,通过压缩过程使活塞回到上止点位置,以便为气体推动活塞做功做好准备。

在压缩过程中,活塞从下止点向上止点移动,排气门仍处于关闭状态,进气门也在下止点(a 点)后不久关闭。缸内气体受压后温度和压力不断上升,气体被压缩的程度用压缩比 ε 表示,压缩比等于压缩初始气体的容积与压缩终了气体的容积之比,即:

$$\varepsilon = \frac{V_a}{V_c} = \frac{V_c + V_h}{V_c} = 1 + \frac{V_h}{V_c}$$

式中:V_c——燃烧室容积,L;

$\quad V_h$——汽缸工作容积(汽缸排量),L;

$\quad V_a$——汽缸总容积,L。

压缩过程

压缩比是发动机的重要结构参数之一。压缩比过低会使发动机动力性、经济性和排放性下降,提高压缩比又受到机件强度和不正常燃烧的限制,一般发动机的压缩比为:

汽油机 $\qquad\qquad\qquad\qquad \varepsilon = 8 \sim 12$

柴油机 $\qquad\qquad\qquad\qquad \varepsilon = 14 \sim 22$

发动机的实际压缩过程是一个复杂的热力过程。压缩开始,刚刚进入汽缸的新鲜气体温度较低,从接触的高温机件(如缸壁和活塞顶)上吸收热量;随着压缩过程的进行,气体温度不断升高,到某一瞬时与接触的高温机件温度相等时,与外界没有热量交换;此后,随着气体温度的继续升高,高温气体又会向与之接触的机件放热。整个压缩过程总体来说,缸内气体的放热量大于其吸热量。

不难想象,将压缩过程所消耗的机械功全部转变成气体的内能储存起来是最理想的,也就

是说压缩过程最好没有热量损失。但实际发动机压缩过程中,汽缸内气体的平均温度总是高于与之接触的机件,所以不可避免地存在传热损失,此外气体泄漏和摩擦也会造成能量损失。

在实际工作中,经常测量压缩终了的压力(c 点的压力 p_c),用于评定发动机的性能或诊断故障。压缩终了的压力过低,会导致发动机动力性、经济性下降,使用中出现动力不足、起动困难、燃料消耗增加等故障现象。压缩终了的压力过低,说明发动机汽缸密封不良,其主要原因一般是气门密封不良、活塞和汽缸磨损严重等。

压缩终了的压力 p_c 和温度 T_c 一般为:

汽油机　　　　　　　　　　　　$p_c = 834 \sim 1960 \text{kPa}$

　　　　　　　　　　　　　　　$T_c = 600 \sim 700 \text{K}$

柴油机　　　　　　　　　　　　$p_c = 2940 \sim 4900 \text{kPa}$

　　　　　　　　　　　　　　　$T_c = 750 \sim 950 \text{K}$

3. 燃烧过程(图 1-5a 中的 c-z 线)

燃烧过程是指汽缸内的混合气通过外源点火或自燃着火燃烧的过程,其作用是通过燃料燃烧对汽缸内的气体加热,以提高缸内气体的温度和压力,为膨胀做功积聚能量。

在压缩过程中,活塞位于压缩上止点附近,进、排气门均关闭。

在汽油机中,当活塞压缩到上止点前(图 1-6b 中点 c'),由电火花点燃混合气,火焰迅速传遍整个燃烧室,使缸内气体的温度和压力急剧上升,其压力在极短的时间内达到最高值。由于汽油机燃烧过程进行的速度快,燃烧过程中汽缸内的容积变化很小,所以对汽缸内的气体而言,经历的热力过程(图 1-6b 中 c-z 线)接近"定容加热过程"。

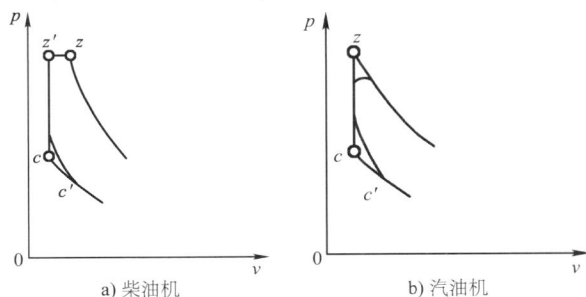

图 1-6　发动机实际循环的燃烧过程

a) 柴油机　　　　b) 汽油机

燃气发动机与汽油机类似,在活塞运行到压缩上止点前,由电火花点燃混合气,或喷入汽缸的少量柴油自燃后引燃混合气,燃气混合气的燃烧速度也非常快,燃烧过程也接近"定容加热过程"。

在柴油机中,同样应在上止点前开始喷油和燃烧。由于柴油的混合气是在汽缸内部形成的,燃烧开始时,燃烧速度很快,汽缸容积变化很小,缸内的气体经历的热力过程(图 1-6a 中 c-z'线)接近"定容加热过程";随后是边喷油边形成混合气边燃烧,燃烧速度减慢,而且活塞下移使汽缸容积增大,尽管仍在对缸内气体加热,但其压力变化不大,只是温度仍继续增高,所以后期缸内气体经历的热力过程(图 1-6a 中 z'-z 线)接近"定压加热过程"。

燃烧过程放出的热量越多,放热时越靠近上止点,则热效率越高。

在实际燃烧过程中,不仅有散热损失,燃烧不完全损失,而且由于燃烧不是瞬时完成的,需要一定时间,因此还存在非瞬时燃烧损失。

燃烧压力和最高温度一般为:

汽油机 　　　　　　　　$p_z = 2940 \sim 4900\text{kPa}$

　　　　　　　　　　　　$T_z = 2200 \sim 2800\text{K}$

柴油机 　　　　　　　　$p_z = 5880 \sim 8830\text{kPa}$

　　　　　　　　　　　　$T_z = 1800 \sim 2200\text{K}$

燃烧过程

4. 膨胀过程(图 1-5a 中的 z-b 线)

膨胀过程是燃烧后的高温、高压气体膨胀推动活塞移动做功的过程。

在膨胀过程中,进、排气门均关闭,活塞由上止点向下止点移动,随着汽缸容积增大,气体的压力、温度迅速下降。

发动机的实际膨胀过程与压缩过程情况相似,也是一个复杂的热力过程。在膨胀开始时,由于存在继续燃烧现象,汽缸内的气体继续被加热,但同时高温气体也向与之接触的温度相对较低的机件放热,气体的吸热量大于放热量;到某一瞬时,燃烧对缸内气体的加热量与气体向外界的放热量相等;随后缸内气体向外界的放热量会超过其吸热量。整个膨胀过程总体来说,缸内气体的吸热量大于放热量。

实际膨胀过程中的散热损失和漏气损失,会造成缸内气体压力的下降,使气体推动活塞所做的功减少。为提高发动机性能,不仅希望膨胀过程无热量损失,也希望气体在膨胀过程中的吸热量越少越好。在膨胀过程进行的燃烧称为补燃,气体在膨胀过程中的吸热量越多,意味着补燃越多,而补燃放出的热量如果在活塞上止点附近的正常燃烧过程中对缸内气体加热,必然能进一步提高膨胀过程中气体的平均压力,增加膨胀所做的功。但实际补燃放出的热量是在远离活塞上止点后对缸内气体加热的,所以补燃越多,膨胀过程气体的平均工作压力降低,所做的功减少,热效率下降,发动机的动力性和经济性变差。

膨胀过程终了 b 点的压力和温度越低,说明气体膨胀和热量利用越充分。柴油机与汽油机相比,柴油机的压缩比高,活塞的行程长,气体膨胀和热量利用更充分,所以柴油机膨胀终了的温度和压力较汽油机低,热效率也较高。

膨胀终了的压力和温度一般为:

汽油机 　　　　　　　　$p_b = 294 \sim 490\text{kPa}$

　　　　　　　　　　　　$T_b = 1500 \sim 1700\text{K}$

柴油机 　　　　　　　　$p_b = 196 \sim 392\text{kPa}$

　　　　　　　　　　　　$T_b = 1000 \sim 1400\text{K}$

膨胀过程

5. 排气过程(图 1-5a 中的 b'-b-r 线)

排气过程是指将已燃烧且完成做功的废气排出汽缸的过程,其作用是为下一循环吸入新鲜空气或混合气做准备。

在膨胀过程末期,活塞接近下止点(图 1-5a 中的 b' 点)时排气门开启,具有较高压力的废气高速流出汽缸。当活塞由下止点向上止点移动时,汽缸内的废气被进一步强制排出。排出的废气具有一定的压力和较高的温度,必然会带走部分热量造成损失。

由于发动机排气系统存在阻力,使排气终了的压力略高于大气压。在实际工作中,也常用排气温度作为检查发动机工作状态的技术指标,排气终了温度偏高,说明发动机工作过程不良,热功转换效率低。

排气终了(r点)的压力和温度一般为:

汽油机　　　　　　　　　　$p_r = (1.05 \sim 1.20)p_0$

$$T_r = 850 \sim 1200\mathrm{K}$$

柴油机　　　　　　　　　　$p_r = (1.05 \sim 1.20)p_0$

$$T_r = 700 \sim 900\mathrm{K}$$

排气过程

实际上,发动机工作时由于排气门的迟后关闭和气流惯性,排气过程并不是在图1-5a)中的r点结束,而是直到活塞上止点之后排气门关闭时为止。

(二) 发动机的理想循环

1. 实际循环的简化

发动机的工作过程十分复杂,为了便于研究,在工程热力学中通常将发动机实际工作循环加以抽象和简化,形成由几个基本热力过程所组成的理想循环。用理想循环代替复杂的实际循环,进行理论分析和计算,可以用较简单的公式说明影响发动机性能的某些重要因素,从而指明提高发动机动力性和经济性的方向。

实际循环通常按以下条件简化成理想循环:

(1)假设汽缸内工质的数量不变,不考虑进、排气过程,并忽略漏气的影响。

(2)假设压缩过程和膨胀过程均是绝热过程,不考虑传热损失和补燃损失。

(3)假设燃烧过程为对工质进行的定容加热过程或定压加热过程,排出的废气带走热量用定容放热过程代替。

(4)假设工质为理想气体,工质吸热或放热时的比热为固定值。

(5)不考虑实际循环中存在的摩擦等能量损失。

2. 柴油机的理想循环

汽车上用的柴油机均为高速柴油机,按燃烧过程的特点将其分成两部分,开始阶段燃烧速度较快简化为定容加热过程,后期燃烧较慢简化为定压加热过程,所以柴油机的理想循环又称混合加热循环。

如图1-7所示,柴油机的混合加热循环由5个基本热力过程组成:1—2为绝热压缩过程;2—3为定容加热过程,吸热量为Q_{1v};3—4为定压加热过程,吸热量为Q_{1p};4—5为绝热膨胀过程;5—1为定容放热过程,放热量为Q_2;循环净功为W。

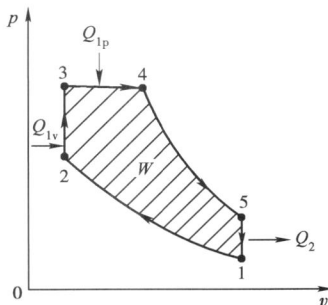

图1-7　混合加热循环p-v图

根据热力学中热量和循环热效率的计算公式,可求出混合加热循环的热效率为:

$$\eta_t = 1 - \frac{1}{\varepsilon^{k-1}} \frac{\lambda \rho^k - 1}{(\lambda - 1) + k\lambda(\rho - 1)}$$

式中: ε——压缩比, $\varepsilon = \dfrac{V_1}{V_2}$, V_1 为绝热压缩过程初始体积, V_2 为绝热压缩过程结束体积;

λ——压力升高比, $\lambda = \dfrac{p_3}{p_2}$, p_2 为定容加热过程初始压力, p_3 为定容加热过程结束压力;

ρ——预胀比, $\rho = \dfrac{V_4}{V_3}$, V_3 为定压加热过程初始体积, V_4 为定压加热过程结束体积;

k——绝热指数, $k = \dfrac{c_p}{c_v}$, 其中 c_p 为定压加热过程的比热, c_v 为定容加热过程的比热。

因理想气体的 c_p 和 c_v 均为定值,所以 k 也为定值,其值取决于气体的原子数,单原子气体 $k = 1.67$,双原子气体 $k = 1.4$,三原子气体 $k = 1.3$。

根据热力学公式和循环平均压力的定义式,可求出混合加热循环的平均压力为:

$$p_t = \frac{\varepsilon^k}{\varepsilon - 1} \cdot \frac{p_1}{k - 1}[(\lambda - 1) + k\lambda(\rho - 1)]\eta_t$$

式中: p_1——压缩初始点(图1-7中1点)的压力,即进气终了的压力。

3. 汽油机的理想循环

汽油机和燃气发动机在实际工作中,由于燃烧前混合气形成的质量比较好,其燃烧过程时间短、速度快,燃烧过程接近于对缸内气体进行的定容加热过程,所以汽油机的理想循环又称为定容加热循环。

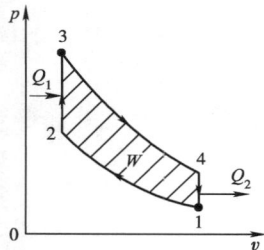

定容加热循环实际可看作预胀比 $\rho = 1$ 时的混合加热循环特例。如图1-8所示,定容加热循环由4个基本热力过程组成: 1—2 为绝热压缩过程; 2—3 为定容加热过程,吸热量为 Q_1; 3—4 为绝热膨胀过程; 4—1 为定容放热过程,放热量为 Q_2; 循环净功为 W。

由热力学公式推导或将 $\rho = 1$ 代入混合加热循环热效率和平均压力计算式,可分别得出定容加热循环的热效率为:

$$\eta_t = 1 - \frac{1}{\varepsilon^{k-1}}$$

图1-8 定容加热循环 $p\text{-}v$ 图

定容加热循环的平均压力为:

$$p_t = \frac{\varepsilon^k}{\varepsilon - 1} \cdot \frac{p_1}{k - 1}(\lambda - 1)\eta_t$$

发动机的理论循环

4. 理想循环的影响因素

由上述公式可见,影响循环热效率和平均压力的因素有:压缩比 ε、压力升高比 λ、预胀比 ρ、绝热指数 k 和进气终了的压力 p_1。

(1)压缩比 ε。随压缩比 ε 的增大,循环热效率 η_t 和平均压力 p_t 提高,这是因为提高压缩比,可以提高压缩终了的温度和压力,在定容加热量一定时,缸内最高压力(图1-7和图1-8中3点)提高,从而使膨胀过程的平均压力提高,膨胀过程做功增加;此外,提高压缩比,也就意味着膨胀过程活塞的有效行程增大,有利于高温高压气体的充分膨胀,不仅可获得更多的膨胀功,也可降低膨胀终了的温度,从而减少废气带走的热量损失。

综上所述,在循环加热量和汽缸工作容积一定时,提高压缩比,可增加循环功和减少热量损失,从而使循环热效率和平均压力提高。如图 1-9 所示为定容加热循环热效率与压缩比的关系,压缩比较小时,随压缩比提高,热效率迅速增加,但压缩比较大时,再提高压缩比效果就很小了。此外,提高压缩比也受机件材料的耐热性和强度以及不正常燃烧方面的限制。

(2)压力升高比 λ 和预胀比 ρ。在定容加热循环中,压力升高比 λ 取决于循环加热量 Q_1,压力升高比增大,意味着循环加热量增加。当压缩比一定时,工质的膨胀比不变,增加循环加热量只能使循环净功 W_0 和循环放热量 Q_2 均相应增加,而循环热效率不变,但循环平均压力提高。

在混合加热循环中,当压缩比和总加热量一定时,提高压力升高比 λ,也就意味着增加定容加热量 Q_{1v},而定压加热量 Q_{1p} 和预胀比 ρ 相应减小,所以在上止点附近有更多燃烧热量加给工质,从而可提高热量利用率,使循环热效率和平均压力提高。当压力升高比 λ 达到最大值时,预胀比 ρ 减小到 1,此时混合加热循环即变为定容加热循环,循环热效率和平均压力最大。反之,在混合加热循环中,预胀比 ρ 增加,意味着压力升高比 λ 减小,随预胀比增大,循环热效率和平均压力降低。

(3)绝热指数 k。绝热指数 k 对循环热效率的影响如图 1-10 所示,在压缩比一定时,随着绝热指数的增加,循环热效率提高。

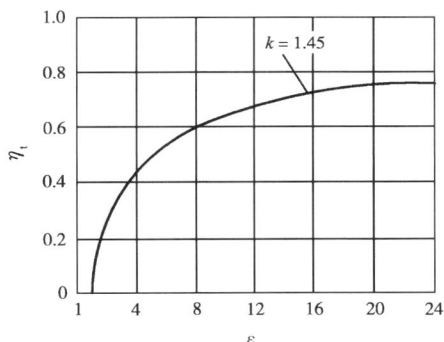

图 1-9 定容加热循环热效率与压缩比的关系

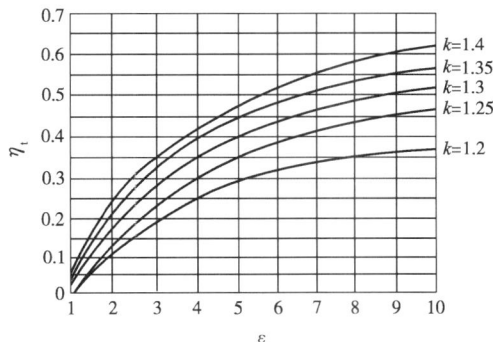

图 1-10 绝热指数对循环热效率的影响

绝热指数的大小取决于工质的性质,发动机工作时混合气的浓度是变化的,混合气绝热指数也随混合气浓度而变化。混合气浓度增加时,绝热指数减小,循环热效率降低;但随混合气加浓,循环加热量增加,所以循环平均压力增大。

(4)进气终了的压力 p_1。进气终了压力仅对循环平均压力产生影响,在其他参数一定时,随进气终了压力提高,汽缸内的最高温度和压力都会有所提高,所以循环平均压力也提高。

(三)实际循环与理想循环的差别

发动机的理想循环只是研究实际循环的一种理想模型,理想循环不可能完全取代实际循环。由于诸多因素的影响,实际循环不可能达到理想的程度,它的各项性能指标总是低于理想循环的指标,为改善实际循环使其更接近理想循环,了解实际循环与理想循环的差别非常必要。

如图1-11所示,实际循环与理想循环相比,主要存在各种损失。

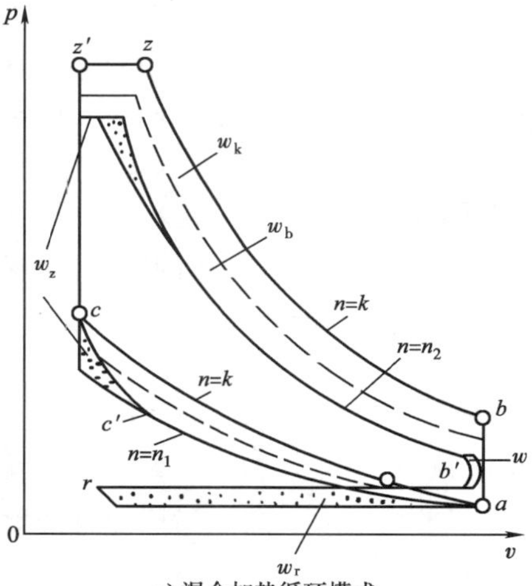

a) 混合加热循环模式 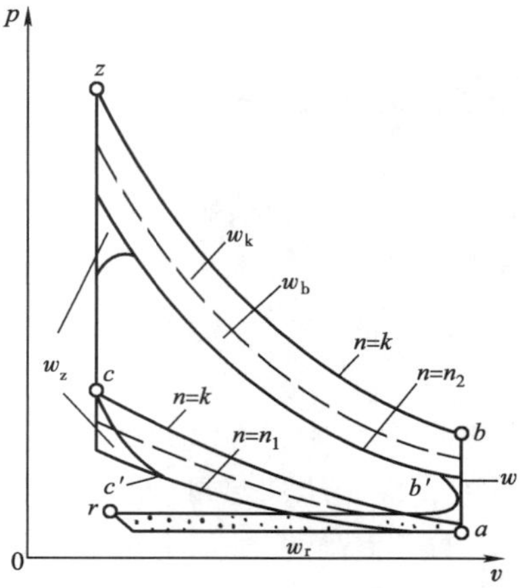　　　　　b) 定容加热循环模式

图1-11　发动机实际循环与理想循环的差别

w_k-实际循环气体存在的损失;w_z-非瞬时燃烧损失;w_r-泵气损失;w_b-传热损失;w-提前排气损失;n-多变指数

(1)实际循环气体存在的损失 w_k。实际循环中的工质并非理想气体,汽油机燃烧前的工质为混合气和残余废气的混合物,燃烧后为废气;柴油机燃烧前为空气和残余废气的混合物,燃烧后为废气;而且发动机工作中,混合气的浓度也经常变化,同时漏气等也会使工质的数量发生变化,均会使实际循环的净功比理想循环减少,也就是实际循环气体与理想循环气体相比存在着损失。

(2)泵气损失 w_r。理想循环中不考虑发动机的进、排气过程,实际发动机工作时,必须在进气过程将新鲜工质吸入汽缸,而在排气过程将汽缸内的废气强制排出,克服进、排气系统的阻力就会消耗部分机械功,这就是实际循环存在的泵气损失。

(3)提前排气损失 w。在实际发动机工作时,为降低进入排气过程后缸内气体的压力,以减少排气消耗的功,排气门在膨胀过程结束之前(活塞到达下止点前)开启,使膨胀过程后期(排气门开启后)所做的功减少,这就是实际循环存在的提前排气损失。

提前排气损失与泵气损失之和称为换气损失。

(4)非瞬时燃烧损失 w_z。实际发动机的燃烧过程不可能在瞬间完成,也就是说不可能实现理想循环中的定容加热或定压加热。为使燃烧过程在上止点附近完成,必须在上止点前 c' 点使混合气着火开始燃烧,直到上止点后不远处燃烧过程才能结束。上止点前的燃烧使压缩过程消耗的功增加,而上止点后的燃烧使最高压力下降,循环净功减少,这就是实际循环存在的非瞬时燃烧损失。

(5)传热损失 w_b。在理想循环中将压缩和膨胀过程看作绝热过程,实际发动机工作时,汽缸内的工质与外界存在热传递,而且大多数时间都有工质向外界放热,所以工质的实际吸热量减少,做功过程的平均压力降低,循环功减少。

(6)实际循环中还存在机械运动的摩擦和不完全燃烧等损失。当混合气浓(空气不足)或混合气形成不良时,燃料燃烧不完全,燃料的化学能不能通过燃烧完全释放,使实际的循环加热量减少,循环热效率和平均压力下降,这种损失一般称为不完全燃烧损失。

五 发动机的性能指标

发动机的性能指标是评定发动机性能好坏的各种物理量的总称,主要包括动力性指标(如功率、转矩、平均压力等)和经济性指标(如热效率、燃油消耗率等),此外,还有运转性能、工作可靠性、结构工艺性等指标。

在此仅介绍发动机动力性和经济性的评定指标。按建立指标体系的基础不同,发动机的性能指标可分为两大类:指示性能指标和有效性能指标。

(一)指示性能指标

指示性能指标是以汽缸内工质对活塞所做的功为基础建立起来的指标体系,只能用来评定发动机循环进行的好坏。

1. 平均指示压力

平均指示压力是指发动机单位汽缸工作容积在每一循环内所做的指示功,用符号 p_i 表示,单位为 kPa,即:

$$p_i = \frac{W_i}{V_h}$$

式中:W_i——循环指示功,J;

V_h——汽缸工作容积,L,$1L = 10^{-3} m^3$。

循环指示功 W_i 是指每循环内,工质对活塞所做的有用功,其大小可用 p-v 图上过程曲线所包围的面积($A_i - A_1$)来表示,如图 1-12 所示,其中 A_1 为泵气损失。

发动机每循环做功的多少与汽缸工作容积有关,所以用平均指示压力能更准确地评定发动机循环动力性的好坏。

平均指示压力一般为:

汽油机 $p_i = 700 \sim 1300 kPa$

柴油机 $p_i = 650 \sim 1100 kPa$

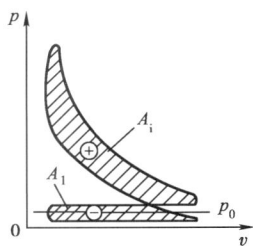

图 1-12 循环指示功

2. 指示功率

指示功率是指发动机在单位时间内所做的指示功,用符号 P_i 来表示,单位是瓦特,单位符号为 W;由于 W 的单位很小,所以常用 kW 为单位。

$$1kW = 10^3 W$$

应注意指示功仅对一个汽缸而言,汽车发动机一般都是多缸发动机,指示功率是对整个发动机而言。

设某发动机汽缸数为 i,转速为 n(r/min),冲程数为 τ(四冲程 $\tau = 4$,二冲程 $\tau = 2$),每缸

工作容积为 $V_h(L)$，平均指示压力为 $p_i(kPa)$，则发动机(i 个汽缸)每循环所作的指示功为：

$$W = i p_i V_h$$

发动机每工作循环所用的时间 μ 为：

$$\mu = \frac{\tau}{2} \frac{60}{n}$$

按指示功率的定义，整理即得出：

$$P_i = \frac{W}{\mu} = \frac{p_i V_h i n}{30\tau} \times 10^{-3}$$

对汽车上常用的四冲程发动机，指示功率为：

$$P_i = \frac{W}{\mu} = \frac{p_i V_h i n}{120} \times 10^{-3}$$

3. 指示燃油消耗率

指示燃油消耗率是指单位指示功的耗油量，又称指示比油耗，用符号 g_i 来表示，常用单位为 $g/(kW \cdot h)$。

设发动机的指示功率为 $P_i(kW)$，每小时耗油量为 $G_T(kg/h)$，则指示燃油消耗率为：

$$g_i = \frac{G_T}{P_i} \times 10^3$$

指示燃油消耗率是评定发动机实际循环经济性的重要指标之一，其数值一般为：

汽油机 $\qquad\qquad g_i = 230 \sim 340 g/(kW \cdot h)$

柴油机 $\qquad\qquad g_i = 170 \sim 200 g/(kW \cdot h)$

4. 指示热效率

指示热效率是指发动机实际循环指示功与所消耗热量之比，即：

$$\eta_i = \frac{W_i}{Q_1}$$

所消耗的热量按所消耗的燃料量与燃料的热值来计算，燃料的热值是指单位质量的燃料燃烧后放出的热量，其数值取决于燃料本身的性质。若已知发动机的指示功率为 $P_i(kW)$，每小时耗油量为 $G_T(kg/h)$，所用燃料的低热值为 $H_u(kJ/kg)$，则：

$$\eta_i = \frac{3.6 \times 10^3 P_i}{G_T H_u}$$

式中：3.6×10^3——$1kW \cdot h$ 的热功当量，即 $1kW \cdot h = 3.6 \times 10^3 kJ$。

由指示热效率和指示燃油消耗率公式可推导出两者之间的关系：

$$\eta_i = \frac{3.6 \times 10^6}{g_i H_u}$$

指示热效率也是评定发动机实际循环经济性的重要指标，其数值一般为：

汽油机 $\qquad\qquad \eta_i = 0.25 \sim 0.40$

柴油机 $\qquad\qquad \eta_i = 0.43 \sim 0.50$

（二）有效性能指标

有效性能指标是以发动机输出轴上输出的净功率为基础建立起来的指标体系，可用来评定整个发动机工作性能的好坏。

1. 有效功率

有效功率是指从发动机输出轴上输出的净功率，用符号 P_e 表示，单位为 W 或 kW。在数值上 P_e 等于指示功率 P_i 与机械损失功率 P_m 的差值，即：

$$P_e = P_i - P_m$$

机械损失功率是指动力在发动机内部传递过程中损失的功率，主要包括摩擦损失、驱动附件的损失和泵气损失。发动机工作中，机械损失是不可避免的，机械损失功率和有效功率均可通过试验方法测定。

2. 有效转矩

有效转矩是指发动机输出轴上输出的转矩，用符号 M_e 表示，单位是 N·m。

在实际工作中，一般通过台架试验直接测量发动机的有效转矩和转速，并按下列公式计算出发动机的有效功率 P_e：

$$P_e = M_e \frac{2\pi n}{60} \times 10^{-3} = \frac{M_e n}{9550}$$

式中：M_e——有效转矩，N·m；

　　　n——发动机转速，r/min。

3. 平均有效压力

平均有效压力是指发动机单位汽缸工作容积输出的有效功，用符号 p_e 来表示，单位为 Pa 或 kPa，即：

$$p_e = \frac{W_e}{V_h}$$

式中：W_e——单个汽缸的循环有效功，J；

　　　V_h——汽缸工作容积，L，$1L = 10^{-3} m^3$。

与平均指示压力和指示功率的关系类似，平均有效压力和有效功率的关系为：

$$P_e = \frac{p_e V_h i n}{30\tau} \times 10^{-3} \text{ 或 } p_e = \frac{30 P_e \tau}{V_h i n} \times 10^3$$

将有效功率、有效转矩和转速的关系式代入上式，并整理可得平均有效压力与有效转矩之间的关系为：

$$M_e = \frac{p_e V_h i}{3.14\tau} \text{ 或 } p_e = 3.14 \frac{M_e \tau}{V_h i}$$

对汽车上常用的四冲程发动机，平均有效压力与有效功率、有效转矩之间的关系分别为：

$$P_e = \frac{p_e V_h i n}{120} \times 10^{-3} \text{ 或 } p_e = \frac{120 P_e}{V_h i n} \times 10^3$$

$$M_e = \frac{p_e V_h i}{12.56} \text{ 或 } p_e = 12.56 \frac{M_e}{V_h i}$$

由上述公式不难看出,发动机的排量(即总汽缸工作容积 $V_h i$)一定时,发动机的有效转矩与平均有效压力成正比。平均有效压力越高,有效转矩越大,发动机的动力性越好,发动机的平均有效压力一般为:

汽油机 $\qquad\qquad\qquad p_e = 650 \sim 1200\text{kPa}$

柴油机 $\qquad\qquad\qquad p_e = 600 \sim 950\text{kPa}$

4. 升功率、比质量和强化系数

升功率、比质量和强化系数是评定发动机结构和强化程度的指标。

(1)升功率。升功率是指在标定工况下,每升汽缸工作容积所发出的有效功率,用符号 P_L 表示,单位为 kW/L,按定义则:

$$P_L = \frac{P_{eb}}{V_h i}$$

式中: P_{eb}——发动机的标定功率,即在标定工况下的有效功率,kW;

$\quad V_h$——汽缸工作容积,L;

$\quad i$——汽缸数。

将平均有效压力与有效功率的关系式代入上式,并整理可得:

$$P_L = \frac{p_e n}{30\tau} \times 10^{-3}$$

由上式可见,发动机的升功率与平均有效压力和转速的乘积成正比,升功率标志着发动机汽缸工作容积的利用程度,可反映发动机结构的紧凑性。在发动机有效功率一定时,升功率越高,意味着发动机的体积越小。提高平均有效压力和转速是提高升功率的有效措施。

发动机的升功率和转速一般为:

汽油机 $P_L = 22 \sim 55\text{kW/L}$ $\qquad\qquad n = 3600 \sim 6000\text{r/min}$

柴油机 $P_L = 18 \sim 30\text{kW/L}$ $\qquad\qquad n = 2000 \sim 4000\text{r/min}$

(2)比质量。比质量是指发动机的净质量与有效功率的比值,用符号 m_e 表示,单位是 kg/kW,即:

$$m_e = \frac{m}{P_e}$$

式中: m——发动机的净质量,kg;

$\quad P_e$——发动机的有效功率,kW。

比质量标志着发动机质量的利用程度,比质量越小,说明在发动机有效功率一定时,其质量越轻。发动机的比质量一般为:

汽油机 $\qquad\qquad\qquad m_e = 1.5 \sim 4.0\text{kg/kW}$

柴油机 $\qquad\qquad\qquad m_e = 4.0 \sim 9.0\text{kg/kW}$

(3)强化系数。强化系数是指平均有效压力 p_e 与活塞平均速度 C_m 的乘积,也就是活塞顶部单位面积上的有效功率。

强化系数越大,意味着发动机的机械负荷和热负荷越大。随着发动机制造技术的不断进步,各机件承受机械负荷和热负荷的能力增强,强化系数越来越高,所以强化系数也是发动机技术进步的标志。

5. 有效燃油消耗率

有效燃油消耗率是指单位有效功的耗油量,又称有效比油耗,用符号 g_e 来表示,常用单位为 $g/(kW \cdot h)$。

设发动机的有效功率为 $P_e(kW)$,每小时耗油量为 $G_T(kg/h)$,则有效燃油消耗率为:

$$g_e = \frac{G_T}{P_e} \times 10^3$$

有效燃油消耗率是评定发动机经济性的重要指标之一,其数值一般为:

汽油机　　　　　　　　$g_e = 270 \sim 410 g/(kW \cdot h)$
柴油机　　　　　　　　$g_e = 215 \sim 285 g/(kW \cdot h)$

6. 有效热效率

有效热效率是指发动机实际循环有效功与所消耗热量之比,即:

$$\eta_e = \frac{W_e}{Q_1}$$

与指示热效率类似,若已知发动机的指示功率为 $P_i(kW)$,每小时耗油量为 $G_T(kg/h)$,所用燃料的低热值为 $H_u(kJ/kg)$,则:

$$\eta_i = \frac{3.6 \times 10^3 P_i}{G_T H_u}$$

式中:3.6×10^3——1kW · h 的热功当量,即 $1kW \cdot h = 3.6 \times 10^3 kJ$。

由有效热效率和有效燃油消耗率公式可推导出两者之间的关系:

$$\eta_e = \frac{3.6 \times 10^6}{g_e H_u}$$

有效热效率也是评定发动机经济性的重要指标,其数值一般为:

汽油机　　　　　　　　$\eta_e = 0.20 \sim 0.30$
柴油机　　　　　　　　$\eta_e = 0.30 \sim 0.40$

(三) 发动机其他性能的评定

发动机的其他性能主要指排放性能、噪声、冷起动性能等。这些性能一般都制定有统一的国家标准,给予严格控制。

1. 排放性能

发动机的排放物中含有危害人类健康,并对大气造成污染的有害物,为此,各国采取了许多对策,并制定了相应的控制法规。内燃机排出的有害物分为两类:

(1)有害气体。发动机排放的有害气体主要是氮氧化物(NO_x)、碳氢化合物(HC)及一氧化碳(CO),各国制定的排放标准主要限制这三种危害最大的气体排放量。

(2)排气颗粒。指发动机排出的除水以外的任何液态和固态微粒。由于各国条件不同,排放标准亦不一致。

2. 噪声

噪声会刺激神经,使人心情烦躁、反应迟钝,甚至耳聋、产生高血压和神经系统疾病。汽车噪声是城市主要噪声源之一,发动机噪声又是汽车主要噪声源,所以必须加以控制。

3. 冷起动性能

冷起动性能主要是指发动机在低温条件下起动的可靠性,它直接影响发动机的燃料经济性、使用寿命和驾驶人的劳动强度等,是评定发动机工作可靠性的重要指标。参考《汽车发动机性能试验方法》(GB/T 18297—2024)规定,不采用特殊的低温起动措施,内燃机在 $-30\,^\circ\!C$ 的气温条件下,接通起动机,6s 内发动机应能顺利起动。

六　发动机的机械效率

(一) 机械效率

机械效率是指有效功(或功率)与指示功(或功率)的比值,用符号 η_m 表示,即:

$$\eta_m = \frac{W_e}{W_i} = \frac{P_e}{P_i} = \frac{P_i - P_m}{P_i} = 1 - \frac{P_m}{P_i}$$

机械效率可用来比较不同发动机的机械损失大小。机械效率越高,说明机械损失越小,发动机的性能越好。在任何情况下,为提高发动机的性能,都应尽可能减少机械损失,以保证较高的机械效率。发动机的机械效率一般为:

汽油机　　　　　　　　　　　　$\eta_m = 0.70 \sim 0.90$
柴油机　　　　　　　　　　　　$\eta_m = 0.70 \sim 0.85$

根据机械效率、有效热效率和指示热效率的定义式,可得三者之间的关系:

$$\eta_e = \frac{W_e}{Q_1} = \frac{W_i \eta_m}{Q_1} = \eta_i \eta_m$$

即:发动机的有效热效率等于指示热效率与机械效率的乘积。

由有效燃油消耗率和有效热效率的关系式可得:

$$\eta_e = \frac{3.6 \times 10^6}{g_e H_u} = \eta_i \eta_m \text{则} g_e = \frac{3.6 \times 10^6}{\eta_i \eta_m H_u} = \frac{K}{\eta_i \eta_m}$$

式中:K——比例常数。

由上式可见,发动机的有效燃油消耗率与指示热效率和机械效率的乘积成反比。

(二) 机械损失的组成及测定

1. 机械损失的组成

在任何的机械传动中,机械损失都是不可避免的。发动机的指示功率在其内部传递过

程中,也必然存在机械损失,并不能完全从输出轴上输出,这些损失主要包括:

(1)摩擦损失。指发动机曲柄连杆机构和配气机构中运动件摩擦造成的损失。

发动机工作中,活塞和活塞环与汽缸壁之间的摩擦损失最大(占全部摩擦损失的70%～80%),这是因为其摩擦面积大,相对运动速度高,且润滑不良。其次是轴承与轴颈之间的摩擦损失,气门传动机构的摩擦损失。

(2)驱动附件损失。发动机正常工作时,必须驱动一些必要的附件工作,如水泵、发电机、机油泵、燃油泵等,驱动这些附件必然会消耗发动机的指示功率。

(3)泵气损失。在测定发动机的机械损失时,很难将泵气损失与其他机械损失分离开,所以通常将泵气损失包括在机械损失中。

不同类型发动机各部分机械损失所占百分比差别很大,一般各部分机械损失所占比例范围见表1-2。由表可见,机械损失所消耗的功率占指示功率的10%～30%,降低机械损失,特别是摩擦损失,是提高发动机性能的重要途径之一。

机械损失分配比例   表1-2

机械损失名称	占总机械损失百分比(%)	占指示功率百分比(%)
摩擦损失	60～75	8～20
驱动附件损失	10～20	1～5
泵气损失	10～20	1～5
总机械损失	—	10～30

2. 机械损失的测定

机械损失功率可通过试验方法测定,常用的试验方法有倒拖法、单缸断火法和负荷特性法,在此仅介绍倒拖法。

利用倒拖法测定机械损失功率时,将发动机与电力测功机相连,首先使发动机在给定工况下稳定运转,当发动机达到正常工作温度后,熄火发动机(柴油机切断供油,汽油机停止点火),然后立即用电力测功机以给定转速倒拖发动机运转。电力测功机所测得的倒拖功率即为发动机在给定工况下的机械损失功率。

根据试验测得的机械损失功率和有效功率可计算机械效率,即:

$$\eta_m = \frac{P_e}{P_i} = \frac{P_e}{P_e + P_m}$$

(三)影响机械效率的因素

影响发动机机械效率的因素有很多,在此仅介绍使用方面的因素。

1. 点火提前角或供油提前角

汽油机的点火提前角和柴油机的供油提前角直接影响实际循环指示功和缸内最高压力。提前角过大,会使提前燃烧的损失大大增加,循环指示功减少,同时也会增大缸内最高压力,使活塞侧压力和轴承负荷增大,摩擦损失增加,这均导致机械效率降低。提前角过小,则会使后燃损失(上止点后的燃烧损失)增加,循环指示功也会减少,尽管机械损失也有所减少,但机械损失减少的比例小,所以机械效率仍会下降。

因此,汽油机的点火提前角和柴油机的供油提前角不易过大或过小,必须根据发动机的转速和负荷等合理选择。

2. 发动机转速

随发动机转速提高,各摩擦表面间的相对运动速度加大,摩擦损失增加;同时,因转速上升,引起运动件惯性力加大,致使活塞侧压力和轴承负荷增加,也会使摩擦损失增加。此外,转速提高,还会使泵气损失及驱动附件的机械损失增加。

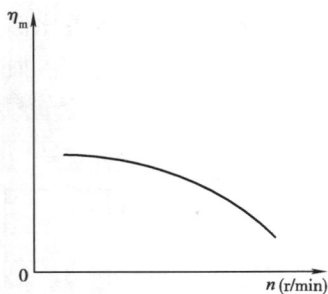

图 1-13　η_m 与 n 的关系

所以,随发动机转速提高,机械损失功率增加,机械效率下降。根据试验统计,机械损失功率与转速二次方近似成正比,所以转速越高,机械效率下降越快,这也成为通过提高转速来强化发动机动力性的一大障碍。机械效率 η_m 与发动机转速 n 之间的关系如图 1-13 所示。

应当指出,摩擦损失占所有机械损失的 60% ~ 75%,而活塞、活塞环与汽缸壁之间的摩擦损失占总摩擦损失的 70% ~ 80%,因此,在通过提高转速来强化发动机动力性时,尽量减小活塞的运行速度,以减少活塞、活塞环与汽缸壁之间的摩擦损失,对提高机械效率有重要意义。对汽车上广泛应用的四冲程发动机而言,活塞平均速度 $C_m(\text{m/s})$ 与发动机转速 n 之间存在如下关系:

$$C_m = 2S\frac{n}{60} = \frac{Sn}{30}$$

式中:C_m——活塞平均速度,m/s;

　　　S——活塞行程,m;

　　　n——发动机转速,r/min。

由上式可见,要提高发动机转速,又不使活塞运行速度过高,应尽量减小活塞行程。目前,轿车发动机的转速均比较高,其活塞行程与缸径的比值也比较小。各种汽车发动机的转速 n、活塞平均速度 C_m 和行程缸径比 S/D 范围见表 1-3。

转速、活塞平均速度和行程缸径比范围　　　　　　　　表 1-3

发动机种类	n(r/min)	C_m(m/s)	S/D
轿车汽油机	4000 ~ 6000	12 ~ 15	0.7 ~ 1.0
载货汽车汽油机	3600 ~ 4500	10 ~ 13	0.8 ~ 1.2
汽车非增压柴油机	2000 ~ 4000	8.5 ~ 12.5	0.75 ~ 1.20
汽车增压柴油机	1500 ~ 2500	8 ~ 11	0.9 ~ 1.3

3. 发动机负荷

发动机负荷通常指发动机的外部阻力矩,也常用与阻力矩成正比的平均有效压力、有效功率或节气门开度来表示。

机械损失功率 P_m、指示功率 P_i 和机械效率 η_m 与发动机负荷的关系,如图 1-14 所示。

发动机的机械损失主要来自摩擦损失。摩擦损失又取决于机件的相对运动速度与机械负荷。所以当发动机转速一定时,随负荷增加,平均有效压力增大,各机件承受的机械负荷增大,摩擦损失增加;但由于转速一定,泵气损失和驱动附件的损失变化不大,所以随发动机负荷增加,机械损失功率增加较缓慢。

图 1-14　P_m、P_i 和 η_m 与负荷的关系

随发动机负荷的增加,节气门开度增大,对柴油机意味着每循环供油量增多,对汽油机意味着每循环供给的混合气数量增多,所以循环加热量增加,指示功和指示功率均增长迅速。但发动机负荷较大时,再增加负荷,由于混合气的浓度增大,不完全燃烧的损失增加,指示功率随负荷增长的速度会减慢。在怠速工况(负荷为零)下,由于发动机输出轴上无有效功率输出,即发动机的指示功率全部用于克服其内部的机械损失,所以机械损失功率等于指示功率。

根据机械效率公式 $\eta_m = 1 - P_m/P_i$ 可知,当发动机转速一定时,在中小负荷范围,随负荷增大,由于机械损失功率 P_m 增加缓慢,而指示功率 P_i 增加迅速,所以机械效率 η_m 逐渐增加,且增长速度较快。在大负荷范围,由于随负荷增大指示功率 P_i 增长速度减慢,所以机械效率 η_m 的增长速度也逐渐缓慢。在怠速工况下,由于机械损失功率 P_m 等于指示功率 P_i,所以机械效率 η_m 为零。

4. 润滑油黏度

润滑油的黏度对摩擦损失有重要影响。润滑油的黏度过大,流动性差,尤其是发动机刚刚起动后的一段时间内,润滑油不易到达各摩擦表面,使摩擦损失增加;同时随润滑油黏度增大,曲轴旋转时的搅油阻力增加。而润滑油黏度过小,其油膜的承载能力低,尤其在机械负荷较大时,容易造成因油膜破裂而完全失去润滑作用。因此,润滑油的黏度过大或过小,均会使机械损失增加,机械效率下降。

为减少摩擦损失,提高机械效率,选用润滑油的原则是:在保证润滑可靠的前提下,尽量选用黏度较小的润滑油,并在使用中定期更换润滑油。

5. 发动机工作温度

在使用中,发动机的工作温度直接影响润滑油的温度,而随润滑油温度的提高,其黏度减小。发动机的工作温度过高或过低,会使润滑油的黏度过小或过大,均会导致机械损失增加,机械效率下降。因此,在使用中,应保持发动机正常的工作温度,一般为 $80 \sim 95$℃。

此外,发动机的工作温度也直接影响混合气的形成及燃烧过程(详见本教材模块三、模块四的相关内容)。发动机工作温度过低,燃料不易蒸发,混合气形成不良,不完全燃烧损失增加,指示功率减小,使机械效率下降。而温度过高,则会导致燃烧过程不正常,也会使指示功率减小,机械效率下降。

应注意,即使在正常使用时,发动机起动后,也不可能立即达到正常工作温度。发动机

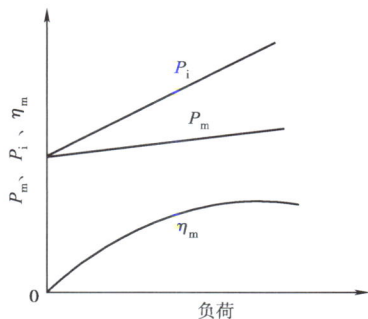

起动后逐渐升温到正常工作温度所用的时间,通常称为暖机时间。在目前已应用广泛的电控燃油喷射发动机上,均装有怠速控制系统,而且怠速控制系统一般都具有暖机控制(或称快怠速控制)功能,其目的就是为缩短暖机时间,减少机械损失,以改善发动机的动力性和燃料经济性。

6. 发动机的技术状况

发动机的技术状况对机械效率的影响也很大。在使用中,运动件的自然磨损、机件的变形、老化和意外事故造成的损伤等,均会导致发动机的技术状况变坏,配合间隙变大,汽缸密封不良,从而使机械损失增加,指示功率下降,机械效率降低。因此,在发动机使用中,应注意正确使用,及时维护和修理,保持发动机良好的技术状况。

模块小结

单元	重要知识点	小结
气体的热力性质	基本概念	1. 在热力学中,将实现热能与机械能相互转换的工作物质称为工质。 2. 在热力学中,将作为研究对象的某一宏观尺寸范围内的工质称为热力系统。 3. 在热力学中,把工质在某一时刻所处的宏观状况称为工质的"热力状态",简称"状态"。 4. 在热力学上,将热力系统中的工质从某一初始状态变化到另一状态所经历的整个过程称为热力过程
	基本状态参数	工程热力学中规定的气体状态参数有很多,而发动机原理中常用的是可以直接用仪器测量的温度(T)、压力(p)和比体积(v)三个状态参数,又称基本状态参数
	理想气体状态方程	对 1 kg 理想气体,其状态方程为:$pv = RT$ 对 m kg 的理想气体,其状态方程则为:$pV = mRT$
热力学第一定律	功、热量和内能	1. 在热力学中,功是指当气体的压力和容积发生变化时,气体与外界之间相互传递的机械能。 2. 温度不同的两个物体相互接触时,就会有热量传递。 3. 气体的内能就是指气体内部所具有的各种能量的总和,主要由气体分子运动的动能和分子间的位能组成
	热力学第一定律的内容	热和功可以相互转换,为了要获得一定量的功,必须消耗一定量的热;反之消耗一定量的功,必会产生一定量的热
热力学第二定律	热力循环	在热力学中,把工质由某一初始状态出发,经过一系列的状态变化再重新回到初始状态所经历的一个封闭过程称为热力循环,简称循环
	循环评定指标	为评价发动机循环进行的好坏,通常用循环热效率和循环平均压力来评定
	热力学第二定律的内容	1. 热力学第二定律的开尔文(英国)表述:"不可能建造一种循环工作的机器,其作用只是从单一热源取热并全部转变为功,而不引起其他变化。" 2. 热力学第二定律的克劳修斯(德国)表述:"不可能将热量由低温物体传向高温物体而不引起其他变化。"

单元	重要知识点	小结
发动机循环	发动机的实际循环	发动机的工作过程就是实际循环不断重复进行的过程
	发动机的理想循环	在工程热力学中通常将发动机实际工作循环加以抽象和简化,形成由几个基本热力过程所组成的理想循环
发动机的性能指标	指示性能指标	指示性能指标是以汽缸内工质对活塞所做的功为基础建立起来的指标体系,只能用来评定发动机循环进行的好坏,主要包括:平均指示压力、指示功率、指示燃油消耗率、指示热效率
	有效性能指标	有效性能指标是以发动机输出轴上输出的净功率为基础建立起来的指标体系,可用来评定整个发动机工作性能的好坏。主要包括:有效功率、有效转矩、平均有效压力、升功率、比质量、强化系数、有效燃油消耗率、有效热效率
	发动机其他性能的评定	发动机的其他性能主要指排放性能、噪声、振动及冷起动性能等
发动机的机械效率	机械效率	机械效率是指有效功(或功率)与指示功(或功率)的比值,用符号 η_m 表示
	机械损失的组成及测定	发动机的指示功率在其内部传递过程户,也必然存在机械损失,并不能完全从输出轴上输出,这些损失主要包括:摩擦损失、驱动附件损失、泵气损失
	影响机械效率的因素	影响发动机机械效率的因素主要有:汽油机的点火提前角和柴油机的供油提前角、发动机转速、发动机负荷、润滑油的黏度、发动机的工作温度及发动机的技术状况等

▌知识拓展

发动机的热平衡

　　发动机的热平衡是指发动机在实际工作过程中,燃料完全燃烧时释放出的热量的具体分配情况。这个概念涉及发动机内部温度的均匀性以及与外界温度的相等状态,即物体各部分以及物体同外界之间都没有热量交换。在热平衡状态下,物体吸收和放出的热量相等。

　　发动机的热平衡不仅关系到发动机的性能和效率,还涉及热损失的情况,这些信息对于判断发动机零件的热负荷和设计冷却系统具有重要意义。通过分析发动机的热平衡,可以了解热损失的情况,从而为改善发动机的性能指标指明方向。

　　发动机在运转中,其温度需要维持在一个适当的范围内,这涉及冷却液温度的维持。发动机产生的热量除了用于有效做功以外,散失到空气中的热量必须及时和适量,使冷却液温度始终维持在 $80 \sim 110$℃,这就是所谓的"热平衡"。这种平衡状态对于达到高效、节能和环保的目的至关重要。

　　发动机的热平衡通常是通过试验确定的,涉及发动机实际循环与理论循环的比较,包括各项热损失的比例。这些数据对于评估发动机的动力性能和经济性具有重要意义。例如,不完全燃烧的损失热量、传给冷却水或缸壁的热量等,这些都是热平衡分析中的重要参数。

总的来说,发动机的热平衡是发动机设计和运行中的一个关键概念,它涉及燃料燃烧能量的有效利用、热损失的控制以及冷却系统的设计等多个方面,对于提高发动机的性能和效率具有重要意义。

❓ 复习思考题

1. 解释下列名词:工质、热力过程、基本状态参数、温度、压力、比体积、功、热量、内能、热力循环。

2. 写出理想气体状态方程,并解释其含义。

3. 热力学第一定律和热力学第二定律的实质是什么?

4. 绘制四冲程非增压发动机实际循环图,并对其进行简单分析。

5. 评价发动机动力性和经济性的指标有哪些? 它们之间有何内在关系?

6. 什么是机械效率、有效热效率和指示热效率? 三者之间有何关系?

7. 发动机的机械损失主要由哪三部分组成? 如何减少机械损失?

发动机的换气过程

学习目标

◈ 知识目标

1. 能够描述发动机换气过程的定义和换气过程评定指标的计算方法;
2. 能够描述影响充气效率和残余废气系数的因素;
3. 能够描述过量空气系数的计算方法及有效转矩和有效功率的计算公式;
4. 能够描述改善换气过程的相关措施;
5. 能够描述发动机进气控制的目的和进气增压的措施。

◈ 技能目标

1. 能够计算换气过程的评定指标,并对四冲程发动机的换气过程进行评价;
2. 能够分析进气终了和排气终了时的温度和压力、压缩比及配气相位对换气过程的影响;
3. 能够计算有效功率和有效转矩,并分析充气效率对发动机性能的影响;
4. 能够分析所采取的改进措施对进气增压发动机性能的影响。

◈ 素养目标

1. 学习影响换气过程的因素及换气过程对发动机性能的影响相关知识,养成自我批评、追求卓越的良好习惯;
2. 学习改善换气过程的措施相关知识,培养善于分析思考、勇于改革创新的敬业精神;
3. 学习发动机的进气控制与增压相关知识,培养精益求精的品质精神。

模块导学

发动机的换气过程包括排气过程和进气过程。其任务是排除缸内废气,并吸入新鲜空气或混合气。

发动机的换气过程对发动机的性能有极为重要的影响。为提高发动机的性能,对换气过程的要求是排气彻底,进气充分,换气损失小。

燃料的燃烧需要有一定比例的空气,根据计算,1kg 汽油完全燃烧约需 15kg 空气,1kg 柴油完全燃烧约需 14.5kg 空气;汽油机工作时所用混合气中,汽油与空气的体积比约为 1:10000。由此可见,在可燃混合气中燃料所占的比例是很小的,而且燃料是强制供给,通过对燃料供给系统的调整或控制程序的修正多供一些燃料容易做到,而使发动机吸入较多空气却较困难。如果能使每循环进入汽缸的空气量增多,就可以多供一些燃料,使燃烧放出的热量增加,从而提高发动机的转矩和功率。对汽缸容积一定的发动机而言,提高动力性的关键是提高充气量。

本模块对发动机的换气过程进行较深入的分析讨论,目的是了解换气过程进行情况,分析影响换气过程的各种因素,以寻求提高充气量、降低换气损失的措施。

一　四冲程发动机的换气过程

（一）换气过程

四冲程发动机的换气过程是指从排气门开始开启到进气门完全关闭的整个过程。换气过程超过两个活塞行程,约占 410°～490° 曲轴转角。换气过程由排气过程和进气过程组成,排气过程又可分为自由排气和强制排气两个阶段,如图 2-1 所示。

a)汽缸内压力和排气管内压力随曲轴转角的变化

b)气门相对流通截面随曲轴转角的变化

c)配气相位

图 2-1　四冲程发动机换气过程

1. 排气过程

排气过程是指从排气门开始开启到排气门完全关闭的这段时间。由于排气门的早开晚关,排气过程对应的曲轴转角超过一个活塞行程对应的曲轴转角,约占 220°～290° 曲轴转角。

自由排气阶段

（1）自由排气阶段。从排气门开始开启到汽缸内压力接近排气管内压力这段时间,由于汽缸内压力高于排气管内压力,废气是靠自身的压力经排气门自行流出缸外,所以称之为自由排气阶段。

由于配气机构惯性力的限制,气门的开闭速度不能过快,从开始开启到最大开度,或从开始关闭到完全关闭,均需要一定时间。因此,为保证活塞进入排气行程时,排气门有足够的开度，以减小排气损失，必须在做功行程活塞到达下止点前排气门就开始开启。从排气门开始开启到活塞运行至下止点这段曲轴转角，称为排气门提前开启角，一般为30°～80°曲轴转角。

由图2-1a）可以看出，在排气门刚开启的一段时期内，汽缸内压力远远高于排气管内压力（2倍以上），排气的流动处于超临界状态，[物质的压力和温度同时超过它的临界压力（P_c）和临界温度（T_c）的状态]，废气以当时缸内气体状态下的音速流出缸外，此时的废气排出量只取决于排气门的开度、气体状态和时间，而与排气门前后的压力差无关。当废气温度为700～1100K时，音速可达500～700m/s。

随着超临界状态自由排气阶段大量废气流出缸外，汽缸内压力迅速下降，当汽缸内压力低于排气管内压力1.9倍以下时，排气流动转入亚临界状态（物质在温度高于其沸点但低于临界温度，以流体形式且压力低于其临界压力存在的物质），此时的废气排出量取决于排气门的开度和排气压差。直到某一时刻，汽缸内压力与排气管内压力基本相等时，自由排气结束，一般为下止点后10°～30°。

自由排气阶段占整个排气时间的比例不大，但由于废气流速快，排出的废气量可达整个排气过程总排气量的60%以上。

（2）强制排气阶段。活塞上行强制推出缸内废气的阶段，称为强制排气阶段。在此阶段，由于排气阻力的影响，汽缸内平均压力比排气管内平均压力略高，一般高出9.8kPa左右。排气阻力主要取决于排气门的流通截面和气流速度，而气流速度又取决于发动机转速。

强制排气阶段

在强制排气阶段，如果要排气门在活塞到达上止点时就完全关闭，则它必须在上止点前开始关小，这样就会增大排气阶段后期的排气阻力，不仅增加排气损失，同时由于排气终了汽缸内残余废气的压力增大，使残余废气量增加。所以实际发动机工作中，排气门都是在活塞到达上止点之后关闭。

从活塞运行至上止点到排气门完全关闭这段曲轴转角，称为排气门迟后关闭角，一般为10°～30°。排气门迟后关闭，不仅可避免因排气门在上止点前开始关小而增大排气损失和残余废气量，而且可利用排气流的惯性充分排气，进一步减小残余废气量。

2. 进气过程

进气过程是指从进气门开始开启到进气门完全关闭的这段时间。由于进气门的早开晚关，进气过程与排气过程一样，超过一个活塞行程，约占220°～290°曲轴转角。

为保证活塞进入进气行程时，进气门有足够的开度，以减小进气损失，必须在排气行程活塞到达上止点前进气门就开始开启。从进气门开始开启到活塞运行至上止点这段曲轴转角称为进气门提前开启角，一般为10°～30°。

为避免因进气门在下止点前开始关小而增大进气损失，并利用进气流的惯性充分进气，进气门都是在活塞到达下止点之后关闭。从活塞运行至下止点到进气门完全关闭这段曲轴转角，称为进气门迟后关闭角，一般为30°～80°。

由图2-1a）可以看出，在进气门刚开启的一段时期内，由于汽缸内压力高于大气压力，新鲜空气或混合气不可能进入汽缸。活塞进入进气行程后，随着活塞下移，汽缸内压力迅速下降,直到进气管内压力与汽缸内压力(最低点)的差值,即进气压差足以克服进气阻力和气流惯性时,进气内管内气体开始经进气门流入汽缸。在随后的进气过程中,由于不再需要克服气流惯性使之加速,进入汽缸的气体又受到残余废气和高温机件的加热,所以汽缸内的压力逐渐回升。进气行程的最后阶段,进气流的部分动能转化为压力能,使汽缸内压力进一步提高,直到进气门关闭时,汽缸内的压力接近或略高于大气压。

3. 扫气过程

由于进气门的提前开启和排气门的迟后关闭,在排气行程上止点附近存在着进、排气门重叠开启的现象,称为气门叠开。气门叠开的角度等于进气门提前开启角与排气门迟后关闭角之和,一般非增压发动机为 20°~60° 曲轴转角,增压发动机为 80°~160° 曲轴转角。

在气门叠开期间,当新鲜空气或混合气流入汽缸时,只要合理控制气流方向,就可利用新鲜空气或混合气进一步扫除缸内废气,这一过程称为扫气过程。气门重叠角过小,扫气过程的作用不明显,但过大的气门重叠角,可能导致废气倒流,合理的气门重叠角应通过试验确定。增压发动机的进气压力比较高,不易产生废气倒流,采用较大的气门重叠角,可获得更好的扫气效果。

(二)换气损失

换气损失由排气损失和进气损失两部分组成,如图 2-2 所示。

1. 排气损失

从排气门开始开启,直到进气行程开始后,汽缸内压力达到大气压力时,循环指示功的损失称为排气损失,它可分为提前排气损失和强制排气损失。

提前排气损失是指由于排气门提前开启,导致膨胀功减少而引起的损失,在图 2-2 中面积 I 即表示提前排气损失。强制排气损失是指活塞上行强制排出废气所消耗的功,在图 2-2 中面积 II + IV 即表示强制排气损失。

排气门的提前开启角对排气损失有重要影响。在发动机转速和气门升程等结构因素一定时,随着排气门的提前开启角增大,提前排气损失 I 增加,强制排气损失 II + IV 减小;反之,排气门的提前开启角减小,提前排气损失 I 减小,强制排气损失 II + IV 增加。因此,最佳的排气门提前开启角应使面积 I + II + IV 之和为最小,其值应通过试验确定。

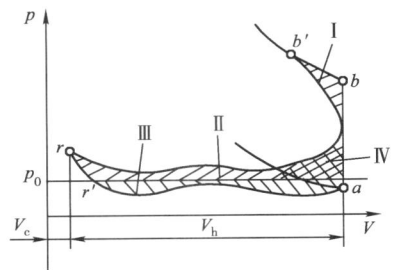

图 2-2 发动机的换气损失
I-提前排气损失; II + IV-强制排气损失; III-进气损失; II + III-泵气损失

应当指出,最佳的排气门提前开启角不是固定不变的,随发动机转速提高,在下止点之前自由排气的时间缩短,排出的废气量减少,汽缸内压力下降少,虽使提前排气损失减少,但会使强制排气损失大大增加。因此,应随发动机转速提高适当增大排气门提前开启角。

2. 进气损失

进气损失主要是指进气过程中克服进气系统阻力所消耗的功,图 2-2 中面积 III 即代表进气损失。

与排气损失相比,进气损失相对较小,对发动机功率和热效率影响不大。但进气过程对进气量的影响是非常重要的,尤其是进气门的迟后关闭角,详细分析见本模块三。

图 2-2 中面积 Ⅱ + Ⅲ 代表泵气损失,这部分损失放在机械损失中加以考虑。

(三)换气过程的评定指标

换气过程进气是否充分,排气是否彻底,一般用残余废气系数和充气效率来评定。

1. 残余废气系数

残余废气系数是指每循环进气过程结束时,汽缸内的残余废气量与实际充气量的比值(质量比或体积比),用符号 r 来表示。实际充气量指每循环实际充入汽缸的新鲜气体数量。

$$r = \frac{m_r}{m} = \frac{V_r}{V}$$

式中:m_r、V_r——进气终了时缸内残余废气的质量、体积;

m、V——进气终了时缸内新充入气体的质量、体积。

在此推导残余废气系数的表达式,不是为了精确计算其大小,而是为了方便地定性分析其影响因素,以寻求改善换气过程的措施。因此,为简化公式推导过程和结果,假设新鲜气体与残余废气的气体常数 R 相等,不考虑进、排气门迟后关闭对残余废气量和充气量的影响,排气过程结束时汽缸内容积为燃烧室容积 V_c,进气过程结束时汽缸内容积为汽缸总容积 $(V_h + V_c)$,应用理想气体状态方程可得:

残余废气量 $$m_r = \frac{p_r V_c}{R T_r}$$

进气过程结束时缸内气体总量 $$m_a = \frac{p_a(V_h + V_c)}{R T_a}$$

实际充气量 $$m = m_a - m_r$$

残余废气系数 $$r = \frac{m_r}{m_a - m_r} = \frac{1}{\frac{m_a}{m_r} - 1} = \frac{1}{\frac{p_a T_r \varepsilon}{p_r T_a} - 1}$$

式中:p_a、T_a——进气终了的压力、温度;

p_r、T_r——排气终了的压力、温度;

ε——压缩比。

残余废气系数主要用来比较不同发动机残余废气量的多少,以评定发动机换气过程进行的完善程度。残余废气系数越低,说明发动机排气越彻底,进气越充分。

残余废气系数的一般为:

汽油机 $r = 0.06 \sim 0.16$

非增压柴油机 $r = 0.03 \sim 0.06$

增压柴油机 $r = 0.00 \sim 0.03$

2. 充气效率

充气效率是指发动机每一工作循环的实际充气量 m 与理论充气量 m_0 的比值(质量比或体积比),用符号 η_v 来表示,即:

$$\eta_v = \frac{m}{m_0} = \frac{m_a - m_r}{m_0}$$

所谓理论充气量是指在进气状态下,理论上充满汽缸工作容积的新鲜气体数量。进气状态则是指经过空气滤清器后进气管内的气体状态,非增压发动机一般采用当时的大气状态,增压发动机则采用增压器出口处的气体状态。

对非增压发动机,若大气压力为 p_0,温度为 T_0,汽缸工作容积为 V_h,则理论充气量 m_0 为:

$$m_0 = \frac{p_0 V_h}{R T_0}$$

将实际充气量 m 与理论充气量 m_0 代入充气效率定义式,并整理可得:

$$\eta_v = \frac{m_a - m_r}{m_0} = \frac{1}{\varepsilon - 1} \frac{T_0}{p_0} \left(\frac{\varepsilon p_a}{T_a} - \frac{p_r}{T_r} \right)$$

式中:p_a、T_a——进气终了的压力、温度;

　　　p_r、T_r——排气终了的压力、温度;

　　　p_0、T_0——大气的压力、温度;

　　　　ε——压缩比。

由残余废气系数定义式可得残余废气量 m_r 与进气过程结束时缸内气体总量 m_a 和残余废气系数 r 的关系为:

$$m_r = \frac{r}{r + 1} m_a$$

将残余废气量 m_r 和理论充气量 m_0 的计算式和上式代入充气效率定义式,整理可得:

$$\eta_v = \frac{\varepsilon}{\varepsilon - 1} \frac{p_a}{T_a} \frac{T_0}{p_0} \frac{1}{r + 1}$$

由上述公式可知,充气效率不受汽缸工作容积的影响,可用于比较不同发动机换气过程进行的好坏。汽缸工作容积一定时,充气效率越高,说明进气充分,每循环的实际充气量越多,发动机的动力性越好。

实际发动机的充气效率可用试验方法测定。用流量计测量发动机每小时的进气量 $V(\text{m}^3/\text{h})$,再计算理论充气量 V_0 和充气效率 η_v。理论充气量 V_0 按下式计算:

$$V_0 = \frac{V_h i}{1000} \frac{60 n}{2} = 0.03 V_h i n$$

式中:V_h——汽缸工作容积,L;

　　　i——汽缸数;

　　　n——发动机转速,r/min。

发动机的充气效率一般为:

汽油机　　　　　　　　　　　　$\eta_v = 0.75 \sim 0.85$

柴油机　　　　　　　　　　　　$\eta_v = 0.75 \sim 0.90$

充气效率

二 影响换气过程的因素

换气过程进行情况用充气效率和残余废气系数来评定,影响充气效率和残余废气系数的因素也就是影响换气过程的因素。

(一)影响充气效率的因素

由充气效率公式可知:影响充气效率的因素包括进气终了的压力 p_a 和温度 T_a、排气终了的压力 p_r 和温度 T_r、大气压力 p_0 和温度 T_0、压缩比 ε。其中影响最大的是进气终了压力 p_a,因为 p_a 变化时,对 η_v 的影响会放大 ε 倍。

1. 进气终了压力

由充气效率的计算式可知:随进气终了压力提高,充气效率提高。因为在汽缸容积、进气终了温度和残余废气量一定时,进气终了压力越高,缸内气体的密度越大,意味着实际充气量(质量)越多。

在实际发动机工作中,进气终了压力受进气系统阻力的影响。进气系统的阻力越大,进气时引起的压力降就越大,进气终了的压力越低。进气时的压力降 Δp 可用下式表示:

$$\Delta p = \frac{\delta \rho v^2}{2}$$

式中:δ——进气系统的阻力系数;

ρ——进气状态下的气体密度,kg/m^3;

v——进气流速,m/s。

由此可见,进气系统的阻力主要取决于进气系统阻力系数和进气流速。

进气系统阻力系数取决于进气系统的结构,等于各段进气通道阻力系数的总和,包括空气滤清器、节气门体、进气管、进气道及进气门等。流通截面越小,截面变化越突然,转弯越急,表面越粗糙,阻力系数越大。在使用中,节气门体、进气管、进气门等的结构都是不可改变的,但应注意空气滤清器的维护,以保证良好的滤清效果和较小的进气阻力。

此外,在汽油机上,进入汽缸的是空气和燃油的混合气,负荷的调节是通过改变节气门的开度,控制进入汽缸的混合气量来实现的。在使用中,当汽油机的负荷减小时,节气门开度减小,阻力系数增加,进气阻力增大,进气终了压力降低,充气效率下降,如图2-3所示。对柴油机而言,负荷的调节是通过改变喷油量来实现的,负荷变化对进入汽缸的空气量基本没有影响,所以进气终了压力和充气效率与负荷无关。

进气时的压力降与进气流速的二次方成正比,而发动机工作时,进气流速取决于发动机转速,所以随着转速的提高,进气终了压力和充气效率迅速下降,如图2-4所示。

2. 进气终了温度

由充气效率公式可知,随进气终了温度的提高,充气效率下降。因为在汽缸容积、进气终了压力和残余废气量一定时,进气终了温度越高,缸内气体的密度越小,意味着实际充气量(质量)越少。

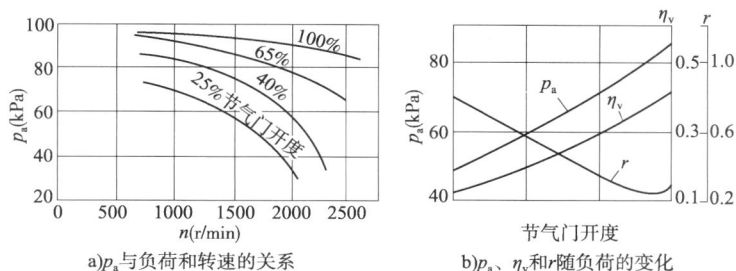

a)p_a与负荷和转速的关系   b)p_a、η_v和r随负荷的变化

图2-3 汽油机负荷对p_a和η_v的影响

进气终了的温度总是高于大气温度,这是因为新鲜气体进入汽缸后,与高温机件接触和与残余废气混合而被加热。此外,在汽油机上,常利用排气管或冷却液对进气进行预热,以改善混合气的形成,这必然会导致进气终了温度升高,充气效率下降。

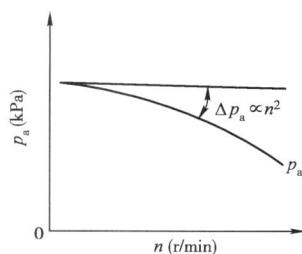

图2-4 发动机转速对p_a的影响

为提高充气效率,应尽可能降低进气终了温度。如结构上,使进气流在进气门关闭之前不直接冲刷高温机件,在保证混合气形成质量的前提下,尽量减小进气预热强度,采用进、排气管分置等,均可有效降低进气终了温度。在实际使用中,主要应注意对冷却系统加强维护,保证发动机的冷却强度,防止发动机过热,以降低进气终了温度,提高充气效率。

3.排气终了压力和温度

随排气终了压力提高,充气效率下降。因为在其他参数一定时,排气终了压力越高,残余废气量越多,能够进入汽缸的新鲜充气量减少,所以充气效率降低。

与进气终了压力类似,排气终了压力取决于排气系统的阻力,随阻力增大,排气终了压力升高。排气系统的阻力取决于各段排气通道的阻力系数和发动机转速。

从充气效率公式来看,随排气终了温度升高,充气效率也应提高,但实际并非如此。因为排气终了温度直接影响进气终了温度,排气终了温度升高时,进气终了温度也升高,两者综合影响,充气效率变化不大。

4.大气压力和温度

从充气效率公式可以得出,随大气压力降低、温度升高,充气效率提高。一般来说,充气效率提高,实际充气量增加,发动机性能提高,但实际上随大气压力降低、温度升高,实际充气量会减小,发动机性能会下降。

产生上述矛盾的原因是:大气压力和温度同时影响实际充气量和理论充气量。随大气压力降低、温度升高,主要是理论充气量减少;同时,随大气压力降低、温度升高,进入汽缸的新鲜气体密度降低,进气终了压力降低,实际进气量也减少。只是由于随大气压力降低、温度升高,理论充气量减少的幅度比实际充气量大,所以充气效率提高。

5.压缩比

压缩比增加,燃烧室容积相对减小,使残余废气量相对下降,所以充气效率提高。但压缩比对充气效率的影响很小,而且其数值的选择主要是考虑燃烧和机件负荷的限制,一般原则是:汽油机在保证正常燃烧的前提下,尽可能提高压缩比,以提高热效率;柴油机在保证各工况正常着火自燃的前提下,不过分追求高压缩比,以免机件承受的机械负荷过大。

6. 配气相位

配气相位包括进、排气门的提前开启角和迟后关闭角。在推导充气效率公式时,为简化推导而没有考虑配气相位对充气效率的影响,实际上,配气相位直接影响进、排气是否充分,即影响实际进气量和残余废气量,所以会对充气效率产生影响。

在配气相位中,对充气效率影响最大的是进气门的迟后关闭角,其次是排气门的迟后关闭角。进、排气门的迟后关闭角一方面是为了减小进、排气损失,更主要的是为了利用气流惯性充分进气和充分排气。进气门的迟后关闭角度过小,不能利用气流惯性充分进气,但迟后关闭角过大,容易造成已进入汽缸的新鲜气体又被压出缸外,都会使实际充气量减小,充气效率下降。排气门迟后关闭角过小,不能利用气流惯性充分排气,但迟后关闭角过大,容易造成废气倒流,都会使残余废气量增加,实际充气量减小,充气效率下降。

最佳的进、排气门迟后关闭角应根据进、排气流惯性来确定,而气流惯性取决于发动机的转速。

(二)影响残余废气系数的因素

由残余废气系数公式可知:影响残余废气系数的因素包括进气终了的压力 p_a 和温度 T_a、排气终了的压力 p_r 和温度 T_r、压缩比 ε。残余废气系数也影响充气效率。

1. 进气终了的压力和温度

随进气终了的压力提高和温度降低,实际充气量增多,残余废气量相对减小,残余废气系数减小,使充气效率提高。

2. 排气终了的压力和温度

随排气终了的压力提高和温度降低,残余废气量增多,残余废气系数增大,使充气效率下降。

3. 压缩比

随压缩比的增大,燃烧室容积相对减小,残余废气量相对减少,使残余废气系数相对减小,充气效率提高。

4. 配气相位

合适的配气相位,有利于减少残余废气量,使残余废气系数减小,充气效率提高。

三 换气过程对发动机性能的影响

充气效率是评定换气过程效能的重要指标,充气效率、指示热效率、机械效率并称为发动机的三大效率,对发动机性能起着决定性的影响。换气过程的充气效率主要影响发动机的动力性指标。

（一）理论空气量和过量空气系数

为便于推导充气效率与发动机功率和转矩的关系式,首先引入理论空气量和过量空气系数的概念。

理论空气量是指 1kg 燃料完全燃烧时所需的最低空气量。

发动机燃料(汽油、柴油和燃气等)的主要组成元素是碳(C)、氢(H)和氧(O)。燃料的燃烧是其主要组成元素碳和氢与氧之间发生剧烈氧化反应,并伴随有发光和发热的现象。燃料完全燃烧时,碳和氢氧化合分别生成二氧化碳(CO_2)和水蒸气(H_2O),发动机工作时,燃料燃烧所需的氧主要来源于空气。

理论空气量可按化学反应的当量关系来计算。设 1kg 燃料中含碳 g_C(kg),含氢 g_H(kg),含氧 g_O(kg),则 1kg 燃料中的碳完全燃烧所需氧气量为:

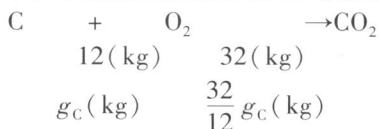

$$C \quad + \quad O_2 \quad\quad \rightarrow CO_2$$
$$12(kg) \quad\quad 32(kg)$$
$$g_C(kg) \quad\quad \frac{32}{12}g_C(kg)$$

1kg 燃料中的氢完全燃烧所需氧气量为:

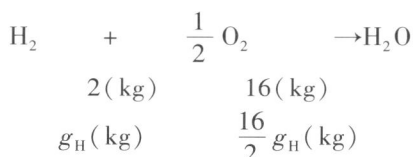

$$H_2 \quad + \quad \frac{1}{2}O_2 \quad\quad \rightarrow H_2O$$
$$2(kg) \quad\quad 16(kg)$$
$$g_H(kg) \quad\quad \frac{16}{2}g_H(kg)$$

理论空气量

1kg 燃料完全燃烧所需氧气量为:

$$\frac{32}{12}g_C + \frac{16}{2}g_H - g_O = \frac{8}{3}g_C + 8g_H - g_O$$

按质量计,空气中含氧量约占 23%,所以 1kg 燃料完全燃烧所需的理论空气量 L_0 为:

$$L_0 = \frac{1}{0.23}\left(\frac{8}{3}g_C + 8g_H - g_O\right)$$

如:按质量计,汽油中含碳 85.5%,含氢 14.5%,含氧 0%;柴油中含碳 87.0%,含氢 12.6%,含氧 0.4%;分别代入上式计算即可得出,汽油的理论空气量约为 14.7kg,柴油的理论空气量约为 14.5kg。

在发动机工作中,实际供给的空气量与理论空气量往往是不等的,燃烧 1kg 燃料实际供给的空气量 L 与理论空气量 L_0 的比值称为过量空气系数,用符号 Φ_{at} 表示,即:

$$\Phi_{at} = \frac{L}{L_0}$$

过量空气系数用来表示混合气的浓度,在实际工作中,通常将过量空气系数 $\Phi_{at} > 1$ 的混合气称为稀混合气,过量空气系数 $\Phi_{at} < 1$ 的混合气称为浓混合气,过量空气系数 $\Phi_{at} = 1$ 的混合气称为理论混合气。

过量空气系数

（二）充气效率与发动机功率和转矩的关系

由充气效率公式可得发动机每循环的实际充气量为:

$$m = m_0\eta_v = \frac{p_0 V_h}{RT_0}\eta_v$$

每循环供入汽缸的燃料量 g 为：

$$g = \frac{m}{\Phi_{at}L_0} = \frac{p_0 V_h}{RT_0}\eta_v\frac{1}{\Phi_{at}L_0}$$

式中：p_0、T_0、R——大气压力(kPa)、温度(K)和气体常数；

$\quad\quad V_h$——汽缸工作容积，L；

$\quad\quad \eta_v$——充气效率；

$\quad\quad \Phi_{at}$——过量空气系数；

$\quad\quad L_0$——理论空气量，kg。

每循环供入汽缸的燃料完全燃烧后放出的热量，即循环加热量为：

$$Q_1 = \frac{mH_u}{\Phi_{at}L_0} = \frac{p_0 V_h}{RT_0}\eta_v\frac{H_u}{\Phi_{at}L_0}$$

式中：H_u——燃料的低热值，kJ/kg。

每循环的指示功为：

$$W_i = Q_1\eta_i = \frac{p_0 V_h}{RT_0}\eta_v\frac{H_u}{\Phi_{at}L_0}\eta_i$$

指示功率为：

$$P_i = W_i i\frac{n}{60}\frac{2}{\tau} = \frac{p_0 V_h}{RT_0}\eta_v\frac{H_u}{\Phi_{at}L_0}\eta_i\frac{in}{30\tau}$$

发动机的有效功率为：

$$P_e = P_i\eta_m = \frac{p_0 V_h}{RT_0}\frac{in}{30\tau}\frac{H_u}{\Phi_{at}L_0}\eta_v\eta_i\eta_m$$

在一般情况下，大气压力 p_0、温度 T_0、气体常数 R 均可视为常数；燃料的低热值 H_u 和理论空气量 L_0 是与燃料有关的常数；对一定的发动机而言，汽缸工作容积 V_h、汽缸数 i 和冲程数 τ 都是固定的，令

$$K_1 = \frac{p_0 V_h}{RT_0}\frac{i}{30\tau}\frac{H_u}{L_0}$$

式中：K_1——对一定的发动机为比例常数。

则 $P_e = K_1\dfrac{n}{\Phi_{at}}\eta_v\eta_i\eta_m$。

发动机的有效转矩为：

$$M_e = 9550\frac{P_e}{n} = K_2\frac{1}{\Phi_{at}}\eta_v\eta_i\eta_m$$

式中：K_2——对一定的发动机也为比例常数，$K_2 = 9550 K_1$。

由上述公式可知，影响发动机重要动力性指标(P_e 和 M_e)的主要参数是：过量空气系数、充气效率、指示热效率和机械效率。改善发动机的换气过程，提高充气效率，是提高发动机动力性的重要措施之一。

四　改善换气过程的措施

改善换气过程的目的是减小换气损失,提高充气效率,降低残余废气系数。

(一) 减小进气阻力

减小进气阻力是提高充气效率、减小进气损失的重要措施。减小进气阻力主要是在结构上采取措施,减小进气系统各段的阻力系数。

1. 减小进气门处的阻力系数

在整个进气系统中,进气门处的流通截面最小,而且变化大,阻力系数最高,减小进气门处的阻力系数对减小进气阻力有重要意义。

(1)增大气门直径可以扩大流通截面,减小其阻力系数,但它受燃烧室结构的限制。在实际发动机上,常采用适当减小排气门直径的方法来达到增大进气门直径的目的,在一进一排的两气门结构中,进气门直径比排气门直径一般大 15% ~ 20%。但排气门直径不能过分减小,否则,会使排气损失的残余废气系数过大。

(2)采用多气门结构是增大进气流通截面、减小进气阻力系数的有效措施。目前在轿车发动机上应用较广泛的是两进两排的四气门结构,也有些发动机采用两进一排的三气门结构或三进两排的五气门结构。

(3)适当增加进气门升程,改进配气凸轮型线,在惯性力允许的条件下,尽可能提高气门开闭速度均可提高气门处的通过能力,减小其阻力系数。

(4)进气流速取决于活塞运行速度,适当减小活塞行程,可在一定转速下使活塞运行速度降低,从而可降低进气流速,减小进气阻力。

2. 减小空气滤清器的进气阻力系数

空气滤清器的进气阻力系数随其结构和使用情况而异,如纸质滤芯式空气滤清器,其原始进气阻力引起的压力降不大于 390Pa,但滤芯脏污后引起的压力降可达 3900 ~ 5900Pa。在使用中,应进行空气滤清器的维护,及时更换滤芯。

3. 减小进气管道的阻力系数

进气管道不仅影响进气阻力,对各缸充气量的分配、混合气的形成及进气涡流的形成等也有一定影响。

进气管道的截面可以制成圆形、矩形等不同形状,但在截面积相同时,圆形截面的阻力系数最小。为减小进气管道的阻力系数,在保证各缸充气量分配、混合气形成及进气涡流形成等要求的前提下,应尽可能采用圆形截面,增大进气道尺寸,减少弯道和流通截面的变化。

(二) 减小排气阻力

减小排气阻力是降低残余废气系数、减小排气损失的重要措施。减小排气阻力主要是在结构上采取措施,减小排气系统各段的阻力系数,包括排气门、排气管道、排气消声器等,具体要求与减小进气阻力基本相同。但应注意:由于进气系统阻力对发动机性能的影响比排气系统阻力大,所以当减小进气阻力与减小排气阻力的要求发生矛盾时,应适当照顾减小进气阻力的要求,如进、排气门直径和数量的选择。

(三)降低进气温度

降低进气温度,可提高充气效率。降低进气温度的主要措施之一就是在结构布置上,减少进气管受热,如采用进、排气管分置方案,使进气管远离排气管,但在汽油机上,混合气的形成主要是在汽缸外部的进气管内进行的,进气温度对混合气的形成有重要影响,所以降低进气温度受到限制。

在使用中,为降低进气温度,提高充气效率,还应注意加强冷却系统的维护,尽量避免长时间的大负荷工作,以防止发动机罩内温度过高。

目前,部分轿车发动机上采用的热空气供给装置,主要作用是在发动机起动后温度较低时,从排气管附近给发动机提供温度较高的热空气,以保证混合气形成,降低排放污染。发动机温度升高后,通过控制阀改变吸气口位置,不再从排气管附近供给发动机热空气,这对降低进气温度,提高充气效率也起到一定作用。

(四)合理选择配气相位

配气相位角度主要包括进气门提前开启角、进气门迟后关闭角、排气门提前开启角、排气门迟后关闭角等。在发动机工作时,配气相位角度直接影响换气过程进行的好坏,对发动机动力性、经济性有很大影响。在配气相位角度中,对换气过程影响最大的是进气门的迟后关闭角,其次是排气门的提前开启角和气门重叠角。

进气门的迟后关闭角。在实际发动机工作中,进气门迟后关闭是为充分利用进气流惯性进气,气流惯性取决于发动机转速,当发动机转速一定时,最佳的进气门迟后关闭角也一定,迟后关闭角过大或过小均会使充气效率下降。转速一定时,进气门迟后关闭角对充气效率的影响如图2-5所示。进气门迟后关闭角为25°~30°时,充气效率η_v取得最大值,这说明该发动机在对应转速时的最佳进气门迟后关闭角为25°~30°。

发动机的转速不同,气流惯性也不同,最佳的进气门迟后关闭角应随转速变化,如图2-6所示为发动机转速变化时,进气门迟后关闭角对充气效率η_v和有效功率P_e的影响。分析图中曲线可得如下重要结论。

(1)进气门迟后关闭角一定时,仅在某一转速下充气效率和有效功率最高。高于此转速时,因气流惯性较大,进气门迟后关闭角度相对不足,不能充分利用气流惯性进气,所以充气效率和有效功率下降;低于此转速时,因气流惯性较小,进气门关闭相对过迟,在压缩过程中使部分新鲜气体被压回进气管,充气效率和有效功率也减小。

(2)发动机转速变化时,在较低的转速范围内,采用较小的进气门迟后关闭角,可获得较高的充气效率和有效功率。在较高转速范围内,则采用较大的进气门迟后关闭角,可获得较高的充气效率和有效功率。

图 2-5 转速一定时进气门迟后关闭角对 η_v 的影响

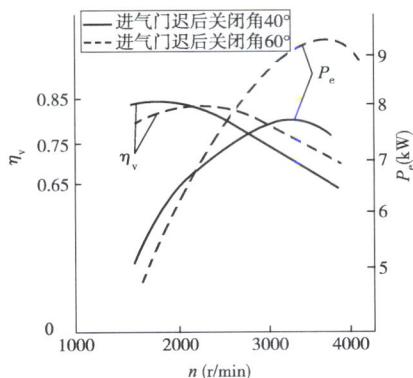

图 2-6 转速变化时进气门迟后关闭角对 η_v 和 P_e 的影响

（3）改变进气门迟后关闭角度，可改变 η_v 和 P_e 随转速的变化关系，从而改变发动机的速度特性（见模块五）。增大迟后关闭角，最大充气效率略有降低，但最大充气效率对应的转速提高，这对最大功率提高有利，但发动机中、低速性能和最大转矩会降低。反之，减小进气门迟后关闭角，可提高发动机中、低速性能和最大转矩，但最大功率下降。

由上述分析可见，即使同一台发动机，转速变化时，由于进气时的气流惯性不同，为使发动机工作时进气更充分，应随转速的提高适当增大进气门的迟后关闭角。与进气门迟后关闭角一样，为使排气更干净，排气门的迟后关闭角应随转速的提高而适当增大。排气门的提前开启角对排气损失有重要影响，最佳的排气门提前开启角应保证提前排气损失和强制排气损失之和最小。此外，适当的气门重叠角，可利用扫气减小残余废气量，提高充气效率。

目前，汽车发动机一般都是根据性能的要求，通过试验来确定某一常用转速下较合适的配气相位，在装配时，对正配气正时标记，即可保证已确定的配气相位，且在发动机使用中，已确定的配气相位是不能改变的。自然发动机性能只有在某一常用转速下最好，而在其他转速下工作时，发动机的性能相对较差。

为了改善发动机在不同转速范围内的性能，可变配气相位控制系统应运而生。目前发动机上应用的可变配气相位控制系统，有些不仅可根据发动机转速和负荷的变化，适时调整配气相位，而且还可以调整气门升程。但由于进气门配气相位和气门升程对发动机性能的影响比排气门大，为简化发动机结构和降低成本，可变配气相位控制系统一般只控制进气门配气相位和升程。可变配气相位控制系统对柴油机和汽油机均可使用。

五 发动机的进气控制与增压

（一）发动机的进气控制

为进一步改善汽车发动机的性能，在部分发动机上装用了进气控制系统。汽油机装用的进气控制系统通常以提高充气效率为目的，而柴油机装用的进气控制系统一般以控制进气量或进气涡流为目的。

1. 汽油机的进气控制

汽油机的进气控制通常采用动力阀式,动力阀式进气控制系统通过控制发动机进气道的空气流通截面大小,来适应发动机不同转速和负荷时的进气量需求,从而改善发动机的动力性。在进气量较少的低速、小负荷工况下,使进气道空气流通截面减小,可提高进气流速,增大进气流惯性以提高发动机的充气效率;此外,随进气流速提高也可增加汽缸内的涡流强度,有利于低速小负荷工况下的燃烧和热效率的提高,从而改善发动机的低速性能。而在进气量较多的高速、大负荷工况下,适当增大进气道空气流通截面,不仅可以减小进气阻力,对由于进气流速过高而导致的燃烧室内气流扰动也可起到抑制作用,有助于改善发动机的高速性能。

2. 柴油机的进气控制

应用在柴油机上的进气控制主要有进气节流控制和进气涡流控制。

(1)进气节流控制。

发动机的进气系统一般是按高速大负荷时的工作需要设计的,而在传统的柴油机进气系统中,没有进气量控制装置,柴油机负荷较小时,就会因循环供(喷)油量小而导致混合气过稀,影响发动机的性能。此外,装有废气再循环装置的柴油机,在低速工况下,若没有进气节流装置,会因进气管压力较高(真空度较小)而导致废气再循环系统无法正常工作。因此,在现代汽车电控柴油机上,根据发动机不同工况的需要,利用进气节流控制系统实现对进气量和进气管压力的调节,一方面要保证混合气浓度符合不同负荷时的要求,另一方面也可保证低转速时能够正常进行废气再循环。

柴油机实现进气节流控制的方法就是在进气道中安装一个节气门,并由电控执行元件根据电子控制单元(ECU)的指令控制节气门的开度,以控制进气量和进气管压力。进气节流控制系统一般只在低速小负荷工况时才工作,其类型有直流电动机型和电控气动型两种。

(2)进气涡流控制。

由于柴油的性质和柴油机直接喷射的工作特点,决定了柴油机对汽缸内空气涡流有较高要求,以改善其混合气形成和燃烧的条件。柴油机汽缸内的空气涡流主要包括进气道产生的进气涡流、燃烧过程产生的燃烧涡流和压缩过程产生的挤压涡流,进气涡流的强弱对混合气的形成和燃烧具有很大的影响,因而对柴油机的动力性、经济性、排放和噪声等有很大的影响。

与汽油机相比,柴油机需要较强的涡流,但也并不是涡流越强、性能越好。在进气道结构一定的情况下,由进气道产生的进气涡流随柴油机转速升高而增强,当转速升高到一定程度时,进气涡流过强,反而会使充气效率降低,燃烧速度过快,导致柴油机的动力性和经济性下降,排放污染物增加,噪声增大;柴油机在低速运转时,由于进气涡流较弱,会使混合气形成不良,燃烧速度过慢,导致柴油机热效率降低,排气烟度增加。由此可见,为改善柴油机的性能,根据柴油机转速的变化适当调节进气涡流的强度非常必要。

在一定转速下,进气涡流的强度主要取决于进气道的结构,一定结构的进气道,只能适应某一转速对进气涡流强度的要求。柴油机工作中,转速变化的范围非常大,仅用机械控制方法很难实现随转速变化调节进气涡流强度。为优化柴油机的混合气形成和燃烧过程,现代车用柴油机的进气涡流控制系统,就是利用电控装置来改变进气道结构或干扰进气道中的气流运动,从而实现进气涡流控制的。

进气涡流的控制方法有多种,但无论采用哪一种方法,都应保证在不降低进气流量的前提下,能在较大范围内调节进气涡流强度,并尽量减少对进气系统结构的改变。

(二)发动机的进气增压

1.增压的目的

进气增压是对供往汽缸的气体进行压缩,以提高充气密度、增加进气量的一项措施,其目的是提高发动机的动力性。

提高发动机功率的方法很多,如提高发动机排量、提高发动机转速或减小冲程数。用增大汽缸直径、增大活塞行程和增加汽缸数来提高发动机排量,必然增加发动机的质量和尺寸,使发动机更笨重。提高发动机转速,在提高功率的同时,也会使运动件的惯性力增大,摩擦损失增加,机械效率下降。而行程数较少的二冲程发动机,尽管其动力性比四冲程发动机好,但其热效率低、排放污染物多,而且冷却和润滑困难。采用发动机的进气增压,是在不改变发动机排量、转速和行程数的前提下,增加进气量,加大每循环供热量,提高循环功和输出功率的有效措施。

增压技术在汽车发动机上应用已相当广泛,采用增压的目的不仅是提高发动机的升功率或进行高原补偿,更重要的是还能降低燃油消耗率、降低排放污染物和减小噪声。

(1)降低发动机的质量、体积和制造成本。采用增压技术的发动机,在保持功率不变的情况下,可减小发动机排量,使发动机的体积和质量减小,发动机的升功率提高、比质量减小、制造成本降低。

(2)提高发动机的热效率,降低燃油消耗率。柴油机采用进气增压后,可提高压缩终了压力,使燃烧过程更接近上止点,压力升高比增大而预胀比减小,从而使热效率提高、油耗率降低;此外,增压后供给的空气更充足,有利于燃料的完全燃烧,可减少不完全燃烧引起的损失,对提高热效率和降低油耗率也非常有利。

(3)降低排放污染和噪声。增压后的发动机,在各种工况下均可保证混合气有较大的过量空气系数,可减少不完全燃烧产物的排放;增压柴油机的压缩压力提高,可缩短着火延迟期,使发动机工作更柔和,从而可降低噪声。

(4)补偿高原功率损失。发动机在高原地区使用时,因大气压力降低,会导致进气量减少,功率下降,一般海拔每增加1000m,功率下降约10%,采用增压技术可使高原损失得到有效补偿。

(5)提高整机使用经济性。发动机的进气增压,大多采用废气涡轮增压技术,可充分利用废气能量,减小能量损失,对提高整机使用经济性有重要意义。

(6)改善发动机的特性。采用增压技术可改善发动机的特性,使发动机在较宽广的转速和负荷范围内,均保持良好的动力性和燃料经济性,对提高整车性能有利。

2.进气增压的评定指标

评定进气增压的指标主要有两个:增压度和增压比。

(1)增压度。增压度用以评定进气增压的效果,说明增压后发动机功率增加的程度,它是指增压后发动机功率的提高量与增压前的有效功率之比,用符号 ϕ 来表示,即:

$$\phi = \frac{P_{ek} - P_{eo}}{P_{eo}} = \frac{P_{ek}}{P_{eo}} - 1$$

式中:P_{eo}——增压前发动机的有效功率,kW;

  P_{ek}——增压后发动机的有效功率,kW。

现代四冲程柴油机的增压度可高达 3.0 以上,但车用柴油机的增压度并不高,一般仅为 0.1 ~ 0.6。因为车用柴油机采用增压措施不单纯是为提高功率,还需兼顾在宽广的转速和负荷范围内获得良好动力性、经济性、排放性等多方面的要求。

(2)增压比。增压比可用来说明增压强度的大小,它是指增压后的气体压力与增压前的气体压力之比,用符号 π_b 来表示,即:

$$\pi_b = \frac{p_0}{p_b}$$

式中:p_b——增压前的气体压力,一般取大气压力,kPa;

  p_0——增压后的气体压力,即增压器出口处压力,kPa。

3. 进气增压系统的类型

发动机的进气增压系统可按增压比分类,也可按增压装置的结构原理分类。

按增压比不同,发动机进气增压可分为低增压、中增压和高增压。低增压的增压比 $\pi_b < 1.6$,平均有效压力 $p_e = 700 \sim 1000kPa$;中增压的增压比 $1.6 \leqslant \pi_b \leqslant 2.5$,平均有效压力 $p_e = 1000 \sim 1500kPa$;高增压的增压比 $\pi_b > 2.5$,平均有效压力为 $p_e = 1500kPa$ 及以上。

按增压装置结构原理不同,发动机进气增压可分为机械增压、废气涡轮增压、气波增压、谐波进气增压和组合式涡轮增压。目前,车用柴油机应用较多的是废气涡轮增压,汽油机应用较多的是谐波进气增压。

4. 进气增压对发动机的影响

由于柴油机压缩比高,其机械负荷和热负荷比汽油机大得多。柴油机采用进气增压后,由于进气压力的提高,循环供油量增加,燃烧最高压力和最高温度也必然提高,机件承受的机械负荷和热负荷更大。此外,柴油机在低速运转时,由于增压效果较差,容易导致混合气浓度增加而出现冒黑烟现象;发动机加速时,由于惯性作用使压气机供气滞后,也会出现冒烟和加速不良的现象。

为适应增压后功率增长的要求,并尽量降低增压带来的不利影响,增压后的柴油发动机必须采取以下措施。

(1)适当调整和改进燃料供给系统。为使增压后功率提高,必须适当增加供油量,但仍采用非增压时的燃料供给系统,必然要延长喷油时间,这将导致燃烧过程所占的曲轴转角增大,热效率下降,经济性下降,因此,增压后的柴油机需对燃料供给系统进行改进,如加大喷油泵柱塞直径、加大喷油器喷孔直径、提高喷油压力等,以满足增加供油量的需要。

增压后的柴油机,供油量的增加应比进气量的增加适当减少,即使过量空气系数适当增大,以降低热负荷,提高燃料经济性。过量空气系数一般增大 0.1 ~ 0.3。

此外,柴油机增压后,应适当推迟供(喷)油正时,使供(喷)油提前角减小,以限制燃烧最高压力和温度,降低机械负荷和热负荷。

(2)适当调整配气相位。增压后的柴油机,为降低热负荷,可适当增大气门重叠角,以加强扫气过程的作用,降低燃烧室内高温机件的温度,但气门重叠角不易过大,因为扫气冷却效果是有限的,而且过大的进气门提前开启角或排气门迟后关闭角,会导致增压空气浪费多、废气倒流、气门与活塞碰撞干涉现象。

(3)适当减小压缩比。增压柴油机适当降低压缩比,可有效降低机械负荷和热负荷,但压缩比减小过多,会使热效率下降,发动机起动困难。一般压缩比降低1~2个单位。

(4)对增压空气进行冷却。通过增压装置提高空气压力的同时,空气温度也会升高,对增压空气冷却、减小热负荷和进一步提高进气量均有利。增压空气温度每降低10℃,循环平均温度可降低25~30℃,增压比为1.5~2.0时可提高进气量10%~18%。

(5)强化冷却系统。增压后的柴油机,机械负荷和热负荷增大,强化冷却系统,改善润滑油和发动机的散热条件非常必要。

汽油机与柴油机的工作特点不同,进气增压对其影响也有差别。汽油机采用增压,是对进入汽缸前的混合气进行增压,而随着进气压力和温度的提高,汽缸内的平均工作压力和温度也提高,汽油机的爆燃倾向增大。无论汽油机是否采用增压,爆燃都是提高其动力性和经济性的重大障碍。此外,汽油机增压以后,也存在热负荷和机械负荷增加、加速不良等现象。

由于爆燃等技术问题的限制,目前在汽油机上采用进气增压的非常少,尤其增压强度较大的进气增压系统更是少见。

5. 进气增压控制

废气涡轮增压是目前汽车发动机应用最广泛的进气增压技术,但由于废气涡轮增压器是靠废气排出时的能量来驱动的,而废气排出时的能量主要取决于发动机排出的废气流速,废气流速又随着发动机转速的变化而变化,这必将导致采用废气涡轮增压的发动机,低速大负荷时因增压压力过低而进气不足,高速小负荷时因增压压力过高而进气过多。由于汽车发动机的转速变化范围大,废气涡轮增压器的工作特性难以在各种工况下均与发动机实现良好的匹配。

由此可见,在采用废气涡轮增压的发动机上,为进一步优化发动机的性能,根据发动机转速和负荷的变化,对增压压力或增压空气供给量进行控制非常必要。

模块小结

单元	重要知识点	小结
四冲程发动机的换气过程	换气过程	排气过程是指从排气门开始开启到排气门完全关闭的这段时间
		进气过程是指从进气门开始开启到进气门完全关闭的这段时间
		在气门叠开期间,当新鲜空气或混合气流入汽缸时,只要合理控制气流方向,就可利用新鲜空气或混合气进一步扫除缸内废气,这一过程称为扫气过程
	换气损失	从排气门开始开启,直到进气行程开始后,汽缸内压力达到大气压力时,循环指示功的损失称为排气损失,它可分为提前排气损失和强制排气损失
		进气损失主要是指进气过程中克服进气系统阻力所消耗的功

续上表

单元	重要知识点	小结
四冲程发动机的换气过程	换气过程的评定指标	残余废气系数是指每循环进气过程结束时,汽缸内的残余废气量与实际充气量的比值
		充气效率是指发动机每一工作循环的实际充气量 m 与理论充气量 m_0 的比值
影响换气过程的因素	影响充气效率的因素	影响充气效率的因素包括进气终了的压力 p_a 和温度 T_a、排气终了的压力 p_r 和温度 T_r、大气压力 p_0 和温度 T_0、压缩比 ε 及配气相位
	影响残余废气系数的因素	影响残余废气系数的因素包括进气终了的压力 p_a 和温度 T_a、排气终了的压力 p_r 和温度 T_r、压缩比 ε 及配气相位
换气过程对发动机性能的影响	理论空气量和过量空气系数	理论空气量是指 1kg 燃料完全燃烧时所需的最低空气量。在发动机工作中,燃烧 1kg 燃料实际供给的空气量 L 与理论空气量 L_0 的比值称为过量空气系数,用符号 Φ_{at} 来表示
改善换气过程的措施	减小进气阻力	减小进气阻力主要是在结构上采取措施,减小进气系统各段的阻力系数,包括:减小进气门处的阻力系数、减小空气滤清器的进气阻力系数、减小进气管道的阻力系数
	减小排气阻力	减小排气阻力主要是在结构上采取措施,减小排气系统各段的阻力系数,包括排气门、排气管道、排气消声器等
	降低进气温度	降低进气温度的主要措施之一就是在结构布置上,减少进气管受热
	合理选择配气相位	配气相位角度主要包括进气门提前开启角、进气门迟后关闭角、排气门提前开启角、排气门迟后关闭角等。在发动机工作时,配气相位角度直接影响换气过程进行的好坏,对发动机动力性、经济性有很大影响
发动机的进气控制与增压	发动机的进气控制	汽油机的进气控制通常采用动力阀式,动力阀式进气控制系统通过控制发动机进气道的空气流通截面大小,来适应发动机不同转速和负荷时的进气量需求,从而改善发动机的动力性
		应用在柴油机上的进气控制主要有进气节流控制和进气涡流控制
	发动机的进气增压	进气增压是对供往汽缸的气体进行压缩,以提高充气密度、增加进气量的一项措施,其目的是提高发动机的动力性
		评定进气增压的指标主要有两个:增压度和增压比
		发动机的进气增压系统可按增压比分类,也可按增压装置的结构原理分类

知识拓展

废气涡轮增压技术

废气涡轮增压系统的功用是将发动机排出的废气导入涡轮室,利用废气的流动能量冲击涡轮,使其高速运转,涡轮则驱动压气机工作,进而实现进气增压,从而增加每个发动机工作循环汽缸进气空气量,增加循环供油量,提高了升功率和升力矩。

涡轮增压器是由涡轮室和增压器组成的机器,涡轮室进气口与排气歧管相连,排气口接在排气管上;增压器进气口与空气滤清器管道相连,排气口接在进气歧管上。涡轮和叶轮分别装在涡轮室和增压器内,二者同轴刚性连接。涡轮增压器实际上是一种空气压缩机,通过压缩空气来增加进气量,它是利用发动机排出的废气惯性冲力来推动涡轮室内的涡轮,涡轮又带动同轴的叶轮,叶轮压送由空气滤清器管道送来的空气,使之增压进入汽缸。当发动机转速增快,废气排出速度与涡轮转速也同步增快,叶轮就压缩更多的空气进入汽缸,空气的压力和密度增大可以燃烧更多的燃料,相应增加燃料量和调整一下发动机的转速,就可以增加发动机的输出功率了。

最新的废气涡轮增压技术有双涡轮增压技术和单涡轮双涡管增压器技术。

宝马 N54 发动机是第一款采用双涡轮增压器、高精度喷射装置的发动机,该发动机具有涡轮增压发动机以前无法达到的响应速度以及延伸至高转速范围内的高输出动力。单涡轮会有涡轮延迟,而双涡轮则可以很好地解决涡轮延迟的问题;双涡轮增压也是属于涡轮增压方式的一种,其与单涡轮本身并没有什么区别,在工作原理、主要结构以及零件材料上几乎是一样的。双涡轮增压主要采用两个相互独立的涡轮增压器的增压系统,在发动机两个涡轮增压器共同作用时,大幅度地提升了进气效率,增压效果以及动力性上也有明显的提升。双涡轮增压发动机通常装配在直列 6 缸或者 V 型等排量较大的发动机上。

一些宝马 N 系列发动机采用了单涡轮双涡管增压器技术。单涡轮双涡管就是将一个涡轮增压器的气流在经过涡管时分为两股气流,每股气流负责 3 个缸。同时与双涡轮相比,单涡轮的设计也减低了排气脉冲相互干扰的情况。在这种技术下,汽缸排气更充分,可变正时气门也可以更加充分地调整操作延时。通过这样的结构,使得在使用同样增压比的涡轮的情况下,提高发动机的输出功率,改善排气不充分的问题。

❓ 复习思考题

1. 四冲程发动机的换气过程分几个阶段？各阶段有何特点？
2. 换气过程进行的好坏用哪些指标来评价？
3. 影响换气过程的因素有哪些？
4. 换气过程对发动机有哪些影响？
5. 改善换气过程的措施有哪些？
6. 为什么要对发动机的进气进行控制？
7. 发动机采用进气增压有何意义？有何影响？
8. 发动机进气增压有哪些类型？
9. 为什么要对进气增压进行控制？

模块三

汽油机的燃料与燃烧

学习目标

◈ 知识目标

1. 能够描述汽油主要使用性能的相关概念及其对燃烧的影响程度；

2. 能够描述汽油机混合气的概念、汽油机不同工况对混合气的要求和汽油机混合气形成的过程及控制方法；

3. 能够描述汽油机的正常燃烧过程和不正常燃烧的原因及其对发动机性能的影响；

4. 能够描述改善汽油机燃烧过程的措施及方法；

5. 能够描述汽油机主要排气污染物及其产生原因。

◈ 技能目标

1. 能够分析汽油机混合气浓度控制不佳的相关故障；

2. 能够分析爆燃和热面点火等汽油机不正常燃烧的相关故障；

3. 能够分析汽油机燃烧过程进行不良的相关故障；

4. 能够分析汽油机排放污染控制系统的相关故障。

◈ 素养目标

1. 学习汽油机燃烧过程的相关知识,树立遵守工作纪律、严守标准规范的工作作风；

2. 学习改善汽油机燃烧过程措施的相关知识,培养积极进取、开拓创新的奋斗精神；

3. 学习汽油机的排气污染相关知识,养成善于发现问题、精准分析问题、积极解决问题的良好工作习惯。

模块导学

燃烧过程是发动机整个工作循环的主要过程,燃烧过程进行的好坏对发动机的动力性、经济性有很大的影响。

本模块重点对汽油机的燃烧过程进行分析,并介绍汽油机所用燃料的性质和改善汽油机燃烧过程的措施。

一 汽油的使用性能

汽油是从石油中提炼出的易挥发的液体燃料,它由多种碳氢化合物组成,其中碳元素约占85%,氢元素约占15%。汽油使用性能主要包括蒸发性、燃点和热值、抗爆性,它们主要取决于汽油的组成成分。

(一)汽油的蒸发性

发动机工作时,汽油先从液态蒸发成蒸气,并按一定比例与空气混合后,再送入汽缸进行燃烧。汽油的蒸发性就是指其从液态蒸发成蒸气的难易程度。对于高速发动机,形成可燃混合气的时间很短,一般只有百分之几秒。因此汽油蒸发性的好坏,对形成混合气的质量有很大影响。

汽油的蒸发性

通常用馏程作为汽油蒸发性的评定指标,馏程即蒸馏过程,可通过蒸馏试验来测定。对汽油进行加热时,组成汽油的多种碳氢化合物没有固定的沸点,而是随着温度的升高,按照由轻到重的顺序逐次沸腾。为评价汽油的蒸发性,以测定的蒸发出10%、50%、90%馏分时的温度作为有代表意义的点,分别称为10%馏出温度、50%馏出温度、90%馏出温度。

10%馏出温度主要影响汽油机的冷态起动性能。10%馏出温度越低,表明汽油中所含的轻质馏分容易蒸发,冷起动时容易满足发动机对极浓混合气的要求,所以起动性能好。

50%馏出温度主要影响汽油机的暖机时间和加速性能。50%馏出温度越低,表明汽油的平均蒸发性好,在较低的温度下能有较多的汽油蒸发,容易保证必要的混合气浓度,汽油机暖机时间短,加速性能好。

90%馏出温度主要影响燃烧的完全程度、燃烧室积炭程度和对润滑油的污染程度。90%馏出温度越高,表明汽油中难以蒸发的重馏分含量越多,容易使燃烧不完全,燃烧后容易产生积炭和造成排气管冒黑烟;此外,不易蒸发的汽油以液态进入汽缸后,沿缸壁流入油底壳,会污染润滑油。

汽油的各馏出温度越低,说明其蒸发性越好,对混合气的形成和完全燃烧等有利。但蒸发性过好的汽油,在使用中,汽油供给系统容易产生气阻,且蒸发损失较大。

(二)汽油的燃点和热值

汽油的自燃温度较高,为220～471℃,所以汽油机适合采用外源点燃式的着火方式。汽油的热值表示燃烧单位量的汽油放出的热量。通常情况下,1kg汽油燃料完全燃烧所产生的热量约为44400kJ。

(三)汽油的抗爆性

汽油的抗爆性是指汽油在发动机汽缸中燃烧时,避免产生爆燃的能力。抗爆性是汽油的一项重要性能指标,用辛烷值表示,辛烷值越高,抗爆性越好。

汽油的抗爆性

汽油的辛烷值常用对比试验的方法来测定。在一台专用的可变压缩比的单缸试验发动机上，先用被测汽油作为燃料，使发动机在一定的条件下运转。试验中逐步提高试验发动机的压缩比，直至试验发动机产生标准强度的爆燃为止。然后，在该压缩比下，换用有一定比例的异辛烷（一种抗爆燃能力很强的碳氢化合物，规定其辛烷值为100）和正庚烷（一种抗爆燃能力极弱的碳氢化合物，规定其辛烷值为0）混合而成的标准燃料，使发动机在相同的条件下运转，改变标准燃料中异辛烷和正庚烷的比例，直到单缸试验机也产生前述的标准强度的爆燃时为止。这样最后一种标准燃料中异辛烷含量的体积百分数即为被测汽油的辛烷值。

辛烷值按其测定方法可分为马达法（MON）和研究法（RON）两种，由于测定方法和条件不同，同一种汽油的 MON 辛烷值和 RON 辛烷值也不同，一般 RON 辛烷值比 MON 辛烷值高 6～7 个单位。目前，国产汽油以 RON 辛烷值来编号，如 90 号汽油的 RON 辛烷值为 90。

二　汽油机混合气的形成

(一) 混合气的概念

发动机工作时，燃料燃烧之前，都要经过雾化和蒸发，并与空气混合，燃料与空气的混合物称为混合气，混合气中含燃料量的多少称为混合气浓度。混合气的浓度通常用过量空气系数或空燃比来表示。

过量空气系数是指在发动机工作中，实际供给的空气质量与理论上燃料完全燃烧时所需的空气质量之比，其表达式见本书模块二相关内容。

空燃比是指混合气中的空气质量与燃料质量之比。1kg 汽油理论上完全燃烧时所需的空气为 14.7kg，空燃比等于 14.7∶1（过量空气系数 $\Phi_{at}=1$）的混合气称为理论混合气，空燃比大于 14.7∶1 的混合气称为稀混合气，空燃比小于 14.7∶1 的混合气称为浓混合气。空燃比越大，混合气越稀；空燃比越小，则混合气越浓。

(二) 汽油机对混合气的要求

混合气的浓度对发动机的动力性和经济性有很大影响。发动机工作时，采用过量空气系数 $\Phi_{at}=1$ 的理论混合气，只是在理论上可保证完全燃烧。实际上，由于时间和空间条件的限制，汽油不可能及时与空气绝对均匀混合，也就不可能实现完全燃烧。采用 $\Phi_{at}=1.05\sim1.15$ 的稀混合气时，可以保证混合气中的所有汽油均能获得足够的空气而实现完全燃烧，因而发动机经济性最好，故称之为经济混合气。采用 $\Phi_{at}=0.85\sim0.95$ 的浓混合气时，可使发动机发出较大的功率，故称为功率混合气，但采用功率混合气时不能完全燃烧，发动机经济性较差。混合气过稀（$\Phi_{at}>1.15$）或混合气过浓（$\Phi_{at}<0.85$），因混合气中燃油量过少或过多，均会使燃烧速度减慢，导致发动机动力性和经济性下降。当混合气稀到 $\Phi_{at}>1.3\sim1.4$ 或浓到 $\Phi_{at}<0.4\sim0.5$ 时，将无法点燃，发动机也无法工作。为保证发动机正常工作和良

好的性能,汽油机燃料供给系统必须根据发动机工况(工作情况的简称)的不同,配制出适当浓度的混合气。

发动机的工况通常用发动机的转速和负荷来表示。发动机的负荷是指发动机的外部载荷,发动机输出的动力随外部载荷而变化,同时发动机输出的动力又取决于节气门的开度,所以发动机负荷的大小可用节气门的开度来代表。负荷的大小一般用百分数来表示,如节气门全关,负荷为0;节气门全开,负荷为100%。汽车发动机工况经常变化,而且变化范围大,负荷可以从0变化到100%,转速可以从最低稳定转速变到最高转速。发动机各种工况对混合气浓度的要求如下:

(1)怠速工况。发动机不对外输出动力,做功行程产生的动力只用来克服发动机的内部阻力,维持发动机最低稳定转速运转的工况称为怠速工况。汽油机的怠速转速一般为700~900r/min。在怠速工况下,节气门开度最小,进入汽缸内的混合气量很少,汽缸内残余废气对混合气稀释严重;而且转速低,空气流速小,汽油雾化和蒸发不良,混合气形成不均匀。因此,要求供给少量 $\Phi_{at} = 0.6 \sim 0.8$ 的浓混合气。

(2)小负荷工况。发动机的负荷在25%以下时称为小负荷工况。由于小负荷工况时,节气门略开,混合气的数量和品质比怠速工况时有所提高,废气对混合气的稀释作用也有所减弱,因而混合气浓度可以略为减小,一般 $\Phi_{at} = 0.7 \sim 0.9$。

(3)中等负荷工况。发动机的负荷在25%~85%之间称为中等负荷工况。由于节气门开度较大,进入汽缸的混合气数量增多,燃烧条件较好。此外,汽车发动机大部分的时间处在中等负荷工况下工作,为提高其经济性,应供给较稀的经济混合气,一般 $\Phi_{at} = 1.05 \sim 1.15$。

(4)大负荷工况和全负荷工况。发动机的负荷在85%以上而小于100%时称为大负荷工况,负荷为100%时称为全负荷工况。此时,为了克服较大的外部阻力,要求发动机发出尽可能大的功率。因此,应供给质浓量多的功率混合气,一般 $\Phi_{at} = 0.85 \sim 0.95$。

(5)冷起动工况。起动是指发动机由静止到正常运转的过程,当熄火时间较长、发动机温度已下降至环境温度时的起动称为冷起动。起动时发动机转速低,气流速度很慢,不利于汽油的雾化,尤其冷起动时,发动机温度也低,汽油蒸发困难,只有供给极浓的混合气($\Phi_{at} = 0.2 \sim 0.6$),才能保证进入汽缸内的混合气中有足够的汽油蒸气,以利于发动机起动。

(6)暖机工况。暖机一般是指发动机冷起动后,发动机的温度逐渐升高到正常工作温度的过程。在暖机过程中,混合气的浓度应随温度升高而减小,从起动时的极浓减小到稳定怠速运转所要求的浓度为止。

(7)加速工况。加速是指发动机负荷增加的过程。急加速时,节气门迅速开大,要求发动机的动力迅速提高,然而在急剧开大节气门的瞬间,液体汽油的惯性比空气惯性大,汽油流量的增加比空气流量的增加要慢,使混合气暂时过稀,反而使发动机的动力下降甚至熄火。因此,在急加速时,必须采用专门的装置额外供油,加浓混合气,以满足发动机急加速的要求。

综上所述,车用汽油机在正常运转时,在小负荷和中等负荷工况下,要求燃料供给系统能随着负荷的增加,供给由浓逐渐变稀的混合气。当进入大负荷直到全负荷工况下,又要求混合气由稀变浓,最后加浓到保证发动机发出最大功率。

（三）汽油机混合气的形成原理

汽油机是电火花点燃式的发动机，按其燃料供给系统不同可分为化油器式和电控燃油喷射式两种。无论是哪一种形式的汽油机，为了保证其具有良好的动力性、经济性和排放性等，对混合气的要求都是一致的，通过调节节气门开度来调节供给发动机混合气的量，以实现对发动机负荷的控制这一点也是一致的，只是混合气的形成过程及对混合气浓度的控制方式不同而已。

传统化油器式汽油机的可燃混合气是在汽缸外部的化油器中形成。在化油器中，通常设有主供油装置、怠速供油装置、加速供油装置、加浓供油装置和起动供油装置等，来控制发动机不同工况时的混合气浓度。化油器的结构简单、价格便宜，使用的历史久远，但由于化油器供油方式对温度和环境变化比较敏感，不能满足日益严格的排放法规要求，所以化油器式汽油机已被电控燃油喷射式汽油机取代。

1. 汽油机混合气的形成过程

电控燃油喷射式汽油机，按其燃油喷射位置的不同，又可分为单点喷射、多点喷射和缸内喷射三种类型，如图 3-1 所示。这三种类型的汽油机对混合气浓度的控制方式基本相同，只是混合气的形成过程不同。

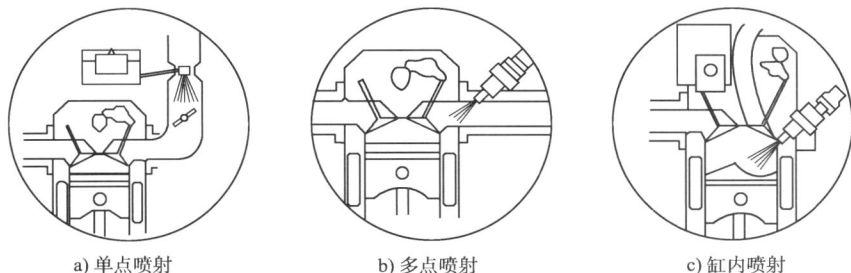

a) 单点喷射　　　　b) 多点喷射　　　　c) 缸内喷射

图 3-1　汽油机的燃油喷射位置

（1）单点喷射汽油机混合气的形成过程。单点喷射汽油机在节气门上方装一个中央喷射装置，由 ECU 控制 1～2 只喷油器将汽油喷入进气总管，形成的可燃混合气由进气歧管分配到各汽缸中。

汽油机单点喷射系统出现得较晚，其性能介于多点喷射系统与传统化油器式供给系统之间。虽然单点喷射系统的性能比多点喷射系统差一些，但其结构简单、故障少、维修调整方便，特别是大量生产后，其制造成本较低，仅略高于传统化油器的制造成本。单点喷射系统的喷射位置距离汽缸较远，混合气形成的时间相对较长。

（2）多点喷射汽油机混合气的形成过程。多点喷射汽油机在每缸进气道上都装有一只喷油器，由 ECU 控制喷油器将汽油喷入进气道内，混合气的形成过程从汽油喷入进气道直至随空气进入汽缸被电火花点燃为止。多点喷射系统的燃油分配均匀性好，进气管可按最大进气量来设计，而且无论发动机处于冷机状态或热机状态，其响应性及燃油经济性都是最佳的。但多点电控燃油喷射系统的控制系统比较复杂，成本较高。此外，与单点喷射系统相比,多点喷射的喷油位置距离汽缸近,混合气形成的时间相对较短,所以为保证混合气形成质量所需的喷油压力也较高。一般单点喷射系统的喷油压力为0.07~0.10MPa,多点喷射系统的喷油压力为0.25~0.35MPa。

(3)缸内喷射汽油机混合气的形成过程。汽油机的缸内喷射技术是一种先进的燃油喷射方式,它通过将燃油直接喷射到汽缸内部,实现燃油与空气的充分混合和高效燃烧,这种技术能够提高燃油利用率和动力性能,同时降低汽油机的排放。缸内喷射汽油机将各缸喷油器分别安装在汽缸盖上,由ECU控制喷油器将汽油直接喷入汽缸,在汽缸内部与空气混合形成混合气。由于混合气形成时间短(与单点喷射和多点喷射相比),且后期喷油时的缸内压力较高,为保证混合气的形成质量和喷油的可靠性,需较高的喷油压力,一般喷油压力可达5~11MPa。

2. 汽油机混合气形成过程的控制

汽油机混合气形成过程对发动机性能也有极其重要的影响,在电控燃油喷射式汽油机中,通常通过控制喷油正时(即喷油器喷油的开始时刻)来控制混合气的形成过程。喷油过早,容易导致部分燃油沉积在进气管(或进气道)内壁上,而不能随空气进入汽缸;喷油过迟,则会导致混合气形成时间缩短,影响混合气的形成质量。试验证明,最佳的喷油正时是使各缸进气行程的开始时刻与喷油结束时刻同步,可根据各缸活塞到达排气上止点(进气行程开始)的时刻、喷油时间及发动机转速确定。

喷油器的喷油可分为同步喷油和异步喷油两种类型。同步喷油是指根据发动机各缸工作循环,在既定的曲轴位置进行的喷油,同步喷油有规律性。按喷油器的喷射顺序不同,同步喷油又可分为顺序喷射、分组喷射和同时喷射三种方式。异步喷油与发动机的工作不同步,无规律性,它是在同步喷油的基础上,为改善发动机的性能额外增加的喷油,主要有起动异步喷油和加速异步喷油。

3. 汽油机混合气浓度的控制

喷油量控制是汽油机电控燃油喷射系统最主要的控制功能之一。控制喷油量的目的就是使发动机在各种运行工况下,都能获得最佳的混合气浓度,以提高发动机的经济性和降低排放污染。

当喷油器的结构和喷油压差一定时,喷油量的多少就取决于喷油时间。常见汽油机电控燃油喷射系统的组成如图3-2所示,在汽油机电控燃油喷射系统中,喷油量控制是通过对喷油器喷油时间的控制来实现的。发动机工作时,电脑(ECU)根据空气流量信号和发动机转速信号确定基本的喷油时间(喷油量),再根据其他传感器(如冷却液温度传感器、节气门位置传感器等)对喷油时间进行修正,并按最后确定的总喷油时间向喷油器发出指令,使喷油器喷油(通电)或断油(断电)。

汽油机电控燃油喷射系统对喷油量的控制可分为同步喷油量控制和异步喷油量控制。同步喷油量控制又分为发动机起动时的喷油量控制和发动机起动后的喷油量控制,二者的控制模式不同。此外,汽油机电控燃油喷射系统还可通过断油控制和燃油泵控制来控制燃油停供。

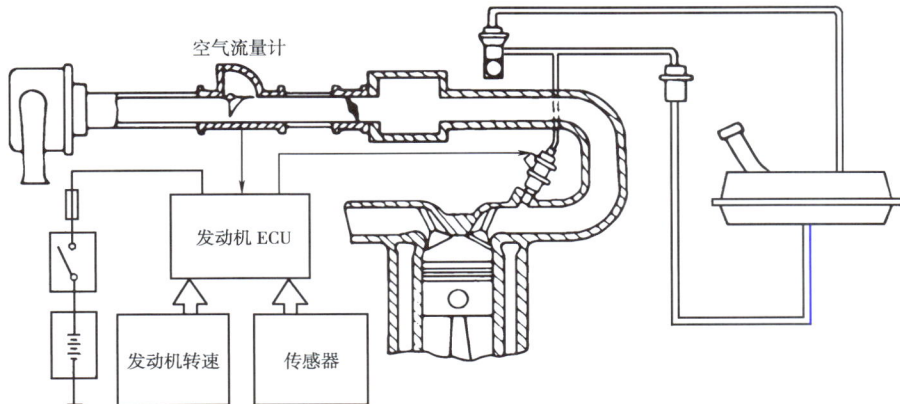

图 3-2 汽油机电控燃油喷射系统的组成

三 汽油机的燃烧过程

（一）汽油机正常燃烧过程

当汽油机压缩行程接近终了时,由火花塞跳火形成火焰中心,点燃可燃混合气。在混合气的燃烧过程中,火焰的传播速度及火焰前锋的形状均没有急剧变化,这种燃烧现象称为正常燃烧。

如图 3-3 所示为汽油机燃烧过程的展开示功图,它以发动机曲轴转角为横坐标,汽缸内气体压力为纵坐标。实际燃烧过程是连续的,但为分析方便,通常按缸内压力的变化特征,将其分为着火延迟期、明显燃烧期和补燃期三个阶段,分别用Ⅰ、Ⅱ、Ⅲ表示。

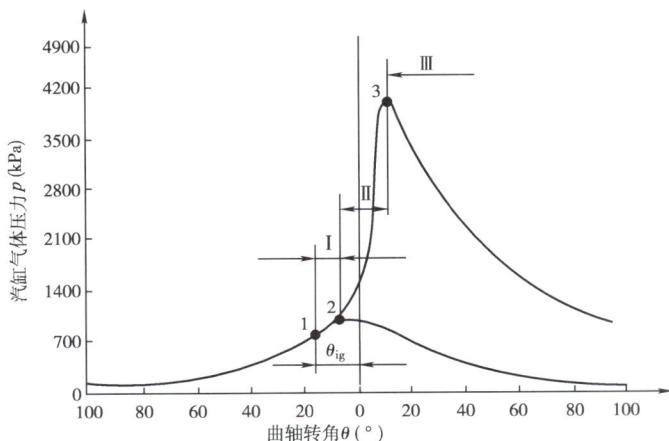

图 3-3 汽油机燃烧示功图

1-开始点火;2-形成火焰中心;3-最高压力点;Ⅰ-着火延迟期;Ⅱ-明显燃烧期;Ⅲ-补燃期;θ_{ig}-点火提前角

（1）着火延迟期。从火花塞跳火（开始点火）开始到形成火焰中心为止的这段时间,称为着火延迟期（图3-3中第Ⅰ阶段）。

从火花塞跳火开始到活塞运行至上止点的曲轴转角，称为点火提前角，用 θ_{ig} 表示。

因为混合气氧化反应需要一定时间，火花塞跳火后，并不能立刻形成火焰中心。火花塞放电时，两极电压在15000V以上时，混合气局部温度可达2000℃，加快了混合气的氧化反应速度。这种反应达到一定程度（所需要时间约占整个燃烧时间的15%左右时），出现发光区，形成火焰中心，此阶段汽缸内压力无明显升高，对汽油机燃烧过程的影响不大。

着火延迟期的长短，与燃料本身的分子结构和物理化学性质、过量空气系数（$\Phi_{at}=0.8\sim0.9$ 时最短）、开始点火时汽缸内温度和压力（取决于压缩比）、残余废气量、汽缸内混合气的运动、火花能量大小等因素有关。

（2）明显燃烧期。从火焰中心形成到汽缸内出现最高压力为止这段时间，称为明显燃烧期（图3-3中第Ⅱ阶段）。

当火焰中心形成后，火焰前锋以20~30m/s的速度（v_m）从火焰中心开始逐层向四周的未燃混合气传播，直到连续不断扫过整个燃烧室。混合气的绝大部分（约80%以上）在此期间内燃烧完毕，压力、温度迅速升高，缸内最高压力为3~5MPa。图3-4为正常燃烧时火焰前锋的瞬时位置。

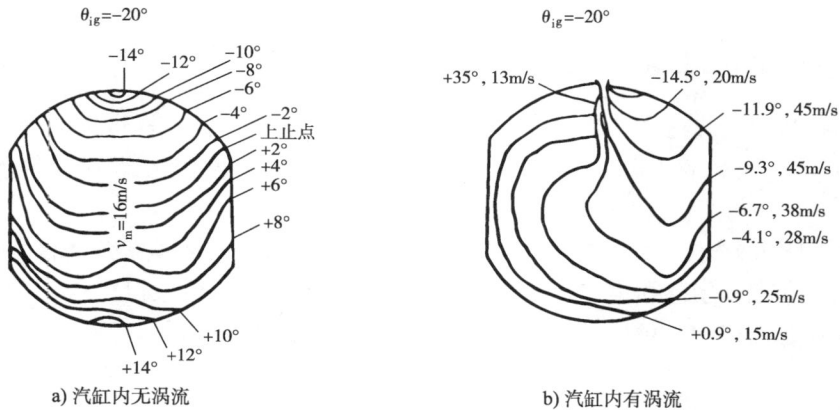

a) 汽缸内无涡流 b) 汽缸内有涡流

图3-4　正常燃烧时火焰前锋的瞬时位置

最高压力出现的时刻，对发动机功率、燃油消耗有很大影响。实践证明，最高压力出现在上止点后12°~15°曲轴转角时，示功图面积最大，循环功最多，对应的点火提前角为最佳点火提前角。最高压力出现过早，混合气点火早，使压缩功增加，热效率下降；过迟使燃烧产物的膨胀比减小，燃烧在较大容积下进行，散热损失增加，热效率也下降。可以通过调整点火提前角，使最高燃烧压力出现在适宜的位置。

明显燃烧期

常用压力升高率 λ_p 表示汽油机工作粗暴的程度，压力升高率的表达公式为：

$$\lambda_p = \frac{\Delta p}{\Delta \theta}$$

式中：Δp——明显燃烧期缸内气体的压力升高量，kPa；

$\Delta \theta$——明显燃烧期所占的曲轴转角，（°）。

压力升高率表征燃烧过程中，压力的变化程度。明显燃烧期压力上升快，λ_p 较大。若 λ_p

过大,会导致发动机的动力性、经济性和排放性下降,振动和噪声增大。

(3)补燃期。从出现最高压力开始,到燃料基本燃烧完为止,称为补燃期(图 3-3 中第Ⅲ阶段)。

在补燃期内,主要是部分未燃尽的燃料、吸附在缸壁上的混合气层和部分高温分解产物等,继续燃烧、放热。由于活塞下行,压力降低,补燃期内燃烧放出的热量不能有效地转变为功,排气温度升高,热效率下降,影响发动机动力性和经济性,应尽量缩短补燃期。

(二)汽油机的不正常燃烧

汽油机的不正常燃烧主要是爆燃和热面点火(表面点火)。

1.爆燃

汽油机燃烧过程中,火焰前锋以正常的传播速度向前推进,使得火焰前方未燃的混合气(末端混合气)受到已燃混合气强烈的压缩和热辐射作用,加速其先期反应,并放出部分热量,使其本身的温度不断升高,以至在正常的火焰到达之前,末端混合气开始自燃。由于自燃和正常火焰传播同时进行,混合气的燃烧速率和缸内压力升高率急剧上升,这种现象称为爆燃。

发生爆燃时,末端混合气自燃形成的火焰前锋面推进速度,远远高于正常燃烧的火焰传播速度。轻微爆燃时,火焰传播速度为 100 ~ 300m/s;强烈爆燃时,火焰传播速度可高达 800 ~2000m/s,这可使未燃混合气体几乎瞬时燃烧完毕,局部温度、压力剧增,形成强烈的压力冲击波。冲击波以超音速传播,撞击燃烧室壁,发出频率达 3000 ~5000Hz 的尖锐的金属敲击声。试验表明,在汽油机的燃烧过程中,只要有大于5%的混合气产生自燃,就足以引起强烈的爆燃。

轻微爆燃时,由于燃烧速度加快,缸内压力升高,发动机的功率略有增加。但强烈爆燃时,由于缸内最高压力和温度剧增,而且压力波动很大,如图 3-5 所示,因此会导致发动机功率下降、热效率下降、零件受冲击载荷增加、发动机过热、发动机噪声和振动增大。

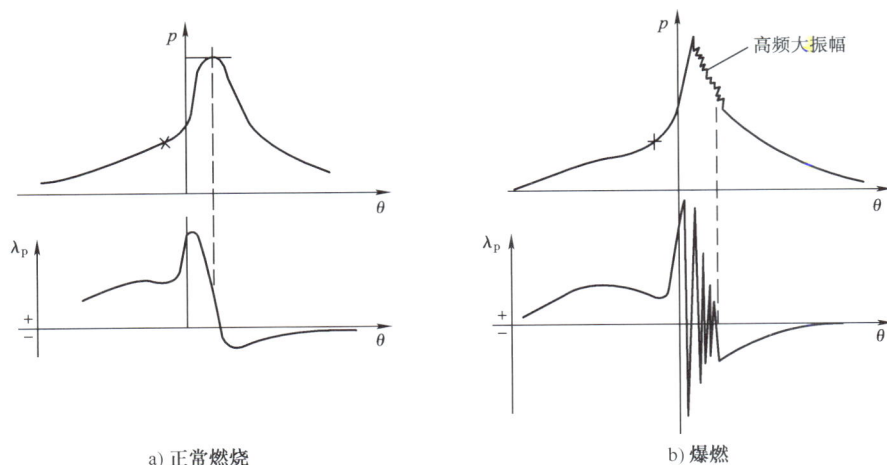

a) 正常燃烧　　　　　　　　　　　b) 爆燃

图 3-5　汽油机正常燃烧与爆燃的比较

在汽油机工作时,是否发生爆燃,主要取决于正常火焰传播的距离和速度以及末端混合气自燃所需要的准备时间。只要在末端混合气产生自燃之前，正常火焰就能传播到，就不会发生爆燃。为此，防止爆燃可采取以下措施：

（1）使用抗爆性好的燃料。使用辛烷值高的汽油，末端混合气自燃所需要的准备时间较长，不易发生爆燃。

（2）降低末端混合气温度和压力，以延长末端混合气自燃所需要的准备时间，可有效防止爆燃；末端混合气温度和压力主要与点火提前角、负荷、冷却液温度、进气温度、混合气浓度、压缩比、燃烧室积炭等有关。

（3）合理设计燃烧室，缩短火焰传播距离。

（4）提高发动机转速，可以使混合气的扰流强度提高，火焰传播速度加快，也可减小爆燃的倾向。

在汽车的实际使用中，选用合适的燃料、保持合适的点火提前角、避免发动机长时间在大负荷下工作，是防止汽油机爆燃的主要措施。

2. 热面点火

混合气燃烧时，不靠电火花点火而由燃烧室炽热表面（如过热的火花塞绝缘体和电极、排气门、炽热的积炭等）点燃混合气而引起的不正常燃烧现象，称为热面点火。

根据热面点火发生的时间不同，可分为早火和后火。如果热面点火发生在正常点火时刻之前，称为早火；发生在正常点火时刻之后，称为后火。

热面点火示功图如图3-6所示。发生早火时，相当于提前点火，而且炽热表面的面积较大，点燃的区域也比电火花点燃的区域大，所以一旦发生早火，混合气的燃烧速率比正常燃烧时高，压力升高也较快，常使最高压力点出现在上止点之前，压缩耗功和热损失增加，发动机容易过热且功率和热效率下降。此外，早火会使缸内压缩终了的压力提高，炽热表面的温度也会进一步提高，发生爆燃和热面点火的倾向更大，甚至会因热负荷过大而导致气门、火花塞和活塞等机件损坏。早火一般是在发动机长时间高速、大负荷运转后，由排气门、火花塞电极或绝缘体的高温引起。

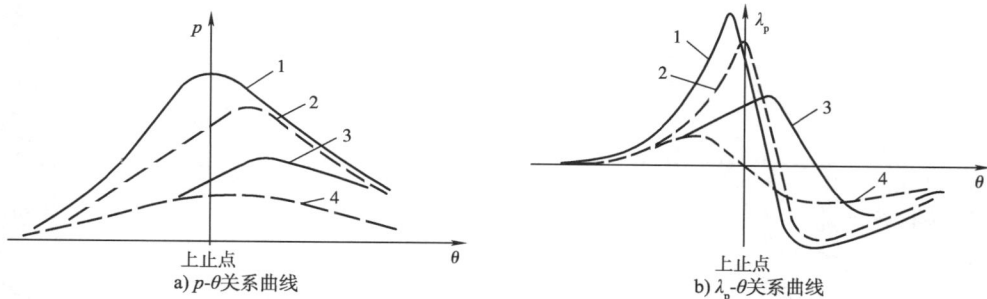

图3-6　热面点火示功图
1-早火；2-正常点火；3-后火；4-倒拖

后火一般危害性不大，但若发生在关闭点火开关后，发动机仍像有电火花点火一样，继续运转，直到炽热点温度下降到不能点燃混合气为止，发动机才停转。

降低缸内温度、减少缸内沉积物的产生是防止热面点火的主要措施。如选用低沸点的汽油和含胶质较少的润滑油，可减少积炭的生成；适当降低压缩比，可降低缸内温度等。

由以上分析可知,爆燃和热面点火均属汽油机的不正常燃烧现象,但两者产生原因是完全不同的。爆燃是火花塞跳火后,末端混合气的自燃现象;热面点火是火花塞跳火以前或之后由炽热表面或沉积物点燃混合气所致。爆燃时火焰以冲击波的速度传播,有尖锐的敲击声;热面点火时敲缸声比较沉闷。爆燃与热面点火会相互促进,严重的爆燃必然增加向缸壁的传热,促使燃烧室内炽热点的形成,热面点火的倾向增大;早火使缸内压力升高率和最高压力提高,末端混合气自燃准备所需时间缩短,也必然使爆燃的倾向增大。

四　改善汽油机燃烧过程的措施

改善燃烧过程的目的主要是提高发动机动力性、经济性和排放性。

(一)选择合适的压缩比

适当提高压缩比,可提高压缩行程终了时缸内气体的温度和压力,从而加快火焰传播速度,使燃烧终了的温度、压力较高,有利于提高发动机的热效率,但压缩比提高到一定程度(超过10),热效率提高幅度将明显减慢。

提高汽油机压缩比的最大障碍是爆燃。此外,随压缩比提高,机件的机械负荷、排气中的 NO_x 含量也会增加。因此,汽油机不能追求过高的压缩比,一般原则是:在保证不发生爆燃的前提下,尽量提高压缩比。

(二)合理设计燃烧室

结构紧凑的燃烧室,可缩短火焰传播距离、减少散热损失。合理布置火花塞的位置,并使燃烧室内混合气产生适当涡流运动,可以提高火焰传播速度,对减小爆燃倾向、提高热效率、降低排放污染均有利。

汽油机常用的燃烧室有楔形燃烧室、浴盆形燃烧室和半球形燃烧室等,各种燃烧室的结构及特点可参阅《汽车构造》等教材。

(三)正确选用燃料

燃料的使用性能对燃烧过程有直接影响。汽油的蒸发性越好,就越容易汽化,与空气混合形成的混合气质量越好,使燃烧速度加快,且易于完全燃烧。但蒸发性好的汽油,在炎热的夏季或高原地区使用时,容易产生供油系统气阻。

汽油的辛烷值越高,抗爆性越好,越不容易发生爆燃。

(四)保持发动机正常的工作温度

发动机的工作温度应保持在80～90℃范围内,温度过高、过低均会对汽油机的燃烧过程产生不利的影响。

冷却液温度过高时,爆燃及热面点火倾向增加。同时,因进气温度升高,使发动机的实际进气量减少,缸内最高压力降低,发动机的动力性下降。

冷却液温度过低时,传热温差增大,热量损失增多,会导致发动机热效率降低,功率下降,耗油率增加。此外,冷却液温度过低,还容易使燃烧中的酸根和水蒸气结合成酸类物质,使汽缸腐蚀磨损增加;汽油雾化、蒸发不良,会使燃烧形成的积炭和排放污染增加。

因此,在使用中,应注意发动机冷却系统的维护,保持合适的冷却强度,以便使发动机在正常温度范围内工作。

(五)精确控制混合气的形成

混合气浓度对燃烧能否进行、火焰传播速度、爆燃倾向、排气成分都有很大影响。混合气的过量空气系数对燃烧速度的影响如图 3-7 所示。

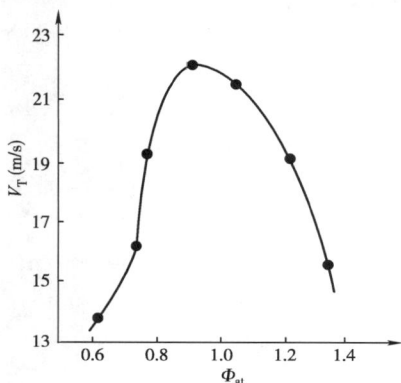

图 3-7　过量空气系数对燃烧速度的影响

过量空气系数 $\Phi_{at} = 0.85 \sim 0.95$ 时,混合气稍浓,燃烧速度最快,缸内平均工作压力升高,可使发动机发出最大功率,因此称这种混合气为功率混合气。采用功率混合气时,由于燃烧速度快,缸内最高温度的压力升高,会增大爆燃倾向和排气中 NO_x 的含量。此外,由于功率混合气浓度较大,燃烧时氧气不足,排气中 HC 和 CO 含量也会增加。

当过量空气系数 $\Phi_{at} = 1.05 \sim 1.15$ 时,混合气稍稀,但火焰传播速度仍比较高,且此时空气相对充足,有利于完全燃烧,所以有效耗油率最低,所以此浓度混合气称为经济混合气。采用经济混合气时,爆燃倾向和排气污染都比较小。

采用 $\Phi_{at} < 0.85 \sim 0.95$ 的过浓混合气时,火焰传播速度显著降低,而且由于缺氧,造成燃料不能完全燃烧,使热效率降低,耗油率增加,排气中的 HC 和 CO 含量也会显著增加。由于燃烧速度慢,到做功行程接近终了排气门开启后,未完全燃烧的混合气进入排气管可能燃烧,容易造成排气管放炮。

采用过量空气系数 $\Phi_{at} > 1.05 \sim 1.15$ 的过稀混合气时,火焰传播速度也会明显降低,使补燃增加,热效率下降,油耗率增多。由于补燃使排气温度升高,在排气行程接近终了进气门开启后,含氧过剩的高温废气可能点燃进气管内的混合气,造成化油器回火。但混合气过稀时,由于燃烧速度慢,来不及燃烧的混合气进入排气管后,被废气进一步稀释,一般不可能继续燃烧,只会增加排气中 HC 含量,不会造成排气管放炮。

采用过稀或过浓的混合气,均会导致发动机的动力性和经济性下降,但爆燃的倾向会减小。同时,混合气的浓度只有在一定范围内时,才能保证火焰的正常传播,这就是火焰传播界线。极浓的混合气,由于严重缺氧,火焰不能传播;而极稀的混合气,由于热值过低,燃烧放热量少,火焰也无法传播。火焰传播上限为 $\Phi_{at} = 0.4 \sim 0.5$,火焰传播下限为 $\Phi_{at} = 1.3 \sim 1.4$。

发动机工作时,混合气的浓度应在保证火焰传播和满足不同工况对动力性要求的前提下,应尽量采用较稀的经济混合气,以降低燃油消耗率和排放污染。此外,喷油正时对混合气的形成质量(主要是均匀性)影响也很大,保证最佳的喷油正时对改善汽油机的燃烧过程同样重要。为精确控制混合气浓度和喷油正时,在汽油机上应用响应速度快、控制精确的电控燃油喷射系统,并在使用中保证该系统的无故障运行非常必要。电控燃油喷射系统对混合气浓度和喷油正时的控制方法见本模块相关内容。

(六)精确控制点火提前角

1. 点火提前角对发动机性能的影响

点火提前角大小对汽油机爆燃倾向、示功图上最高压力点的位置有很大影响。汽油机不同点火提前角时的示功图如图 3-8 所示。

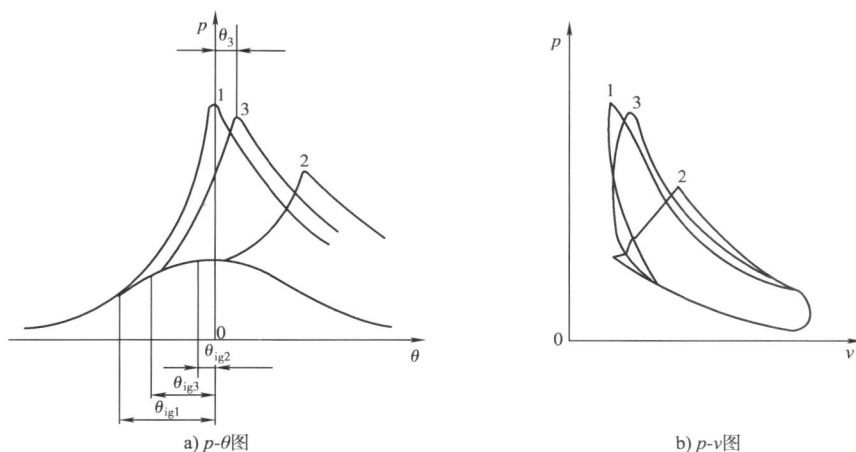

a) p-θ图　　　　　　b) p-v图

图 3-8　不同点火提前角的示功图

点火提前角越大(即点火越早),最高压力越高,且最高压力点越靠近压缩上止点,甚至最高压力点出现在压缩上止点以前。点火过早(曲线 1)时,不仅因最高压力升高,使爆燃倾向增大、机件承受的机械负荷增加,而且因最高压力点的提前,使压缩行程消耗的功和传热损失均增加,并容易导致发动机过热。而点火过晚(曲线 2)时,由于最高压力的降低,做功行程初期所做的功减少,同时因燃烧过程是在汽缸容积不断增大的膨胀行程进行,高温的气体与汽缸壁接触面积大,传热损失增加,燃烧放热用来充分做功的机会减小,因此也会导致发动机功率降低、热效率降低和过热。

由此可见,只有选择合适的点火提前角(曲线 3),使缸内最高压力和压力升高率保持在适当的范围,使最高压力出现在上止点后 12°～15°曲轴转角内,才能保证汽油机燃烧正常、性能最好。

最佳点火提前角并非固定的,使用中它主要受发动机转速、负荷的影响。发动机转速增加时,汽缸中紊流增强,散热及漏气损失减少,压缩终了工质的温度和压力较高,燃烧时火焰传播速度加快,以秒计的燃烧过程缩短,但着火延迟期和明显燃烧期所占的曲轴转角均增加,为此必须适当增大点火提前角,以保持最高压力点的最佳位置;反之,发动机转速降低时,应适当减小点火提前角。发动机负荷减小,进入汽缸的新鲜混合气量减少,而残余废气量基本不变,残余废气所占比例相对增加,残余废气对燃烧反应起阻碍作用,会使燃烧速度减慢,为保证燃烧过程在上止点附近完成,需适当增大点火提前角;反之,负荷增大时,则应适当减小点火提前角。

2. 点火提前角的控制

为使汽油机在各种工况下都能获得最佳的点火提前角,电控点火系统已在车用汽油机上得到广泛应用。电控点火系统的基本组成如图 3-9 所示,主要由电源、传感器、ECU、点火器、点火线圈、火花塞等组成,发动机工作时,ECU 根据接收到的各传感器信号(主要是转速和负荷信号),按存储器中存储的有关程序和相关数据,确定出该工况下最佳点火提前角和点火线圈初级电路闭合角(通电时间),并以此向点火器发出指令;点火器则根据 ECU 的指令,控制点火线圈初级电路的导通和截止;当电路导通时,有电流从点火线圈中的初级电路通过,点火线圈将点火能量以磁场的形式储存起来;当初级电路中的电流被切断时,在其次级线圈中将产生很高的感应电动势(15~20kV),直接送至工作

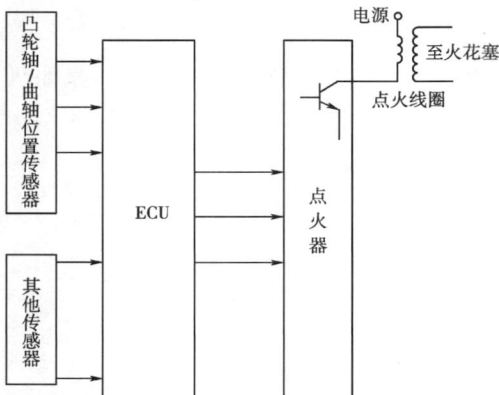

图 3-9 电控点火系统的基本组成

汽缸的火花塞,点火能量经火花塞瞬间释放,产生的电火花点燃汽缸内的混合气,使发动机完成做功过程。此外,在具有爆震控制功能的电控点火系统中,ECU 还根据爆震传感器的输入信号来判断发动机有无爆震及爆震的强度,并对点火提前角进行闭环控制。

电控点火系统对点火提前角的控制方法,在发动机起动时和起动后是不同的。

在发动机起动过程中,发动机转速变化大,且由于转速较低(一般低于 500r/min),进气管绝对压力传感器信号或空气流量计信号不稳定,ECU 无法正确计算点火提前角,一般将点火时刻固定在设定的初始点火提前角。此时的控制信号主要是发动机转速信号和起动开关信号。发动机起动过程中,设定的初始点火提前角预先存储在 ECU 内,设定值随发动机而异,一般为 10° 左右。

发动机起动后正常运转时,ECU 首先根据发动机的转速信号和负荷信号,确定基本点火提前角,再根据其他有关信号进行修正,最后确定实际点火提前角,并向执行元件(点火器)输出点火控制信号,以控制点火系统的工作。ECU 确定基本点火提前角时,发动机处于怠速工况与非怠速工况是不同的。

(1)怠速工况基本点火提前角的确定。发动机处于怠速工况时,ECU 根据发动机转速传感器信号和空调开关信号确定基本点火提前角,如图 3-10 所示。空调工作时的基本点火提前角比空调不工作时大,目的是保证发动机怠速工况运转稳定。

(2)非怠速工况基本点火提前角的确定。发动机起动处于怠速工况以外的其他工况时,ECU 根据发动机的转速信号

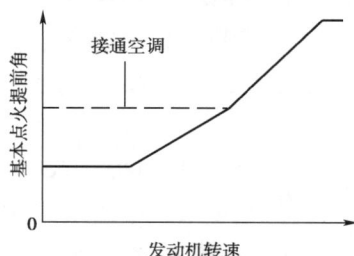

图 3-10 怠速运转时基本点火提前角的确定

和负荷信号(单位转数的进气量或基本喷油量)确定基本点火提前角,不同转速和负荷时的基本点火提前角数值存储在 ECU 内的存储器中,基本点火提前角控制模型如图 3-11 所示。

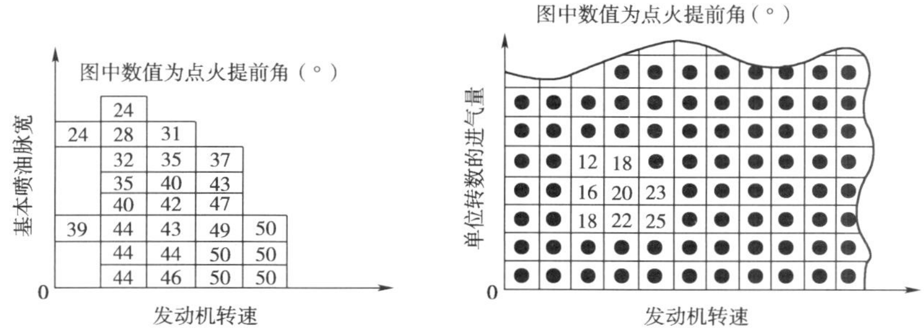

图 3-11　基本点火提前角控制模型图

发动机处于怠速工况以外的其他工况时,控制点火提前角的信号主要有:进气管绝对压力传感器信号或空气流量计信号、发动机转速信号、节气门位置传感器信号、燃油选择开关或插头信号、爆震信号等。按燃油的辛烷值不同,在 ECU 存储器中存有两张基本点火提前角的数据表格时,驾驶人可根据使用燃油的辛烷值,通过燃油选择开关或插头进行选择。具有爆震控制功能的电控点火系统中,ECU 内还存有专用于爆震控制点火提前角的数据。

(3)发动机起动后对点火提前角的修正方法。不同的发动机控制系统中,对点火提前角的修正方法是不同的,主要有以下两种。

①修正系数法。如在日本日产车系 ECCS 系统中,实际点火提前角等于基本点火提前角与点火提前角修正系数之积,即

实际点火提前角 = 基本点火提前角 × 点火提前角修正系数

②修正点火提前角法。如在日本丰田车系 TCCS 系统中,实际点火提前角等于初始点火提前角、基本点火提前角和修正点火提前角之和,即

实际点火提前角 = 初始点火提前角 + 基本点火提前角 + 修正点火提前角

修正系数或修正点火提前角都是存储在 ECU 中,发动机工作时,ECU 根据初始点火提前角、基本点火提前角和修正系数(或修正点火提前角)计算实际点火提前角。

(4)起动后点火提前角的修正项目。发动机起动后正常运转时,对点火提前角的修正项目也随发动机而异,主要修正项目有以下三种:

①冷却液温度修正。冷却液温度修正又可分为暖机修正和过热修正。

发动机冷车起动后的暖机过程中,随冷却液温度的提高,混合气的燃烧速度加快,燃烧过程所占的曲轴转角减小,点火提前角也应适当减小,如图 3-12 所示。修正曲线的形状与提前角的大小随车型不同而异。暖机修正控制信号主要有:冷却液温度传感器信号、进气管绝对压力传感器信号或空气流量计信号、节气门位置传感器信号等。

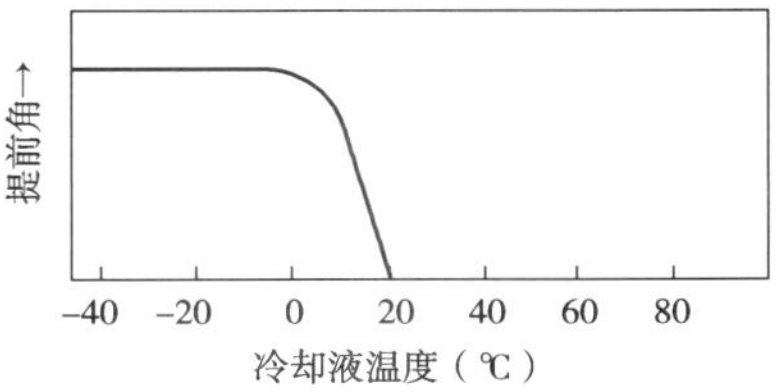

发动机工作时,随冷却液温度的升高,爆燃倾向逐渐增大。冷却液温度过高时,为了避免产生爆燃,必须修正点火提前角,如图 3-13 所示。发动机处于怠速工况时,冷却液温度过高一般是由于燃烧速度慢、燃烧过程占的曲轴

图 3-12　点火提前角的暖机修正曲线

转角过大所致,所以为了避免发动机长时间过热,应增大点火提前角,以提高燃烧速度,减小散热损失。发动机处于怠速工况以外的其他工况时,如果冷却液温度过高,为了避免产生爆燃,则应适当减小点火提前角。过热修正控制信号主要有:冷却液温度传感器信号、节气门位置传感器信号等。

②怠速稳定修正。发动机在怠速(IDL)运转过程中,由于负荷等因素的变化会导致转速改变,所以 ECU 必须根据实际转速与目标转速的差值修正点火提前角,以便保持发动机在规定的怠速转速下稳定运转,如图 3-14 所示。怠速稳定修正控制信号主要有:发动机转速信号、节气门位置传感器信号、车速传感器信号、空调开关信号等。

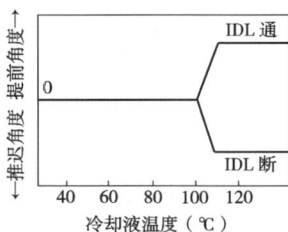

图 3-13　点火提前角的过热修正曲线　　图 3-14　点火提前角的怠速稳定修正曲线

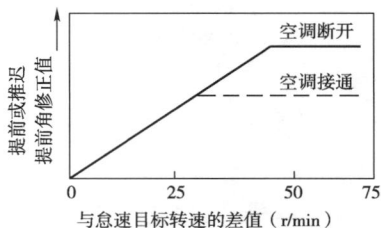

③空燃比反馈修正。由于空燃比反馈控制系统是根据氧传感器的反馈信号调整喷油量的多少来实现最佳空燃比控制的,所以这种喷油量的变化必然带来发动机转速的变化。为了稳定发动机转速,点火提前角需根据喷油量的变化进行修正,如图 3-15 所示。

3. 爆燃的控制

点火提前角是影响爆燃的主要因素之一,推迟点火(即减小点火提前角)是消除爆燃的最有效措施。在电控点火系统中,ECU 根据爆震传感器信号,判定有无发生爆燃及爆燃的强度,并根据其判定结果对点火提前角进行反馈控制,使发动机处于爆燃的边缘工作,既能防止爆燃发生,又能有效地提高发动机动力性和经济性。

爆燃控制过程如图 3-16 所示。爆震传感器安装在汽缸体或汽缸盖上,其功用是将爆燃时传到汽缸体或汽缸盖上的机械振动转换成电压信号输送给 ECU,ECU 则根据此电压信号判断发动机是否发生爆燃及爆燃的强度。有爆燃时,则逐渐减小点火提前角(推迟点火),直到爆燃消失为止。无爆燃时,则逐渐增大点火提前角(提前点火),当再次出现爆燃时,ECU 又开始逐渐减小点火提前角,爆燃控制过程就是对点火提前角进行反复调整的过程。

图 3-15　点火提前角的空燃比反馈修正曲线　　图 3-16　爆燃控制过程

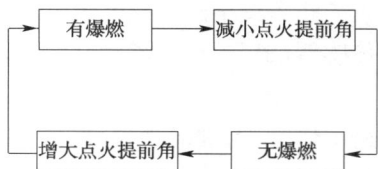

爆燃控制实质就是对点火提前角的反馈控制,爆燃控制过程中点火提前角的变化如

图 3-17 所示。爆震传感器向 ECU 输入爆燃信号时,电控点火系统采用闭环控制模式,并以固定的角度使点火提前角减小,若仍有爆燃存在,则再以固定的角度减小点火提前角,直到爆燃消失为止。爆燃消失后的一定时间内,电控点火系统使发动机维持在当前的点火提前角下工作,此时间内若无爆燃发生,则以一

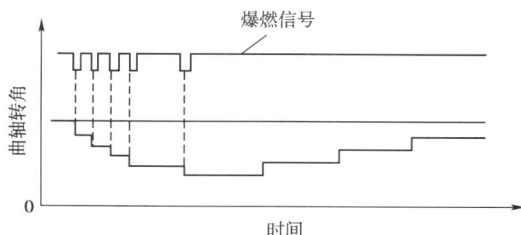

图 3-17　爆燃控制过程中点火提前角的变化

个固定的角度逐渐增大点火提前角,直到爆燃再次发生,然后又重复上述过程。

发动机负荷较小时,发生爆燃的倾向几乎为零,所以电控点火系统在此负荷范围内采用开环控制模式。而当发动机的负荷超过一定值时,电控点火系统自动转入闭环控制模式。发动机工作时,ECU 根据节气门位置传感器信号判断发动机的负荷大小,从而决定点火系统采用开环控制还是闭环控制。

五　汽油机的排气污染

汽油机的排放污染源主要有汽油机排出的废气、燃油箱等漏出的燃油蒸气及曲轴箱排出的气体等,本书只介绍汽油机的主要排放污染源——排气污染。

(一)汽油机的排气污染物

汽油机排出废气中的污染物种类和数量与其所用燃料及燃烧过程有关。汽油机排放出的废气中,有害人体健康、污染大气的污染物包括 CO、HC、NO_x、SO_2、CO_2 和炭烟,其中 CO、HC 和 NO_x 是最主要的污染物,已被列为各国法规限制的对象。

1. 一氧化碳(CO)

CO 是一种无色无味的气体,能与红细胞中的血红蛋白(Hb)结合,其结合力约比 O_2 强 300 倍,从而阻碍了 Hb 在体内运送 O_2 的能力,致使体内组织细胞因缺 O_2 而产生中毒症状。空气中 CO 的体积含量及其危害见表 3-1。

空气中 CO 含量及其危害　　　　　　　　　　　　　　表 3-1

CO 体积含量($\times 10^{-6}$)	血液中 CO-Hb(%)	对人体的危害程度
0～5	000～0.8	无症状
5～10	0.8～1.6	无症状
10～20	1.6～3.2	尚可
20～30	3.2～4.8	注意
30～40	4.8～6.4	危险
40～50	6.4～8.0	较危险
50～60	8.0～9.6	很危险
>60	>9.6	极危险

CO 是汽油机排气中含量较大、危害也较大的有害物质,它主要是由于燃烧时氧气相对不足(混合气的过量空气系数 $\Phi_{at}<1$),烃燃料中的碳不能完全燃烧而生成的中间产物。

2. 碳氢化合物(HC)

HC 是燃料燃烧的中间产物,在汽油机排出的有害物质中,含量仅次于 CO 的有毒气体。有刺激性气味,对人的鼻、眼和呼吸道黏膜有刺激作用,可引起炎症。已证明 HC 在动物身上有致癌作用。此外,HC 还能形成光化学烟雾。

排气中的 HC 主要是燃料不完全燃烧的产物。燃料在燃烧过程中,由于缸壁激冷作用或混合气过浓、过稀、混合不均匀等,造成部分混合气未燃烧就随废气排出。此外,雾化不良或废气再循环量过多,也会引起燃烧不良,使 HC 的排放量增加。

3. 氮氧化物(NO_x)

NO_x 是发动机排出的氮的化合物的总称,主要有 NO 和 NO_2,其中 NO 是无色无味的气体,与血红蛋白(Hb)的亲和性极强(是 O_2 与血红蛋白亲和性的 30 万倍),生成亚硝基血红蛋白(NO-Hb),阻碍血红蛋白的携氧作用。NO_2 有直接使血红蛋白变为高铁血红蛋白的作用。空气中的 NO 和 NO_2 在肺组织被过多地吸收,到达肺泡后进入血中,使血液中毒。NO_2 还刺激支气管,引起支气管炎和肺泡的肿胀,肿胀的扩散可引起肺纤维化。此外,在 NO_x 和 HC 共处时,通过阳光照射形成连锁反应,生成光化学烟雾。

NO_x 是在高温、高压燃烧的状态下,空气中氧和氮发生反应生成的,其生成量主要随燃烧温度的升高及高温持续时间的延长而增加。

4. 二氧化碳(CO_2)

CO_2 是无色无臭的气体,呈弱酸性。低含量的 CO_2 对人体无害,但随着其含量的增加,对人的机体有影响。当 CO_2 含量很高且有 O_2 存在时,以麻痹作用为主;在缺 O_2 状态下,作为刺激性气体对皮肤和黏膜起作用。CO_2 对人体的影响见表3-2。

CO_2 对人体的影响   表 3-2

CO_2 体积含量(%)	对人体的影响
<2.5	维持1h无影响
3	呼气深度增加
4	头部重压感、头痛、心悸、血压升高、脉搏迟缓、眩晕、神志恍惚、呕吐等
6	呼吸剧烈增加
8~10	迅速出现意识不清、发汗时出现呼吸停止,导致死亡
20	数秒内中枢机能丧失
30	立即死亡

CO_2 是烃类燃料燃烧的必然产物。

5. 二氧化硫(SO_2)

SO_2 是无色气体,有强烈的气味,对咽喉、眼睛和上呼吸道有强烈的刺激作用,对人的健康有害。特别是硫的氧化物及其他酸性气体溶于雨中,会形成酸雨,使湖泊水酸化、土壤酸化,大片森林和植物枯死。

燃料中含硫的氧化物,在燃烧后几乎全部转化为 SO_2,其中一部分氧化成 SO_3,并与水反应形成硫酸,再转化为硫酸盐。

6.炭烟

炭烟是燃油没有完全燃烧时裂解形成的产物。当排气中碳的悬浮颗粒浓度达 $0.15g/m^3$ 时,就会形成可见的黑烟。

炭烟中存在着碳和有机物的悬浮微粒,吸入肺泡后,会引起肺功能或支气管的变化、肺水肿等。

(二)汽油机排气污染的控制措施

为控制汽油机排出废气中的 HC、CO 和 NO_x 含量,目前采取的专项措施主要有:废气再循环、二次空气喷射和催化转换等。

1. 废气再循环(EGR)装置

发动机工作时,EGR 装置可将排气管中的适量废气引流到进气管中,随新鲜混合气一起进入汽缸参加燃烧,利用再循环废气对新鲜混合气的稀释作用和对燃烧速度的抑制作用,降低燃烧的最高温度,以实现减少 NO_x 生成量的目的。

进行废气再循环时,必然会造成发动机的动力性略有下降。此外,怠速、小负荷时进行废气再循环,容易导致发动机熄火;全负荷时进行废气再循环,会使发动机不能满足大功率要求。因此,废气再循环仅适于中等负荷进行,而且应随发动机负荷和转速的降低,减少废气再循环量。发动机工作时,是否进行废气再循环以及废气再循环量,都是由 EGR 装置来自动控制的。

目前,汽油机上装用的 EGR 装置按其控制方式不同,可分为开环控制和闭环控制两种类型,开环控制的 EGR 装置又可分为机械控制式和电子控制式。

开环电控 EGR 装置如图 3-18 所示,主要由 EGR 阀和 EGR 电磁阀等组成,EGR 阀安装在废气再循环通道中,EGR 电磁阀安装在通向 EGR 阀的真空通道中。ECU 根据发动机水温、节气门开度、转速和起动信号等控制电磁阀的通电或断电。EGR 电磁阀断电时,控制 EGR 阀的真空通道接通,EGR 阀开启,进行废气再循环;EGR 电磁阀通电时,控制 EGR 阀的真空通道被切断,EGR 阀关闭,停止废气再循环。进行废气再循环时,废气再循环量的多少取决于 EGR 阀的开度,而 EGR 阀的开度直接由真空度控制,由于真空管口设在靠近节气门全闭位置的上方,随发动机转速和负荷(节气门开度)的增大,真空管口处的真空度增加,EGR 阀的开度增大,废气再循环量增多。随发动机转速和负荷减小,EGR 阀开度也减小,废气再循环量减少。

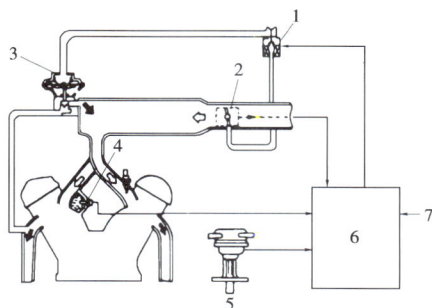

图 3-18 开环电控 EGR 装置

1-EGR 电磁阀;2-节气门;3-EGR 阀;4-冷却液温度传感器;5-曲轴位置传感器;6-ECU;7-起动信号

在有些发动机的 EGR 装置中,EGR 电磁阀采用占空比控制型电磁阀,ECU 通过占空比控制电磁阀的开度,调节作用在 EGR 阀上的真空度,以控制 EGR 阀的开度,实现对废气再循环量的控制。在此系统中,通向 EGR 阀的真空管口一般设在节气门之后。

在开环机械控制式 EGR 装置中,通向 EGR 阀的真空管路一般设有两个真空控制阀。一个是双金属开关阀,根据冷却液温度控制真空通道的通断;另一个是膜片式真空控制阀,根据负荷变化(进气管真空度和排气压力变化)控制真空通道通断。当冷却液温度和负荷达到一定值进行废气再循环时,与采用普通电磁阀控制的 EGR 系统一样,EGR 阀的开度直接由真空度控制,即废气再循环量取决于真空管口处的真空度。

闭环控制 EGR 装置与开环电控 EGR 装置的主要区别是:在控制系统中设有检测实际 EGR 率或 EGR 阀开度的传感器,ECU 根据此传感器的反馈信号修正控制废气再循环量,其控制精度更高。废气再循环率(EGR 率)表示废气再循环量的多少,指废气再循环量在进入汽缸内的气体中所占的比率,即:

$$EGR\ 率 = \frac{EGR\ 量}{进气量 + EGR\ 量} \times 100\%$$

2. 二次空气供给装置

二次空气供给装置属于对汽油机排出的废气进行后处理的一种技术措施,通过该装置将新鲜空气送入排气管内,利用废气中的高温,使排气中的 HC 和 CO 进一步氧化,达到排气净化的目的。

二次空气供给装置可分为电控型和非电型两种。电控二次空气供给装置如图 3-19 所示。二次空气控制阀由舌簧阀和膜片阀组成,来自空气滤清器的二次空气进入排气管的通道受膜片阀控制,膜片阀的开闭用进气歧管的真空度驱动,其真空通道由 ECU 通过电磁阀控制。装在二次空气控制阀中的舌簧阀是一个止回阀,主要用来防止排气管中的废气倒流。点火开关接通后,蓄电池即向二次空气电磁阀供电,ECU 控制电磁阀搭铁回路。电磁阀不通电时,关闭通向膜片阀真空室的真空通道,膜片阀弹簧推动膜片下移,关闭二次空气供给通道,不允许向排气管内提供二次空气。ECU 给电磁阀通电,电磁阀开启膜片阀真空室的真空通道,进气管真空度将膜片阀吸起,排气管内的脉动真空即可吸开舌簧阀,使二次空气进入排气管。有些发动机的二次空气供给装置,利用空气泵将新鲜空气强制送入排气管。

非电型二次空气供给装置只是在排气管上设置一个带滤清器的舌簧阀,当排气管内产生脉动真空时,舌簧阀被吸开,空气经滤清器被吸入排气管,使废气中的 CO 和 HC 进一步氧化;当排气管内压力高于大气压时,舌簧阀关闭,防止空气和废气倒流。

采用二次空气供给装置将空气送入排气管内使排气中的 HC 和 CO 进一步氧化,必然会导致排气温度升高。为此,在装有催化转换器的汽车上,必须采用电控型二次空气供给装置,以避免因排气温度过高而导致催化转换器损坏。

3. 催化转换装置

催化转换装置中装有促使废气中有害物进行氧化或还原反应的催化剂,当废气流经催化器时,通过化学反应使有害气体转化为无害气体,以达到降低排气污染的目的,也属对废气进行的后处理措施。

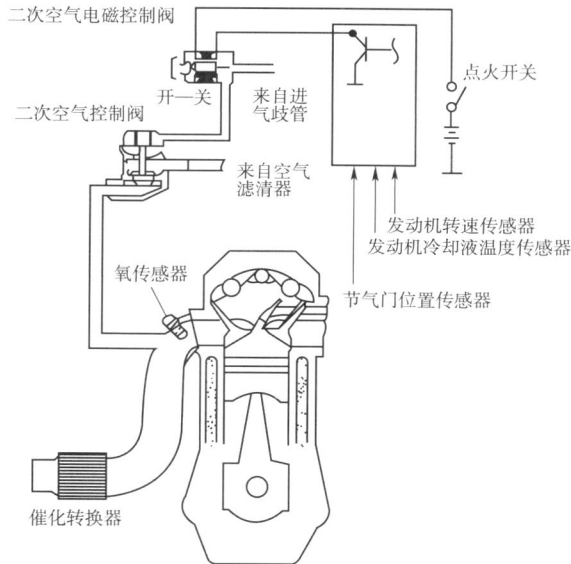

图 3-19 电控型二次空气供给装置

汽车上装用的各类催化转换装置如图 3-20 所示。氧化催化器可促使废气中的 CO 和 HC 氧化成 CO_2 和 H_2O,还原催化器可促使 NO_x 还原成 N_2 和 O_2,三元催化转换器具有促使 CO、HC 氧化和促使 NO_x 还原的双重功能。催化剂一般为铂(或钯)与铑等贵重金属的混合物。

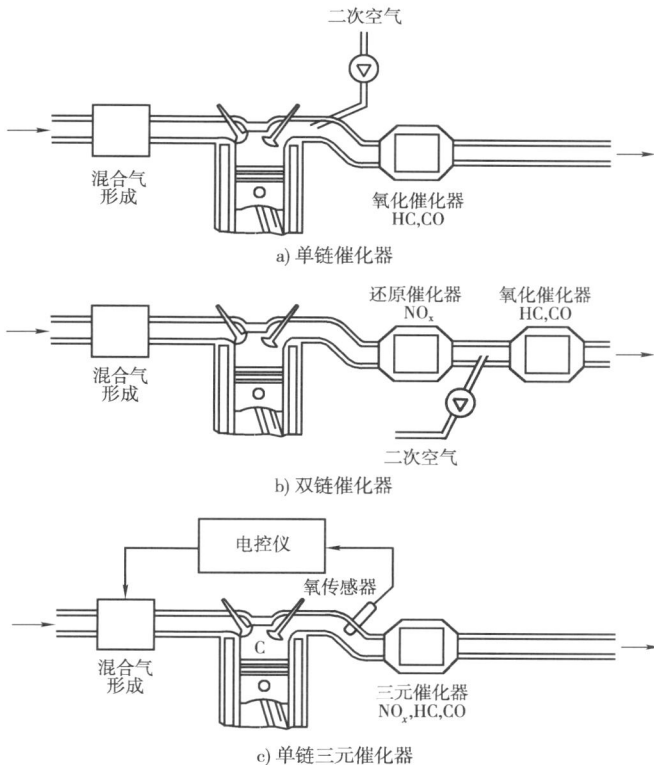

a) 单链催化器

b) 双链催化器

c) 单链三元催化器

图 3-20 各类催化转换装置

催化转换器的转换效率受混合气浓度和排气温度的限制。当混合气过浓($\Phi_{at} < 0.98$)或过稀($\Phi_{at} > 1.05$)时,催化转换器的转换效率均会急剧下降,为此,催化转换器一般只用在能精确控制混合气浓度的电控燃油喷射发动机上,而且对混合气浓度的控制采用带氧传感器的闭环控制系统。催化转换器的工作温度一般为 $400 \sim 800℃$,排气温度低于 $400℃$ 时,催化转换器的转换效率将明显下降,而高于 $1000℃$ 时容易导致催化转换器损坏。有些三元催化转换装置中装有排气温度报警装置,当报警装置发出报警信号时,应停机熄火,查明排气温度过高的原因,予以排除。在使用中,排气温度过高一般是由于发动机长时间在大负荷下工作或因故障而燃烧不完全所致。

模块小结

单元	重要知识点	小结
汽油的使用性能	汽油的蒸发性	汽油的蒸发性就是指其从液态蒸发成蒸气的难易程度。对形成混合气的质量有很大影响
	汽油的燃点和热值	汽油的自燃温度为 $220 \sim 471℃$。通常情况下,1kg 汽油燃料完全燃烧所产生的热量约为 44400kJ
	汽油的抗爆性	汽油的抗爆性是指汽油在发动机汽缸中燃烧时,避免产生爆燃的能力,用辛烷值表示,辛烷值越高,抗爆性越好
汽油机混合气的形成	混合气的概念	燃料与空气的混合物称为混合气
	汽油机对混合气的要求	混合气的浓度对发动机的动力性和经济性有很大影响。为保证发动机正常工作和良好的性能,汽油机燃料供给系统必须根据发动机工况(工作情况的简称)的不同,配制出适当浓度的混合气
汽油机的燃烧过程	汽油机正常燃烧过程	在混合气的燃烧过程中,火焰的传播速度及火焰前锋的形状均没有急剧变化,这种燃烧现象称为正常燃烧
	汽油机的不正常燃烧	汽油机的不正常燃烧主要指爆燃和热面点火(表面点火)
改善汽油机燃烧过程的措施	具体措施	选择合适的压缩比、合理设计燃烧室、正确选用燃料、保持发动机正常的工作温度、精确控制混合气的形成、精确控制点火提前角
汽油机的排气污染	汽油机的排气污染物	汽油机排放出的废气中,有害人体健康、污染大气的污染物包括 CO、HC、NO_x、SO_2、CO_2 和炭烟
	汽油机排气污染的控制措施	目前采取的专项措施主要有:废气再循环、二次空气喷射和催化转换等

▶ **知识拓展**

缸内直喷发动机燃烧方式

缸内直喷又称 FSI(Fuel Stratified Injection),缸内直喷就是将喷油嘴的位置移到了汽缸内,直接在汽缸里喷油。直接将燃油喷入汽缸内与进气混合,喷射压力也进一步提高(10MPa以上),使燃油雾化更加细致,真正实现了精准地按比例控制喷油与进气混合,并且消除了缸外喷射的缺点。同时喷嘴位置、喷雾形状、进气气流控制,以及活塞顶形状等特别的设计,使油气能够在整个汽缸内充分、均匀的混合,从而使燃油充分燃烧,能量转化效率更高。该技术可以进一步提高汽油机热效率与降低汽油机排放。

FSI技术采用了三种不同的燃烧模式,即分层燃烧模式、稀薄燃烧模式和均质燃烧模式。

1. 分层燃烧模式

分层燃烧模式是将燃油分层喷射,使燃烧分浓度层次,燃烧区中心的燃料浓度较高,燃烧区外围则空气较多,利于燃烧区的混合气迅速燃烧,并且带动较远处较稀混合气的燃烧。具有热效率高、节流损失少等特点。

2. 稀薄燃烧模式

在稀薄燃烧模式下,混合气体中的汽油含量较低,空燃比可达25∶1以上。稀薄燃烧的实现原理是通过降低混合气体中的汽油含量,增加空气的含量,使得燃烧更加充分,从而提高发动机的热效率,从而达到经济和环保的目的。

3. 均质燃烧模式

均质燃烧模式是指混合气的过量空气系数在不同工况下接近理论值。燃油喷射并不是像分层充气模式那样在压缩行程时发生,而是发生在进气行程中,这样燃油和空气就有了更充足的时间来混合,并且可以利用空气的流动旋转的涡流来击碎燃油颗粒,使之混合更加充分。

❓ 复习思考题

1. 汽油的主要使用性能有哪些?如何评价?
2. 什么是混合气?汽油机对混合气有哪些要求?
3. 汽油机对混合气的形成过程是怎样的?
4. 汽油机的正常燃烧过程分几个阶段?各阶段有何特点?
5. 什么是不正常燃烧?有何危害?使用中应采取哪些防止措施?
6. 改善汽油机燃烧过程的目的是什么?措施有哪些?
7. 汽油机的排气污染物主要有哪些?如何产生的?
8. 汽油机排气污染的控制措施有哪些?

柴油机的燃料与燃烧

学习目标

❖ 知识目标

1. 能够描述柴油的主要使用性能的相关概念及评价指标；

2. 能够描述柴油机混合气的形成方式及控制方法；

3. 能够描述柴油机各燃烧过程的特点；

4. 能够描述柴油机不正常燃烧的现象及其产生原因；

5. 能够描述改善柴油机燃烧过程的目的及主要措施；

6. 能够描述柴油机排放污染物及控制措施。

❖ 技能目标

1. 能够分析柴油的使用性能对柴油燃烧过程的影响；

2. 能够分析柴油机混合气形成质量低的相关故障；

3. 能够分析柴油机燃烧过程进行不良的相关故障；

4. 能够分析柴油机主要排气污染控制系统的相关故障。

❖ 素养目标

1. 学习柴油使用性能的相关知识，强化增强综合素质、增强职业能力的竞争意识；

2. 学习柴油机混合气形成的相关知识，激发深入了解事物发展的内在规律、科学解决实际问题的探究精神；

3. 学习柴油机的燃烧过程及改善柴油机燃烧过程措施的相关知识，树立"没有最好，只有更好"的不断追求卓越和持续改进的理念；

4. 学习柴油机排气污染与噪声的相关知识，增强保护改善生活环境、维护社会和谐的公德意识。

模块导学

柴油机的燃烧过程是一个复杂的物理和化学变化过程，涉及燃油喷射、吸热、雾化、扩散、混合以及氧化燃烧等多个阶段。这一过程对发动机的使用性能起着至关重要的作用，决定了其功率、经济性和排放性。

本模块重点对柴油机的燃烧过程进行分析，并介绍柴油机所用燃料的性质和改善柴油机燃烧过程的措施。

一 柴油的使用性能

车用柴油机使用的燃料为轻柴油。柴油的使用性能对柴油机的燃烧有重要影响。柴油的使用性能主要包括发火性、蒸发性、黏度和凝点,它们主要取决于柴油的组成成分。

(一)柴油的发火性

发火性是指柴油的自燃能力,用十六烷值表示。发火性好的柴油,燃烧过程的着火延迟期短,柴油机工作柔和。十六烷值过高的柴油中,含不易蒸发的重质馏分多,蒸发性较差,容易高温裂解,会导致排气冒黑烟,经济性下降。车用柴油十六烷值一般在 40~60 之间。

(二)柴油的蒸发性

柴油的蒸发性直接影响可燃混合气的形成,对燃烧过程也有一定的影响。与汽油一样,柴油的蒸发性通常也用馏程表示,主要以 50% 馏出温度、90% 馏出温度和 95% 馏出温度作为评价柴油蒸发性的指标。

柴油的蒸发性

50% 馏出温度低的柴油蒸发性好,有利于混合气的形成和燃烧的进行,对发动机的冷起动也有利,但柴油中蒸发性好的组成成分其发火性差。90% 馏出温度和 95% 馏出温度越高,说明柴油中不易蒸发的成分越多,燃烧后容易导致排气冒烟和产生积炭。因此,要求柴油的 50% 馏出温度应适宜,90% 馏出温度和 95% 馏出温度应比较低。

(三)柴油的黏度

柴油的黏度决定其流动性。黏度低,流动性好,柴油从喷油器喷出时容易雾化,但黏度过低会失去必要的润滑能力,会加剧喷油泵和喷油器中精密偶件的磨损,增大精密运动副的漏油量。黏度过大,流动阻力大,滤清困难,喷雾不良。

(四)柴油的凝点

柴油的凝点是指其失去流动性的温度。柴油在接近凝点时,由于柴油中石蜡结晶颗粒物量的增加,流动性严重下降,会导致供油困难甚至供油中断,柴油机无法正常工作。为保证柴油机在较低的温度下能正常工作,要求柴油应有较低的凝点。

国产轻柴油按凝点编号,凝点也是选用柴油的主要依据,一般要求柴油的凝点应比最低的环境温度低 3~5℃,见表 4-1。

轻柴油的选用   表 4-1

牌号	适用范围	牌号	适用范围
10 号	有预热设备的柴油机	0 号	气温在 4℃ 以上地区
5 号	气温在 8℃ 以上地区	-10 号	气温在 -5℃ 以上地区

牌号	适用范围	牌号	适用范围
-20 号	气温在 -14℃ 以上地区	-50 号	气温在 -44℃ 以上地区
-35 号	气温在 -29℃ 以上地区		

二 柴油机混合气的形成

（一）柴油机混合气形成特点与方式

1. 混合气形成特点

柴油黏度大，不易蒸发，无论是传统柴油机还是电控柴油机，都必须借助高压油泵提高其压力，并在各缸接近压缩行程终了时，由喷油器将一定量的柴油喷入汽缸，使之在汽缸内部与高温高压的流动空气混合，形成可燃混合气，自行着火燃烧。

混合气形成的特点

与汽油机相比，柴油机混合气的形成时间短，直接喷入汽缸的柴油很难与空气进行良好混合，所以形成的混合气不均匀。

柴油机工作时，柴油喷入汽缸后，由于缸内温度远远高于柴油的自燃温度，所以在喷油器喷油结束之前就会着火燃烧，形成边喷油、边雾化、边混合、边燃烧的工作状况。

2. 混合气形成方式

柴油机混合气的形成方式可分为空间雾化式和油膜蒸发式两种。

（1）空间雾化混合方式。特点是喷油器将柴油以一定压力、一定射程和一定雾化质量喷入燃烧室的整个空间，在整个燃烧室形成油雾，并从高温空气中吸热蒸发、扩散，与高温高压空气混合，形成可燃混合气。这种混合气形成方式，要求喷油器的喷雾特性（射程、锥角和形状）必须与燃烧室的形状匹配。

柴油机无论采用何种混合气形成方式，为得到均匀的混合气，一般都要求燃烧室内有一定的空气运动，即涡流；同时柴油机一般都采用多孔喷油器，以扩大油雾分布的范围。适当的涡流运动，有利于油雾的蒸发与扩散，对混合气还能起到搅拌的作用，如图 4-1 所示，使混合气形成更容易、更均匀，但汽缸内的涡流运动也不宜过强，否则会使燃烧后的废气与未燃烧的混合气混合，反而对燃烧过程产生不利的影响。

（2）油膜蒸发混合方式。特点是喷油器将大部分柴油喷射到燃烧室的壁面上，形成一层油膜，油膜在强烈的空气涡流作用下，受热蒸发并与流动的空气混合，形成较均匀的可燃混合气。

与采用空间雾化混合气形成方式相比，采用油膜蒸发式混合气形成方式，燃烧过程开始后，由于燃

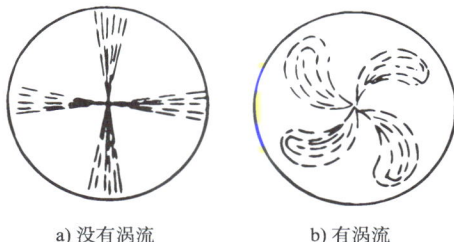

a) 没有涡流　　　b) 有涡流

图 4-1　涡流对混合气形成的影响

烧室壁面上的油膜逐层蒸发、逐层燃烧,同时参与燃烧的混合气量较少,所以缸内气体的压力增长较慢、较平稳,柴油机工作也比较柔和,但动力性较差。

车用柴油机工作时,两种混合方式兼而有之,通常以空间雾化混合方式为主要形式。

混合气形成的方式

(二)柴油机混合气浓度的控制

与汽油机相比,柴油机对混合气浓度的要求并不苛刻,所以在传统柴油机上对混合气浓度根本不进行控制,即使在电控柴油机上,也只是部分采用了进气节流控制(见本书模块二相关内容),通过控制柴油机小负荷时的进气量来控制混合气浓度。

柴油机工作中,对喷油量的控制目的通常仅为控制柴油机的负荷大小。在装有高压油泵(直列柱塞泵或转子分配泵)的非电控柴油机上,喷油量控制是由加速踏板、机械调速器等机械装置控制高压油泵的供油量来实现的。在装有泵喷嘴的非电控柴油机上,喷油量控制则是由加速踏板、机械调速器等控制输送给喷油器的油压来实现的。

电控柴油机对供(喷)油量控制可分为"位置控制""时间控制""时间-压力控制"或"压力控制"。采用"位置控制"和"时间控制"的柴油机电控系统中的供(喷)油压力与传统柴油机供给系统相同,称为常规压力电控喷油系统或第一代柴油机电控燃油喷射系统。采用"时间-压力控制"或"压力控制"的柴油机电控系统可对喷油压力进行控制,且喷油压力较高,称为高压电控喷油系统或第二代柴油机电控燃油喷射系统。

"位置控制"是指通过控制燃油供给系统中油量调节机构的位置来控制喷油量,在采用"位置控制"的第一代柴油机电控燃油喷射系统中,保留了传统柴油机供给系统(直列柱塞泵、分配泵、泵喷嘴系统等)的基本组成和结构,只是取消了机械控制部件(调速器等),在原有的喷油泵基础上,增加传感器、电控单元、电子调速器或电/液控制执行元件等组成的控制系统,使控制精度和响应速度得以提高。其优点是柴油机的结构几乎不需改动,生产继承性好,便于对现有柴油机进行升级换代;缺点是"位置控制"系统响应慢、控制频率低、控制自由度小、控制精度还不够高,喷油压力也无法独立控制。

在采用"时间控制"的第一代柴油机电控燃油喷射系统中,也是基本保留了传统燃油供给系统的组成和结构,通过设置传感器、电控单元、高速电磁阀和有关电/液控制执行元件等,组成数字式高频调节系统,利用电磁阀控制高压油泵向喷油器供油和停止供油的时刻来控制供油量,其控制自由度和控制精度都是"位置控制"所无法比拟的,但供(喷)油压力还无法独立控制。

第二代柴油机电控燃油喷射系统基本改变了传统燃油供给系统的组成和结构,主要以电控共轨式(各缸喷油器共用一个高压油轨)喷油系统为特征,对喷油量的控制通过控制喷油器喷油和停止喷油的时刻或控制喷油压力来实现。发动机工作时,保持共轨压力不变,通过控制喷油器喷油和停止油的时刻来控制喷油量称为"时间-压力控制";保持喷油器喷油时间不变,通过控制共轨压力来控制喷油量称为"压力控制"。

各种柴油机电控燃油喷射系统的区别在于控制功能、传感器的数量和类型、执行元件的类型、ECU控制软件、主要电控元件的结构原理和安装位置,但基本组成与其他电子控制系统一样,也是由传感器、ECU 和执行元件三部分组成,如图 4-2 所示。各种传感器用来检测柴油机与汽车的运行状态,并将检测结果转换成电信号输送给 ECU。柴油机控制 ECU 主要是根据各传感器输入信号和内存程序,计算出供(喷)油量和供(喷)油开始时刻,并向执行元件发出指令信号。执行元件主要是执行 ECU 的指令,调节柴油机的供(喷)油量和供(喷)油正时。

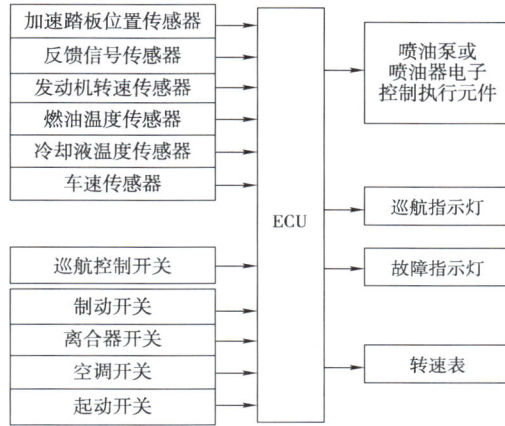

图 4-2 柴油机电控燃油喷射系统的组成

供(喷)油量的控制是柴油机电控燃油喷射系统最主要的控制功能之一,各种柴油机电控燃油喷射系统对供(喷)油量的控制模式基本相同,在各种运行工况下,ECU 根据发动机转速信号、负荷信号(加速踏板位置信号)和内存控制模型来确定基本供(喷)油量,再根据冷却液温度信号、进气温度信号、起动开关信号、空调开关信号、反馈信号等对供(喷)油量进行修正。基本供(喷)油量控制模型如图 4-3 所示。

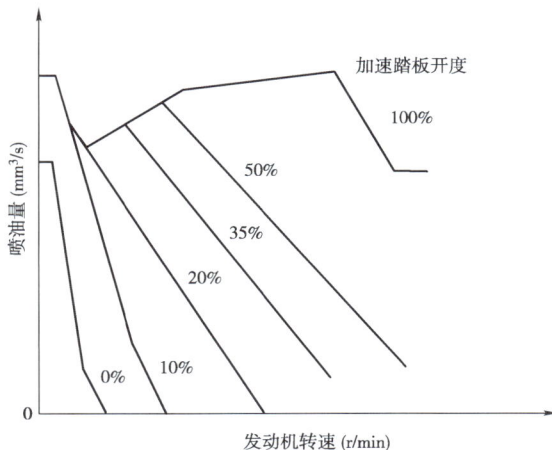

图 4-3 柴油机供(喷)油量控制模型

(三)柴油机混合气形成过程的控制

与汽油机相比,由于柴油机采用的是压缩自燃的着火方式,混合气的形成过程对柴油机的燃烧过程及其动力性、经济性和排放性影响更大，所以柴油机对混合气形成过程中的喷油正时、喷油压力、喷油过程等有更加严格的要求。混合气形成过程中的涡流强度控制通过进气涡流控制来实现，控制方法见本书模块二相关内容。

1. 喷油正时的控制

喷油器的喷油正时（或高压油泵的供油正时）通常用喷油提前角（或供油提前角）来表示。喷油器开始向汽缸内喷油（或高压油泵开始向喷油器供油），到活塞运行至压缩行程上止点，这期间曲轴转过的角度称为喷油提前角（或供油提前角）。

在传统非电控柴油机中，喷油正时取决于高压油泵的供油正时。基本的供油正时是由组装发动机时对正正时标记来保证的，并在发动机工作中，由机械式的供油提前角自动调节器根据发动机转速变化自动调节供油正时。

电控柴油机对供（喷）油正时的控制可分为"位置控制"和"时间控制"两种类型。供（喷）油正时的"位置控制"主要是在采用"位置控制"的第一代柴油机电控燃油喷射系统中，通过控制供油正时自动调节器中机械零件的"工作位置"来控制供（喷）油正时。在除采用"位置控制"的第一代柴油机电控燃油喷射系统外，均通过电控执行元件直接控制供（喷）油的开始时刻来控制供（喷）油正时，称之为供（喷）油正时的"时间控制"。

供（喷）油正时控制也是柴油机电控燃油喷射系统最主要的控制功能之一。在柴油机电控燃油喷射系统中，ECU 根据发动机转速信号、负荷信号和内存的控制模型来确定基本的供（喷）油提前角，再根据反馈信号进行修正。柴油机基本供（喷）油提前角控制模型如图 4-4 所示。

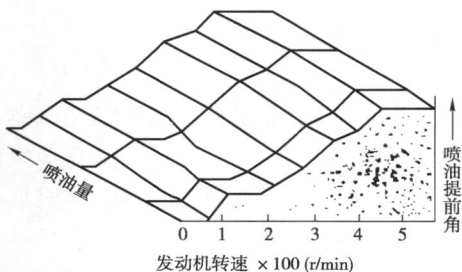

图 4-4　柴油机基本供（喷）油提前角控制模型

2. 喷油压力的控制

只有在柴油机共轨式电控燃油喷射系统中，才能对喷油器的喷油压力进行独立控制，如图 4-5 所示。柴油机工作时，高压输油泵的供油量一般几倍于实际喷油量以保证供油的可靠性，多余的燃油经回油管流回油箱。高压输油泵的出口端装有一个用来调节共轨中油压的调压阀，ECU 根据柴油机的转速、负荷等控制调压阀的开度，从而增加或减少高压输油泵输送给共轨的油量，实现对共轨中油压的控制，以保证供油压力稳定在目标值，使喷油压差保持不变。此外，ECU 还根据燃油压力传感器信号对共轨中的油压进行闭环控制。

3. 喷油过程的控制

喷油器喷射过程中的喷油速率和喷油规律对柴油机的动力性、经济性、排放和噪声等均有很大的影响。喷油速率是指喷油器在单位曲轴转角（或单位时间）内的平均喷油量，而喷油规律是指喷油器的喷油速率随曲轴转角（或时间）的变化规律。

几种典型喷油规律如图 4-6 所示。喷油规律Ⅰ：喷油延续时间短，喷油速率大，曲线变化陡，柴油机经济性和动力性好，但工作粗暴、噪声大。喷油规律Ⅱ：开始喷油速率较大，曲线上升陡，柴油机工作粗暴；后期曲线下降平缓，喷油速率过小，使喷油延续时间长，补燃多，柴油机经济性下降。喷油规律Ⅲ：开始喷油速率较低，曲线变化平缓，柴油机工作柔和；后期喷油速率加大，对保证燃烧过程在上止点附近进行，以获得良好的动力性、经济性、排放性有利。

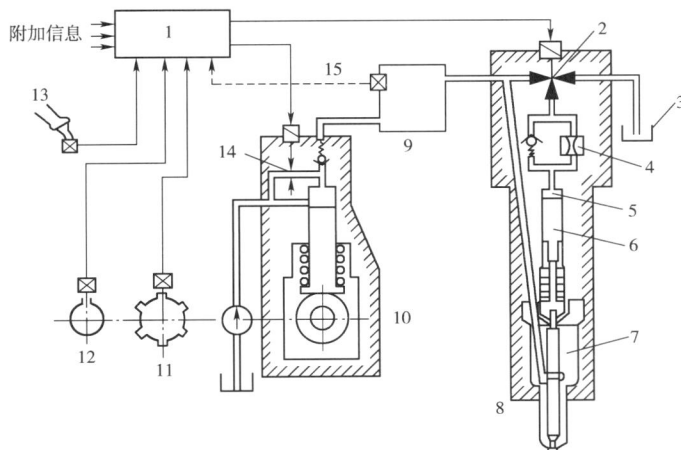

图 4-5　柴油机喷油压力的控制

1-ECU；2-三通电磁阀；3-油箱；4-节流孔；5-控制室；6-控制活塞；7-喷油器针阀偶件；8-喷油器；9-共轨；10-高压输油泵；11-曲轴位置传感器；12-凸轮轴位置传感器；13-加速踏板位置传感器；14-调压阀；15-燃油压力传感器

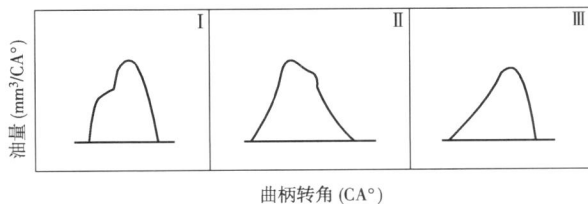

图 4-6　典型喷油规律

　　为满足日益严格的排放法规要求，对喷油速率和喷油规律的控制，已成为柴油机电控燃油喷射系统的重要功能之一。目前，在柴油机共轨式电控燃油喷射系统中，为降低排放污染和噪声，控制喷油速率和喷油规律的主要措施是：实现预喷射、后喷射甚至多次喷射功能。

　　预喷射是指主喷射前百万分之一秒内向缸内喷射少量柴油。通过对预喷射量的控制来实现对着火延迟期（燃烧过程分着火延迟期、速燃期、缓燃期和补燃期）内混合气形成数量的控制，从而达到防止柴油机工作粗暴、减小噪声的目的。此外，预喷射的柴油喷入汽缸后首先着火燃烧，对燃烧室进行预热后再进行主喷射，使主喷射阶段喷入汽缸的柴油着火更容易，有利于形成边喷射、边形成混合气、边燃烧的平缓燃烧过程，从而防止柴油机在速燃期缸内压力的急剧变化，有利于降低燃烧噪声。

　　后喷射是指在膨胀过程中进行的喷射。后喷射的柴油燃烧放出的热量，可提高柴油机在缓燃期和补燃期的温度，从而降低 HC 和 CO 的排放量。

　　多次喷射是指在柴油机的 1 个工作循环内进行若干次（一般多于 3 次）喷射，可以根据柴油机工况对喷油速率和喷油规律进行精确控制。

实现预喷射、后喷射甚至多次喷射功能的关键,就是要求电控系统的执行元件必须有很好的灵敏性(即反应速度),能在很短的时间内完成多次切换。此外,电控系统对喷油量的控制应有较高的精度,即要求能控制的最小供油量要足够小。在此介绍两种实现喷油规律控制的典型实例。

(1)一汽大众宝来轿车1.9L TDI 柴油机泵喷嘴电控系统。宝来轿车柴油机电控泵喷嘴如图4-7所示,泵喷嘴安装在汽缸盖中,进、回油道均在汽缸盖内。泵喷嘴主要由驱动机构、高压泵、控制电磁阀和喷油嘴四部分组成。泵喷嘴驱动机构包括喷射凸轮、滚柱式摇臂、球销等,其功用是驱动泵喷嘴中的高压泵完成泵油;高压泵由泵油柱塞和高压腔组成,其功用是产生高压油;控制电磁阀的功用是控制泵喷嘴的喷油正时和喷油量;喷油嘴主要由针阀、针阀体、喷嘴弹簧、收缩活塞和针阀缓冲元件等组成。喷油嘴的针阀和针阀体与普通柴油机喷油器相同,收缩活塞和针阀缓冲元件用于控制喷油器的喷油规律。

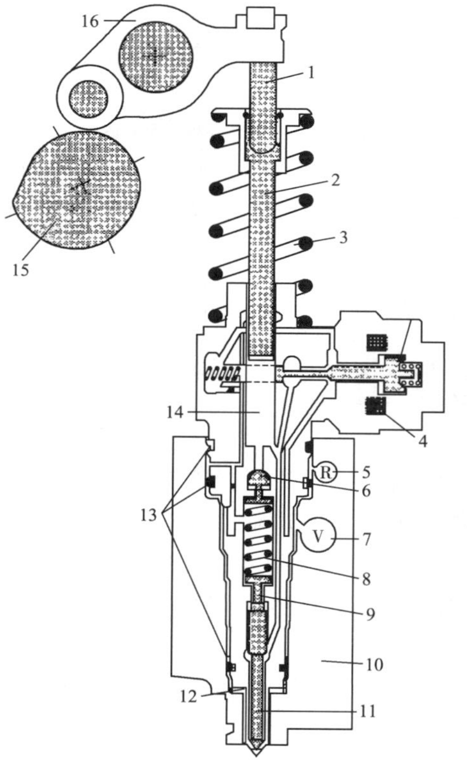

图4-7 宝来轿车柴油机电控泵喷嘴

1-球销;2-泵油柱塞;3-柱塞弹簧;4-高速电磁阀;5-回油管;6-收缩活塞;7-进油管;8-喷嘴弹簧;9-缓冲活塞;10-缸盖;11-针阀;12-隔热密封垫;13-O形环;14-高压腔;15-喷射凸轮;16-滚柱式摇臂

泵喷嘴的工作过程分为3个阶段:进油阶段、预喷射阶段、主喷射阶段。

①进油阶段。喷射凸轮的凸峰转过之后,泵油柱塞在柱塞弹簧压力作用下向上移动,高压腔内容积增大。此时,高速电磁阀处于初始的开启状态,进油管到高压腔的通道打开,使柴油进入高压腔,为喷射做好准备。

②预喷射阶段。在泵喷嘴进油结束后,喷射凸轮通过滚柱式摇臂驱动泵油柱塞向下移

动,初期由于高速电磁阀仍未关闭,高压腔内的部分柴油被压回到进油管,直到 ECU 控制的高速电磁阀通电、高速电磁阀关闭高压腔到进油管的通道为止;然后高压腔内开始产生压力,当压力达到 18MPa 时,针阀承压锥面上承受的上升力(油压分力)高于喷嘴弹簧力,针阀上升开启喷油孔,预喷射开始。

缓冲活塞作用原理如图 4-8 所示。喷油开始前,喷嘴弹簧将缓冲活塞和针阀压至最下端位置,使针阀关闭喷油孔,此时在针阀室上部充满柴油;开始喷油时,针阀和缓冲活塞一起上升,针阀室上部的柴油被压回喷嘴弹簧室,缓冲活塞与喷嘴内孔之间泄油间隙的节流作用,使针阀的上升速度受到阻尼力,喷油速率的增长平缓。针阀上升初期(图 4-8a),泄油间隙足够大、节流作用小,缓冲活塞对针阀上升的"阻尼"作用较小,但当缓冲活塞下部开始进入针阀室与喷嘴弹簧室之间直径较小的内孔时(图 4-8b),由于泄油间隙减小、节流作用增强,缓冲活塞对针阀上升的"阻尼"作用明显增大,针阀升程增加更缓慢。

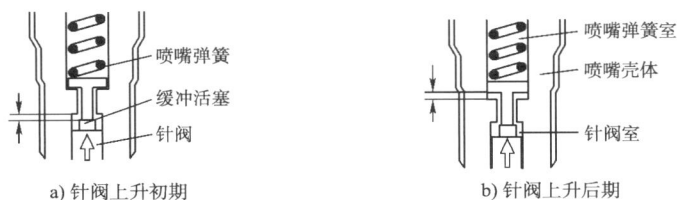

a) 针阀上升初期　　　　　　　　　b) 针阀上升后期

图 4-8　缓冲活塞作用原理

预喷射阶段的喷油量很少,时间很短。收缩活塞的功用就是将喷油分成预喷射和主喷射两个阶段,同时限制预喷射时间,提高主喷射时的喷油压力。收缩活塞作用原理如图 4-9 所示,预喷射开始后,高压腔内的油压作用在收缩活塞上,随着泵油柱塞压油行程的继续进行,高压腔内的油压进一步提高,当达到一定压力时,收缩活塞下移,高压腔内容积增大,使高压腔内的油压瞬间下降,针阀关闭喷油孔,预喷射结束。此外,收缩活塞的下移增加了喷嘴弹簧的预紧力,在预喷射后的主喷射阶段,针阀上升开启喷油孔所需的油压必然比预喷射过程中的油压高。

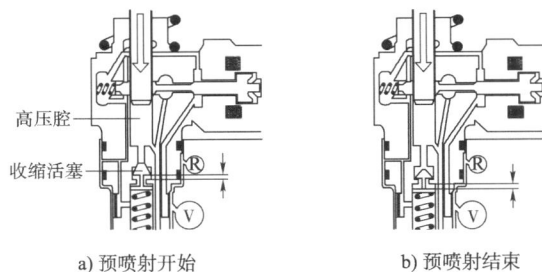

a) 预喷射开始　　　　　　　　　b) 预喷射结束

图 4-9　收缩活塞作用原理

③主喷射阶段。预喷射结束后,高速电磁阀仍然关闭,随着泵油柱塞继续压油,高压腔内油压立即重新上升,当油压上升到约 30MPa 时,针阀再次上升开启喷油孔,主喷射阶段开始。在主喷射阶段中,由于喷油孔的节流作用,喷油压力会进一步提高,最高压力可达 205MPa。当喷油量达到预期控制目标时,ECU 切断高速电磁阀电路,电磁阀开启,高压腔的柴油回流到进油管,压力迅速下降,喷嘴弹簧迅速使针阀关闭喷油孔,同时收缩活塞和缓冲

活塞也回到初始位置,主喷射阶段结束。

由泵喷嘴的工作过程可知,泵喷嘴中的收缩活塞将喷射过程分为预喷射(前期喷射)和主喷射(后期喷射)两个阶段,缓冲活塞则可控制针阀上升时的升程变化,使该泵喷嘴电控系统具有"先缓后急"的理想喷油规律。

(2)奥迪轿车装用的3.0L TDI柴油机压电式共轨系统。压电式共轨系统是指采用了压电技术的共轨系统,主要是控制喷油器的执行元件采用了压电元件,用压电元件作为控制执行元件的喷油器称为压电式喷油器。由于压电元件像一个在电压下立即就能充电的电容器,它在施加电压以后的0.1ms以内就会发生形变,所以压电式共轨系统的响应速度快。也正是由于压电元件具有快速的响应性,才能实现高频率切换(切换频率为电磁阀的5倍)和高精度控制,压电式喷油器每个工作循环喷射次数可达5次(电磁阀式喷油器为3次),最小喷射间隔时间可达0.1ms,最小喷射量可控制在0.5mm³以下。

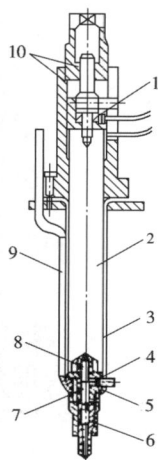

图4-10 VCO喷油器
1-石英测量垫片;2-压电执行器;
3-外壳;4-密封垫;5-紧固螺套;
6-针阀体;7-压杆;8-压帽;9-高
压油管;10-差动螺纹

压电元件具有正向和反向压电效应,当压电元件受到外力变形时,会在压电元件两端产生电压,如压电式进气管绝对压力传感器、爆震传感器即是利用这一原理来产生信号的;反之,当在压电元件两端施加电压时,压电元件就会发生形变,给压电元件施加正向电压时其体积膨胀,给压电元件施加反向电压时则其体积收缩,压电式喷油器就是利用这一原理来改变喷油器针阀升程,从而实现对喷油量和喷油正时控制的。此外,利用压电元件快速响应的能力,通过压电元件通、断电多次切换,即可实现多次喷射,以满足最佳喷油规律的要求。

用压电元件控制针阀升程的喷油器如图4-10所示。此类喷油器在缸内直接喷射式汽油机和柴油机上均已得到应用,传统的柴油机喷油器,都是利用燃油压力作用在针阀中部的承压锥面上,来使针阀开启实现喷油,而用压电元件控制针阀升程的喷油器,则是利用压电元件直接控制针阀升程来实现喷油,因此,用压电元件控制针阀升程的喷油器,针阀中部无承压锥面和相应的压力室,称之为无压力室喷油器(VCO喷油器)。VCO喷油器无增压功能,只适用高压柴油共轨系统,但在所有的柴油机共轨式电控燃油喷射系统中,均可利用压电元件取代电磁阀,以提高其控制的精度和响应速度。

三 柴油机的燃烧过程

由于柴油机的燃烧过程与混合气形成同时进行,所以比汽油机更复杂。

燃烧过程一般是在压缩行程上止点附近的几十度曲轴转角内完成,根据燃烧过程中缸内压力的变化特点,柴油机的燃烧过程通常分为着火延迟期、速燃期、缓燃期和补燃期四个阶段,如图4-11所示。

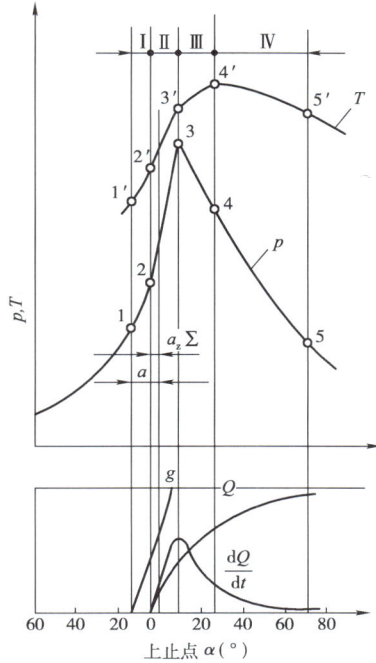

图 4-11　柴油机的燃烧过程

1-开始喷油;2-开始着火;3-最高压力点;4-最高温度点;5-燃烧基本完成

(一)着火延迟期

从喷油器开始喷油的 1 点,到混合气着火形成火焰核心的 2 点(开始着火),这段时期称为着火延迟期(见图 4-11 中第 Ⅰ 阶段)。在着火延迟期内,混合气尚未着火,仅进行着火前的物理化学准备,其放热很小,缸内气体压力和温度变化主要取决于压缩行程。

着火延迟期的长短一般用曲轴转角或时间表示,对柴油机的燃烧过程有极大的影响。着火延迟期越长,在此期间喷入汽缸的柴油量越多,形成的混合气数量也越多,而这些混合气在速燃期内几乎同时燃烧,使压力增长率和最高压力升高,机件承受的机械负荷增大,柴油机工作粗暴。

(二)速燃期

从汽缸内开始着火的 2 点,到出现最高燃烧压力的 3 点,这段时期称为速燃期(见图 4-11 中第 Ⅱ 阶段),或称为急燃期。

速燃期是柴油机燃烧的重要时期,直接影响发动机的动力性、经济性和排放性。在速燃期内,混合气着火后,形成多个火焰中心,各自向四周传播,使混合气迅速燃烧,放出大量热量,接近定容加热过程,使汽缸内温度、压力迅速升高。速燃期结束时,缸内最高压力可达 6 ~ 9MPa。速燃期内压力升高率过大,会导致柴油机运转不平稳,燃烧噪声增大;同时也会增加机件的冲击负荷,使其使用寿命降低。此外,速燃期内过大的压力升高率和最高压力,必然导致燃烧最高温度的升高,使排气中的 NO_x 含量增加。但压力升高率太小,则热效率降低,发动机动力性下降。

柴油机速燃期内的压力升高率,一般应控制在每度曲轴转角 $400 \sim 600kPa$ 的范围内。

(三)缓燃期

从汽缸内出现最高压力的 3 点,到出现最高温度的 4 点,这段时期称为缓燃期(见图 4-11 中第Ⅲ阶段)。

在此期间,虽然喷油过程已结束,但缸内仍有大量未燃烧的混合气继续燃烧,使缸内温度继续升高,最终达到最高温度($1700 \sim 2000℃$)。但由于此阶段的燃烧是在汽缸容积不断增大的膨胀行程进行,而且随着燃烧的进行,燃烧废气不断增多,氧气及柴油浓度不断下降,尤其到缓燃期的后期,燃烧速度显著减慢,缸内压力也迅速降低。

缓燃期结束时,大部分柴油已燃烧完毕,放热量约为循环加热量的 70% ~ 80%。

(四)补燃期

从汽缸内出现最高燃烧温度的 4 点,到燃烧基本结束的 5 点,这段时期称为补燃期(见图 4-11 中第Ⅳ阶段)。补燃期的终点很难确定,一般规定放热量达到循环加热量的 95% ~ 97% 时,即可认为补燃期结束。

由于车用柴油机的转速很高,燃烧过程所占时间短,混合气又不均匀,因此补燃期也比较长。补燃期中燃烧放出的热量,不仅很难有效利用,反而使零件热负荷增大,排气温度升高,易使发动机过热,因此,应尽量缩短补燃期。

四 改善柴油机燃烧过程的措施

燃烧过程是柴油机的主要工作过程,对柴油机的性能有重要影响。深入分析各种因素对燃烧过程的影响,寻求改善燃烧过程的措施,其目的就是提高柴油机的动力性和经济性,并尽量降低排气污染(主要是炭烟)和噪声。

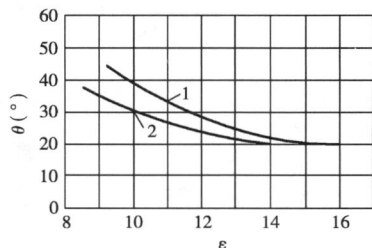

图 4-12 压缩比对着火延迟期(曲轴转角)的影响
1-十六烷值为 40;2-十六烷值为 60

(一)选择合适的压缩比

由于柴油机采用压缩自燃的着火方式,所以必须有足够大的压缩比,以保证可靠的着火燃烧。

压缩比对着火延迟期(曲轴转角)的影响如图 4-12 所示。压缩比较大的柴油机,压缩终了时的温度和压力比较高,着火延迟期较短,工作比较柔和。同时,压缩比的增大,还能提高发动机工作的热效率,并能改善起动性能。但压缩比过高,会造成燃烧最高压力过大,使曲柄连杆机构承受过高的机械负荷,影响发动机的使用寿命。

对柴油机压缩比的一般选取原则是:以保证冷起动容易和在各种工况下获得可靠而有效的燃烧为前提,尽量选用较低的压缩比。可靠而有效的燃烧主要是要求燃烧过程柔和、热效率较高。

(二)合理设计燃烧室

燃烧室为活塞顶与缸盖形成的统一空间,柴油机活塞顶部一般开有大小不同、形状各异的凹坑,燃烧室容积由活塞顶部的燃烧室容积和活塞顶平面上的燃烧室容积两部分组成。燃烧室的结构形状和喷油器的布置确定了混合气的形成方式,根据这两个特征,柴油机的燃烧室可分为两类,直接喷射式燃烧室和分隔式燃烧室。

1.直接喷射式燃烧室

车用柴油机常用的直接喷射式燃烧室有 ω 形和球形燃烧室。

如图 4-13 所示,ω 形燃烧室的断面形状呈 ω 形,通常装用喷孔直径较小的多孔喷油器,以空间雾化混合气形成方式为主。ω 形燃烧室的主要特点是:结构简单、面容比(表面积与容积之比)小,能形成挤气涡流,相对散热少,经济性好,冷起动容易;但对喷油系统要求较高,涡流强度对转速比较敏感,难以兼顾高、低速时的性能,充气效率相对较低,燃烧性能不良,工作粗暴,排放污染较大。

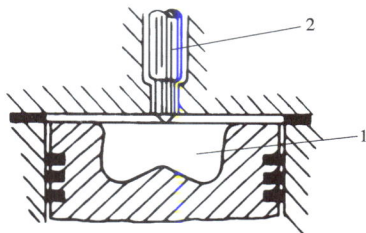

图 4-13　ω 形燃烧室
1-燃烧室;2-喷油器

球形燃烧室如图 4-14 所示,是在活塞顶上挖一较深的球形凹坑。球形燃烧室通常采用单孔或双孔喷油器,一般都配有螺旋进气道(图 4-15)以产生较强的进气涡流,以油膜蒸发式混合气形成方式为主。球形燃烧室的主要特点是:燃烧室面容比小,对外传热相对较少,经济性好,且对燃油的品质及雾化质量要求较低。由于大部分燃油喷到温度较低的燃烧室内壁上,因而柴油的裂解反应缓慢,着火延迟期内形成的混合气数量较少,排气冒烟少,工作柔和,燃烧噪声较小。

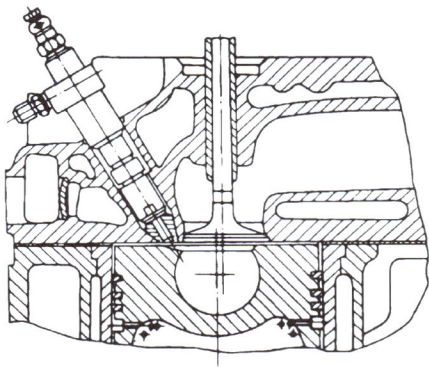

图 4-14　球形燃烧室

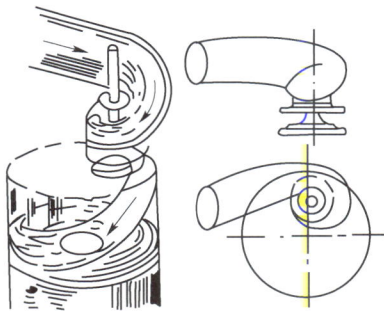

图 4-15　螺旋进气道

2. 分隔式燃烧室

分隔式燃烧室由两部分组成:一部分在活塞顶面和汽缸盖底面之间,另一部分在汽缸盖内,两者以一条或数条通道相连接。常用的分隔式燃烧室有预燃室式和涡流室式两种。

预燃室式燃烧室如图4-16所示,汽缸盖和活塞顶面间的空间称为主燃烧室,汽缸盖内的一部分燃烧室称为预燃室或副燃烧室。其特点是:柴油机工作时,将柴油喷入预燃室中,在预燃室内首先着火后压力、温度升高,使预燃室内的未燃混合气高速喷入主燃烧室中,在主燃烧室内形成强烈的燃烧涡流,大部分柴油在主燃烧室内与空气进一步混合并燃烧。混合气的形成主要靠燃烧涡流,对转速变化和燃料品质不敏感,对燃料供给系统要求也不高,可采用单孔轴针式喷油器,且喷油压力不需太高。由于主、副燃烧室通道的节流作用,控制了燃烧速度,柴油机工作比较柔和、平稳,燃烧噪声低;但由于燃烧室的面容比大,散热损失较大,主、副燃烧室通道的节流作用也会增加流动损失,所以热效率较低,冷起动性较差,一般需装用起动预热塞。

涡流燃烧室如图4-17所示,在汽缸盖与活塞顶之间的空间称为主燃烧室,在汽缸盖内的一部分呈球形或圆柱形的燃烧室称为涡流室,涡流室与主燃烧室的通道与涡流室相切,其特点是:在压缩行程,空气经过通道压入涡流室中,形成强烈的有组织的压缩涡流;混合气的形成主要靠强烈的压缩涡流,对燃料供给系统要求也不高,可采用单孔轴针式喷油器,且喷油压力不需太高;燃油喷入涡流室后,由于强烈的压缩涡流可使少量柴油迅速蒸发并与空气混合,涡流室中着火燃烧后,未燃烧的柴油和空气被强烈的涡流带向主燃烧室,并借助活塞顶部的凹槽产生二次涡流,有利于主燃烧室内混合气的形成和燃烧,燃烧比较完全,排气污染较小;由于与预燃室式燃烧室相同的原因,其热效率较低,冷起动性较差,需装用起动预热塞;由于压缩涡轮的强度受转速影响较大,其高速性能好,适用于小型、高速柴油机。

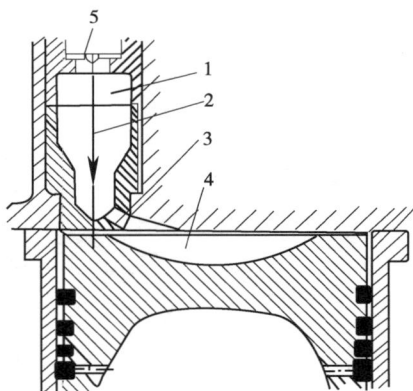

图4-16 预燃室式燃烧室

1-预燃室;2-油束;3-通道;4-主燃烧室;
5-喷油器

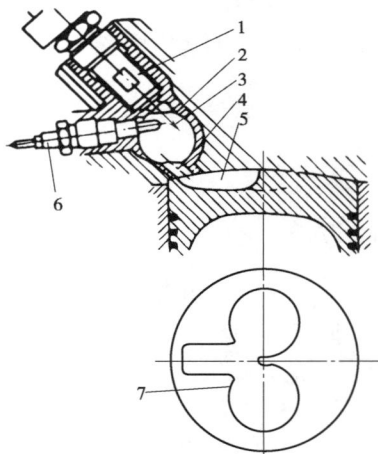

图4-17 涡流燃烧室

1-喷油器;2-副燃烧室;3-油束;4-通道;
5-主燃烧室;6-预热塞;7-气流运动轨迹

由以上分析可知,各种燃烧室都有不同的优点和缺点,为提高柴油机的性能,必须根据柴油机的用途,正确选择燃烧室的类型并合理设计其结构。

(三)正确选用燃料

柴油的发火性和蒸发性是影响燃烧过程的重要因素。柴油的十六烷值高,发火性好,可有效缩短着火延迟期,对减小燃烧噪声非常有利。柴油的馏程(馏出温度)低,蒸发性好,容易形成高质量的混合气,燃烧速度快,且易于完全燃烧,对提高柴油机的热效率和降低排气污染有利。

必须注意:柴油的使用性能主要取决于其组成成分,碳原子数较多、分子量较大的烃类,十六烷值较高,但蒸发性较差;碳原子数较少、分子量较小的烃类,十六烷值较低,蒸发性较好。在燃烧过程中,发火性好但蒸发性差的柴油,容易在高温、高压下裂解形成炭烟,导致热效率下降,排放污染加剧;反之,蒸发性好但十六烷值低的柴油,会在着火延迟期内形成更多的混合气,使柴油机工作粗暴,燃烧噪声增大。因此,在选用柴油时,发火性和蒸发性必须兼顾,并与柴油机的结构特点相适应。

(四)精确控制供(喷)油正时

喷油提前角对柴油机燃烧过程的影响产生的结果,与点火提前角对汽油机燃烧过程的影响有很多相似之处。喷油提前角过大,燃油喷入汽缸时,缸内空气的压力和温度较低,着火延迟期长,燃烧时的压力升高率和最高压力升高,使柴油机工作粗暴;此外,喷油提前角过大时,还会因压缩耗功过多,导致柴油机功率下降、油耗率增加。喷油提前角过小,则燃油不能在上止点附近燃烧完毕,使补燃期延长,废气带走的热量增加,排气温度升高,燃烧过程中的压力升高率和最高压力降低,热效率明显下降;但适当减小喷油提前角,可防止柴油机工作粗暴。

柴油机的工况不同,要求的喷油提前角不同。对应每一种工况,都有一个最佳喷油提前角,此时柴油机的功率最高,燃油消耗率最低,但往往排气污染和噪声比较严重。某柴油机全负荷时的动态喷油正时试验结果如图 4-18 所示,试验表明:

(1)获得最低燃油消耗率的动态喷油提前角,随转速升高而增加,而当排气中的 NO_x 和 HC 含量最低时,动态喷油提前角则基本上不随转速变化。

(2)在同一转速下,经济性最好所需的提前角,比 NO_x 和 HC 排放量最低所需的提前角大。这意味着要获得良好的经济性,就必须牺牲排放性;而要降低排气中 NO_x 和 HC 的含量,必然导致经济性有所下降。

由此可见,柴油机的最佳供(喷)油提前角不

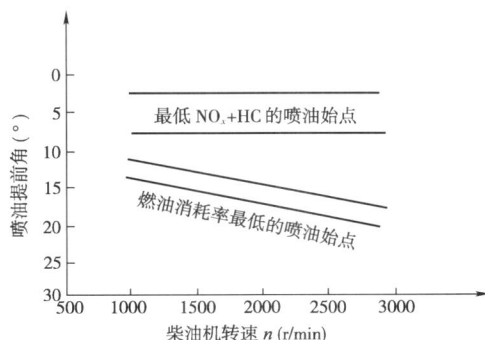

图 4-18　柴油机全负荷时动态喷油正时

是固定不变的,必须根据发动机工况来选择合适的喷(供)油提前角,选择时也不能只考虑其动力性、经济性或排放性指标,而应以获得良好的综合性能为目标。

(五)合理控制柴油机的转速和负荷

转速升高时,由于散热损失和活塞环的漏气损失减小,会使压缩终点的温度、压力增加;同时也会使喷油压力提高,从而改善燃油的雾化;并且汽缸内的空气涡流增强,有利于燃料的蒸发、雾化及与空气混合。这对缩短以时间(s)计的着火延迟期和保证燃烧完全都有利,因此在使用中,应尽量使柴油机维持较高的转速运转。但柴油机的转速也不易过高,因为在负荷一定时,随转速提高,充气效率会下降,而喷油泵的循环供油量会增加,因此转速过高会导致热效率下降,排气污染加剧。

如前所述,柴油机是通过混合气的质(浓度)调节来适应负荷的变化。随负荷增加,每循环供油量增加,由于转速一定时,进入汽缸的空气量基本不变,过量空气系数减小,汽缸单位容积混合气燃烧放出的热量增加,使缸内温度上升,着火延迟期缩短,因此柴油机工作更柔和;但随负荷增加,每循环供油量增加,使喷油持续角增加,燃烧过程延长,燃烧不完全程度增加,热效率下降。负荷过大时,因混合气过浓,使燃烧急剧恶化,不完全燃烧及补燃显著增加,将导致柴油机排气冒黑烟,热效率急剧下降。

柴油机在低速、小负荷工况下运转时,由于缸内温度和压力低,着火延迟期延长,尽管喷油量不多,也会使压力升高率较大,并产生较强的燃烧噪声,即所谓柴油机的"惰转噪声"或称"怠速噪声"。尤其在柴油机冷起动时,由于喷油量大,这种噪声更明显。随着柴油机负荷增大,热状态转入正常后,惰转噪声会自行消失。

由此可见,在使用中,应尽量使柴油机维持中等负荷工况,合理控制柴油机的转速和负荷,减少小负荷和全负荷运转的时间,以便使柴油机发挥良好的综合性能。

(六)保证合适的喷油规律

从减轻柴油机燃烧粗暴性和保证较高燃烧效率考虑,比较理想的喷油规律是"先缓后急并尽量缩短喷油时间",保证合适的喷油规律,对改善柴油机的燃烧过程、提高柴油机的性能非常重要。喷油规律集中体现了喷油过程中喷油泵供油压力、喷油器喷油压力、缸内气体压力、喷油器喷孔尺寸、喷油器针阀升程等参数之间的相互关系,为保证合适的喷油规律,必须合理设计供油系统的结构、合理选择其参数,并在使用中正确调整。

(七)保证良好的油束特性

柴油以很高的压力从喷油器细小的喷孔中喷出时,使柴油分散成由大小不等的微粒所组成的圆锥形油束,这一过程称为雾化。油束由中心到外部,油粒直径逐渐减小,运动速度逐渐降低,喷射的距离逐渐缩短。将柴油雾化后喷入汽缸,其目的是增加柴油与空气的接触面积,加速柴油的蒸发和混合气形成,由于油束外部油粒直径细小,与空气接触面积也大,所以最先蒸发,与空气混合形成混合气。

油束特性通常用油束形状和雾化质量来描述。

油束的形状如图 4-19 所示,油束形状的主要参数是油束射程 L 和油束锥角 β。油束射程标志着油束前端在压缩空气中的最大喷射距离,油束锥角标志着油束的横向分布范围。

柴油机对油束形状的要求,主要取决于采用何种混合气形成方式,尤其采用空间雾化混合气形成方式的柴油机,油束形状必须与燃烧室的结构形状相适应。

雾化质量是表示柴油吹散雾化的程度,一般是指喷雾的细度和均匀度。细度可用油束中油粒的平均直径来表示,平均直径越小,说明雾化越细。均匀度是指油束中油粒大小相同的程度及油粒分布的均匀程度。不同喷油压力时的雾化质量曲线如图 4-20 所示,曲线越靠近右侧,表示雾化越细;曲线越窄,表示油粒大小越均匀。

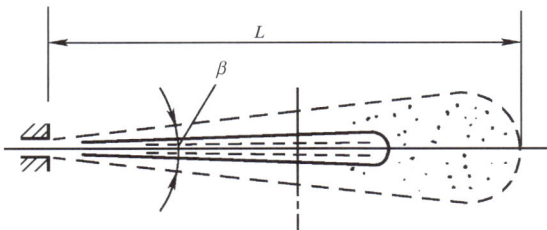

图 4-19　油束形状

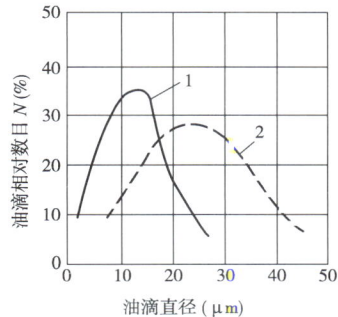

图 4-20　雾化质量曲线

1-喷射压力为 34MPa;2-喷射压力为 15MPa

必须注意:油束特性对混合气的形成有重要影响,不同的燃烧室采用不同的混合气形成方式,对油束特性的要求也不同,而影响油束特性的因素有很多,主要影响因素包括喷油压力、喷油器喷孔的长度和直径、喷油时缸内空气密度、柴油的黏度等。为改善柴油机的燃烧过程,必须对喷油器结构进行合理设计,对喷油压力和柴油的黏度等进行合理选择,保证油束本身具有一定的特性,并保证油束特性与燃烧室形状、涡流运动相配合,油束特性不良或配合不当,都会导致燃烧恶化,柴油机的性能下降。

(八) 应用电控技术和柴油机先进技术

1. 应用电控技术的优势

现代汽车柴油机发展面临的主要问题是进一步降低油耗、降低 NO_x 和颗粒物排放、降低噪声,解决这些问题,就必须实现柴油机循环喷油量的高精度控制、喷油正时和喷油速率的优化控制、喷油压力的独立控制(不受喷油量和转速的影响)。柴油机传统的机械式燃料供给系统无法实现上述所要求的各种控制,汽油机电控技术发展的经验证明,只有以计算机为电控单元的电子控制技术,才能使柴油机的动力性、经济性、排放性及噪声等各个方面的指标进一步得到改善,从而提高柴油机与汽油机竞争汽车动力的优势。

近年来柴油机电控技术的发展势头是令人瞩目的,柴油机采用电控技术以后,可以实现更为复杂的控制规律,且随着电控技术的逐步发展和不断成熟,更容易满足人们对柴油机所提出的种种要求。与传统柴油机相比,采用电控技术的现代柴油机具有如下优势:

(1)燃油经济性和排放性更好。柴油机采用电控技术后,由于其控制精度高、控制自由度大、控制功能齐全,因而能实现整个运行范围内的参数优化,不仅能进一步降低排放,还可以进一步提高燃油经济性。

（2）工作可靠性更高。利用电控技术能够随时检测影响发动机工作可靠性的一些参数，如机油压力、排气温度、曲轴轴承温度及发动机的转速等，一旦某项参数超出设定值，控制系统会立即报警，同时控制执行器进行相应的调节，直到这些参数恢复正常为止。对于一些影响柴油机工作可靠性的重要参数，控制系统还可为发动机提供双重甚至是多重保护，以免造成重大事故。

（3）低温起动更容易。由于柴油机是压燃式，发动机在低温条件下着火相当困难，因此需使用预热塞。起动时，驾驶人先使发动机减压以提高转速，再返回压缩状态，起动预热塞使之迅速着火，这一系列操作十分麻烦，如果操作不熟练，很容易因反复起动而导致蓄电池放电过度。电子控制系统能够以最佳的程序替代驾驶人进行这种麻烦的起动操作，使柴油机低温起动更容易。

（4）运转更稳定。响应快、精度高是对一个控制系统的基本要求，控制系统的响应速度越快、控制精度越高，被控对象的性能指标就越容易接近最优值。由于传统柴油机喷油泵调速器的反馈控制系统响应特性差、控制精度低，而容易导致发动机在负荷急剧变化和小负荷低速运转时，产生游车现象。电控系统的响应速度和控制精度远高于机械控制系统，所以采用电控技术的柴油机运转更稳定。

此外，发动机怠速运转时，为防止因负荷的增加（如动力转向泵、空调压缩机工作等）而产生游车和熄火现象，传统的方法是把怠速转速调高。柴油机采用电控技术后，无论负荷怎样增减，都能保证其怠速工况下以最低的转速稳定运转，而且有利于提高柴油机的燃油经济性。

（5）适应性更强。燃料供给系统可以说是柴油机的"心脏"，传统柴油机需要改进或变换用途时，只能靠改变其机械式燃料供给系统来实现，重新设计、试制和加工的周期长、成本高，极不方便。采用电控技术的柴油机，在上述情况下一般只需改变 ECU 中的软件程序，而基本上不涉及硬件系统，甚至不需要任何变更便能用于不同种类的柴油机。如全能电子调速器便是一例：在出厂前的软件编程中，已考虑了各种不同调速率的要求，控制盒上设有不同调速率的转换开关，用户可根据发动机的工作性质设定调速率，这既增强了电子调速器的匹配适应能力，也大大地方便了用户。

（6）动力输出和负荷匹配更精确。采用柴油机与自动变速器综合控制，能随着柴油机负荷的变化在一定范围内自动调整其动力输出和动力传递，使柴油机的动力输出和负荷得到更精确的匹配，有利于其最佳性能（主要是动力性）的发挥。

（7）实现增压控制。柴油机的转速不易提高，要提高其输出功率，必须增大柴油机的转矩，采用涡轮增压已成为一种应用较为广泛的手段。可是，为了用好增压柴油机，有必要对增压装置进行精确的控制，无疑采用电子控制技术是最好的选择。

（8）结构紧凑、维修方便。对于现代高速柴油机而言，采用电控技术，可大大减小相关零部件（特别是燃油供给系统部件）的尺寸和质量，使零部件安装部位免受空间位置的约束，不仅可以提高柴油机的紧凑性，而且有利于柴油机日常维护及修理。

此外，电控柴油机的故障自诊断功能，也可在柴油机发生故障后，为维修人员提供信息帮助，使故障诊断和排除更为快捷有效。

2. 应用先进技术的优势

经过多年的研究和新技术应用，柴油机的技术现状已与以往大不相同。现代先进的柴油机一般采用电控燃油喷射、高压共轨、涡轮增压中冷等先进技术,在质量、噪声、烟度等方面已取得重大突破,达到了汽油机的水平。

(1)"共轨"技术。在传统柴油机燃料供给系统中,高压油管中柴油的压力随发动机的转速、负荷等因素而变化,使实际的喷油量、喷油正时、喷油规律无法实现精确控制,而由于高压油泵与各缸喷油器间一般均有独立的高压油管,控制各高压油管中柴油的压力比较困难。为此,现代柴油机采用了"共轨"技术。

"共轨"即"公共油轨"或称公共供油管,是指利用一个"公共油轨"向各缸喷油器供油。现代柴油机采用"共轨"技术,由高压油泵把高压燃油输送到"公共油轨",通过由高压油泵、压力传感器和ECU组成的闭环电子控制系统,对"公共油轨"内的油压实现独立且精确的控制,以减小喷油压力的波动和各喷油器间的相互影响,从而提高对喷油量的控制精度。

(2)"时间控制"燃油喷射技术。在传统柴油机燃料供给系统中,供(喷)油的开始与结束时刻,都是由供油提前角自动调节器、高压油泵和喷油器这些机械装置来控制的。现代柴油机通过由ECU控制的高速电磁阀来直接控制供(喷)油的开始与结束时刻,利用高速电磁阀动作频率高、控制灵活的特点,使控制供(喷)油量和供(喷)油正时的精度大大提高,并且能方便地实现预喷射和优化喷油规律等功能。

(3)涡轮增压中冷技术。涡轮增压中冷技术是指利用涡轮增压器将新鲜空气压缩,再经过冷却器冷却使被压缩的空气温度降低(可降至50℃以下),然后经进气歧管、进气门流入汽缸。空气进入汽缸前,经过压缩、冷却两次提高密度,使柴油机的充气效率大幅度提高,不仅增大了柴油机的升功率,而且对改善柴油机的燃油经济性和降低排放污染也有利。

(4)多气门技术。与汽油机相同,现代柴油机也广泛采用多气门技术(每个汽缸有两个以上气门),以减小进、排气阻力,改善柴油机的性能。

(5)废气再循环技术。现代柴油机采用废气再循环技术的目的与汽油机相同,均是为了降低燃烧的最高温度,从而降低NO_x的排放量。

(6)选择性催化还原技术。选择性催化还原是在含有NO_x的尾气中喷入氨、尿素或者其他含氮化合物,通过850~1100℃的高温,使其中的NO_x还原成N_2和水,以达到尾气无害化处理的方法。

(7)颗粒捕集器。颗粒捕集器是一种安装在柴油发动机排放系统中的陶瓷过滤器,它可以在微粒排放物质进入大气之前将其捕捉,能够减少发动机所产生的烟灰达90%以上。

(九)改善着火条件

与汽油机相比,柴油机燃料蒸发性差、运动件惯性大、无强制点火装置,尤其在低温条件下,起动时的阻力大、混合气形成质量差、不易着火等,导致柴油机起动困难。为改善柴油机低温起动时的着火条件,在现代汽车柴油机上采用辅助起动装置已较为普遍。

柴油机辅助起动措施主要有进气预热(图4-21)、燃烧室预热(图4-22)和冷却液预热。三者不同的只是预热装置的安装位置和加热对象。进气预热装置安装在进气管内,对进入汽缸前的空气进行预热;燃烧室预热装置安装在燃烧室内,对进入汽缸的空气和燃油进行预热;而冷却液预热装置则安装在冷却系统中,对冷却液进行预热。

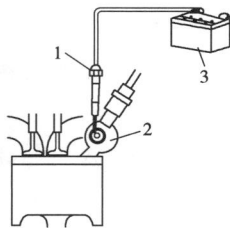 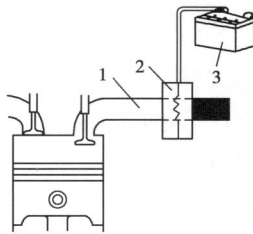

图 4-21　进气预热系统　　　　图 4-22　燃烧室预热系统
1-预热塞;2-燃烧室;3-蓄电池　　　1-进气管;2-预热塞;3-蓄电池

在进气预热、燃烧室预热和冷却液预热系统中,按预热装置结构原理不同,可分为火焰预热和电预热两种类型。火焰预热装置只适用于进气预热,它安装在柴油机进气管中,利用燃料燃烧放出的热量对进气管中的空气进行加热。由于火焰预热装置工作时,消耗发动机进气管中的氧气并产生废气,其预热效果必然受到限制。因此,既适用进气预热,又适用燃烧室预热的电预热装置,作为柴油机辅助起动装置应用更广泛。

采用电热塞预热的起动预热控制系统如图 4-23 所示,ECU 根据发动机转速信号、冷却液温度信号和点火开关信号,通过继电器控制电热塞是否通电及通电时间的长短。以一汽大众宝来电控柴油机为例,当冷却液温度低于9℃,且点火开关位于"点火接通"位置时,ECU 通过控制线使起动预热控制系统进入工作状态;当点火开关不在"点火接通"位置,或冷却液温度高于9℃,或发动机转速高于 2500r/min 时,起动预热控制系统将停止工作。预热指示灯位于仪表盘上,点亮或熄灭由 ECU 控制;起动系统处于工作状态时,指示灯持续点亮;起动系统不工作时,指示灯持续熄灭;ECU 接收到反馈信号线返回的故障信号时,指示灯闪亮。

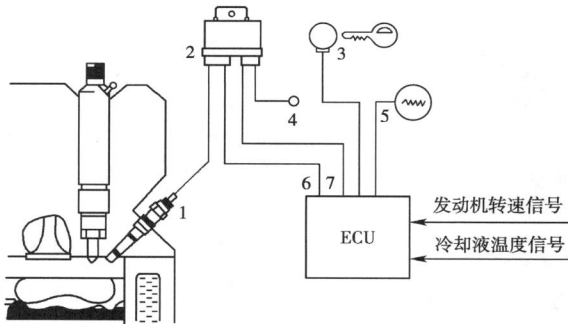

图 4-23　起动预热控制系统
1-电热塞;2-电热塞继电器;3-点火开关;4-蓄电池正极线;5-预热指示灯;6-控制线;7-反馈信号线

五　柴油机的排气污染与噪声

（一）柴油机的排气污染

柴油机的排放污染物主要有 HC（碳氢化合物）、CO（一氧化碳）、CO_2（二氧化碳）、NO_x

（氮氧化物）、PM（颗粒物）和 SO_x（硫氧化物）。与汽油机相比,排气污染物的种类、产生原因和危害基本相同,但各种污染物的排放量差别很大,见表 4-2。

柴油机与汽油机排气污染比较　　　　　　　　　　　　　　　表 4-2

污染物种类	柴油机	汽油机	备注
CO（%）	<0.5	<10	汽油机为柴油机的 20 倍以上
HC（%）	<0.05	<0.3	汽油机为柴油机的 5 倍以上
NO_x（%）	0.1~0.4	0.2~0.4	二者相当
PM（g/m^3）	0.5	0.01	柴油机为汽油机的 50 倍以上

由表中数据不难看出,柴油机排气中的 CO、HC 含量远比汽油机低,NO_x 含量与汽油机相当,但颗粒物排量远高于汽油机,其主要原因主要有以下两方面:

（1）柴油机的压缩比高。柴油机的压缩比一般为 14~22,汽油机的压缩比一般为 6~9,较高的压缩比使柴油机压缩和燃烧终了的压力约为汽油机的 2 倍,加之柴油中所含的重质成分(分子量较大的烃类)较多,所以在缸内高温、高压条件下,柴油的裂解和脱氢比汽油严重,生成的炭烟多。

（2）柴油机混合气的过量空气系数大。汽油机是通过改变供给汽缸的混合气数量来调节负荷的,各种工况下的混合气浓度变化不大;而柴油机是通过改变供油量来调节负荷的,各种工况下供往汽缸的空气量变化不大,所以柴油机在多数工况下,混合气的过量空气系数都比较大（$\Phi_{at}>1$）,燃烧时氧气充足,排气中的 CO 和 HC 含量也较少。此外,由于柴油机工作时的混合气较稀,燃烧最高温度也比较低,一般比汽油机低 130~330℃,所以排气中的 NO_x 含量也比汽油机低。

柴油机工作中,随负荷的增大,混合气变浓,排气中的 CO、HC 和 NO_x 含量也会随之增加。燃烧室的结构对柴油机的排气污染影响也很大,分隔式燃烧室比直接喷射式燃烧室的面容比大,容易散热,缸内温度较低;且燃烧时可产生较强的涡流,有利于燃烧充分,所以采用分隔式燃烧室的柴油机排气污染较低。

（二）柴油机排气污染的控制措施

柴油机排放控制主要是降低 NO_x 和 PM 排放,目前主要以废气再循环技术、催化转换技术和过滤技术作为降低 NO_x 和 PM 排放的主要技术。此外,集催化转换技术与过滤技术于一体,同时降低柴油机 NO_x 和 PM 排放的新技术,在柴油机上的应用也越来越多。

1. 废气再循环（EGR）技术

柴油机进行废气再循环的目的和方法与汽油机基本相同。非增压柴油机的进、排气管存在足够的压力差,实现 EGR 很容易,但增压柴油机在运行工况下,排气管内的压力低于进气管内的压力,这意味着废气不会自动从排气管流向进气管,为此必须采取一定措施来保证 EGR 的实现。

按增压柴油机实现 EGR 的途径不同,可分为内部 EGR 和外部 EGR 两种类型。

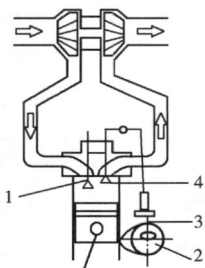

图4-24 内部 EGR 装置
1-进气门；2-排气凸轮；3-EGR 凸起；4-排气门

（1）内部 EGR 系统。内部 EGR 指通过排气门或者特殊设置阀门的开启来实现废气再循环,如日本日野公司开发的内部 EGR 装置,如图 4-24 所示,就是通过修改排气凸轮的形状,使排气门在进气行程中稍有提升,让部分高压废气回流到汽缸内,从而实现废气再循环。

（2）外部 EGR 系统。外部 EGR 指将部分废气经由外部管路引入进气系统来实现废气再循环。按将废气引到进气系统的位置不同,外部 EGR 又可分为低压回路 EGR 和高压回路 EGR 两种类型。

低压回路 EGR 是将废气引到压气机进口前的低压进气系统中,如图 4-25 所示。低压回路 EGR 系统很容易获得所需要的压力差,但再循环的废气流经压气机和中冷器,使得压气机的进气温度高于设计温度,而且中冷器容易阻塞而导致压力损失增加。

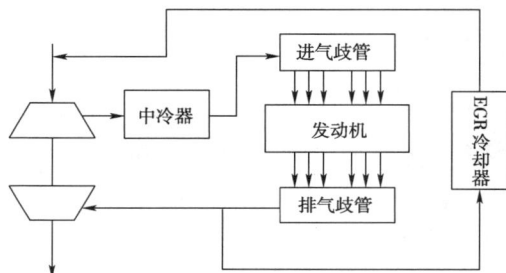

图 4-25 增压发动机低压回路 EGR 系统

高压回路 EGR 是将废气引到压气机出口后的高压进气系统中,如图 4-26 所示。高压回路 EGR 系统的再循环废气不经过压气机和中冷器,不存在影响增压装置耐久性和可靠性的问题,目前应用较普遍。但高压回路 EGR 获得所需要的压力差比较困难。

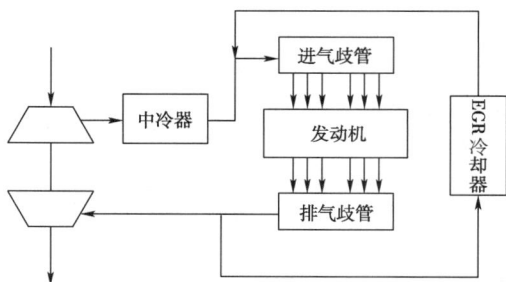

图 4-26 增压发动机高压回路 EGR 系统

为保证 EGR 的顺利实现,高压回路 EGR 通常采用的技术措施如图 4-27 所示。图 4-27a)是在 EGR 阀前(有些在后)安装一个防逆流阀,以防止 EGR 阀开启时增压空气逆流,利用排气压力脉动只能将部分废气压入高压进气系统。图 4-27b)是利用节流阀对增压空气进行节流的方法,降低进气管内的压力,但显然会增加柴油机的进气阻力。图 4-27c)是在进气系统中,安装一个文丘里管,利用文丘里管喉口的压降,获得 EGR 所需要的压力差,并可通过调节文丘里管旁通阀的开度,来改变 EGR 的有效压差。图 4-27d)是利用专门的 EGR 泵强制进行 EGR,此方法虽然具有较好的灵活性,但由于泵的流量要求很大,采用机械驱动泵又过于庞大昂贵,所以常采用由增压器驱动的 EGR 泵。此外,采用可调叶片式增压压力控制系统,通过调整叶片角度减小废气流经涡轮的有效截面,提高增压器涡轮前排气管内的压力,也是增压柴油机实现 EGR 的有效途径。

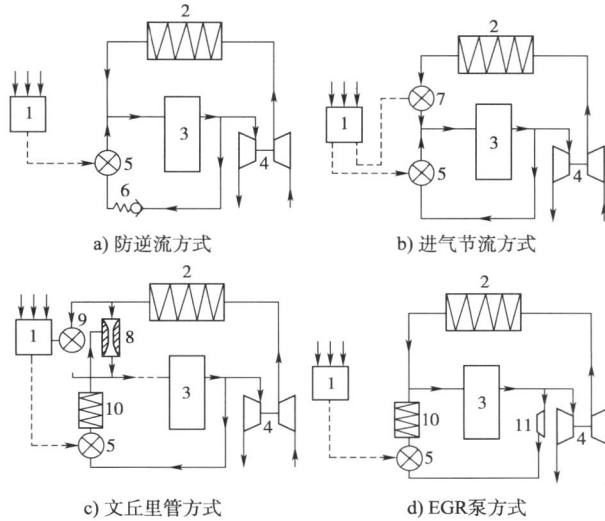

a) 防逆流方式　　　　　　　　b) 进气节流方式

c) 文丘里管方式　　　　　　　d) EGR泵方式

图 4-27　增压柴油机高压回路 EGR 措施

1-ECU;2-中冷器;3-柴油机;4-废气涡轮增压器;5-EGR 阀;6-防逆流阀;7-进气节流阀;8-文丘里管;9-文丘里管旁通阀;10-EGR 冷却器;11-EGR 泵

2. EGR 冷却技术

众所周知,EGR 在降低 NO_x 排放方面取得了很大的成功,但它在降低 NO_x 排放的同时,也会因高温废气引入进气系统,对进气加热并占据一定的汽缸空间,使实际进气量减少,从而导致燃烧不完全,HC、CO 和 PM 的排放增加,PM 增加尤其明显,NO_x 和 PM 的同时控制是一个亟待解决的问题。

EGR 冷却系统的功用就是对 EGR 气体进行冷却,这不仅使发动机的燃烧温度比用通常 EGR 的更低,从而进一步减少 NO_x 的排放,而且还能有效地提高进气密度,使燃烧更完全,对减少 PM 等污染物排放也非常有利。在一定工况下,EGR 冷却系统对排放的影响如图 4-28 所示,图中的百分数表示 EGR 率,横坐标为单位时间的 NO_x 排放量,纵坐标为单位时间的 PM 排放量,0%、10%、20% 等为 EGR 率,实线表示有 EGR 冷却时的排放值,虚线表示无 EGR 冷却时的排放值。

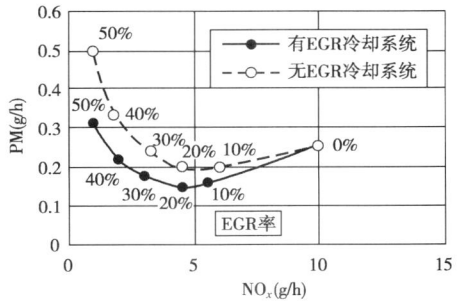

图 4-28　EGR 冷却系统对排放的影响

日本五十铃公司EGR冷却系统如图4-29所示。在EGR气体回路中加装一个EGR冷却器,冷却器的结构类似机油散热器,高温的EGR气体流经冷却器的芯管时,被在芯管外部循环流动的冷却液冷却,被冷却后的废气再经EGR阀流入进气管进行循环。利用柴油机的冷却液对再循环废气进行冷却,效果不理想,有些采用空气直接冷却。

此外,日本五十铃公司在原有的EGR冷却系统基础上,在世界上首先运用了防逆流阀技术,该系统被称为"单向EGR冷却系统",如图4-30所示。其特点主要是在EGR气体回路中加装了防逆流阀,从而解决了增压发动机曾经很难解决的增压空气逆流问题,这项技术对燃料完全燃烧技术进行了补充,并且对降低颗粒物和黑烟排放有所贡献。

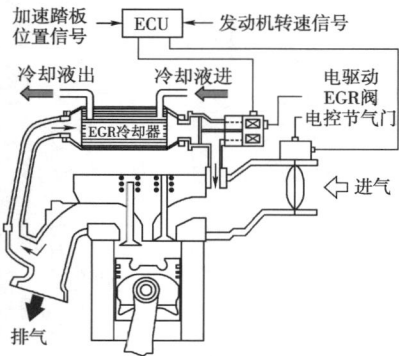

图4-29　EGR冷却系统

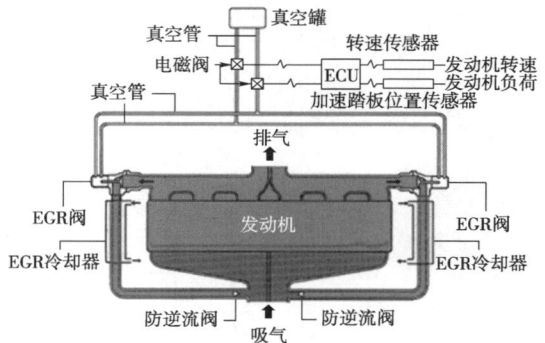

图4-30　单向EGR冷却系统

3. 催化转换技术

与汽油机类似,利用安装在柴油机排气系统中的催化转换器,使柴油机排出的HC、CO、PM氧化,或使NO_x还原,已成为柴油机排气后处理的重要措施之一,柴油机装用的催化转换器分两大类:氧化催化转换器和还原催化转换器。

(1)柴油机采用催化转换技术的不利因素。与汽油机相比,由于柴油机使用的燃料不同、工作特点不同等,其排放也有不同的特性,而柴油机排放特性对采用催化转换技术实施机外净化不利,其原因是:

①排气温度低。催化转换技术本身就是利用催化剂的催化作用,加速污染物转化成污染小或无污染物质的化学反应,从而降低排放污染的,较低的排气温度显然不利于化学反应的进行。

②排放特性随发动机变化较大。众所周知,汽油机催化转换器也仅在理论空燃比(14.7:1)附近时转化效率最高,而柴油机由于采用"质"(即混合气浓度)调节负荷,工作时的混合气浓度随工况变化范围很大,如何在宽广工况范围保持转换器较高的转换效率,成为柴油机采用催化转换技术要解决的问题之一。

催化转换器的转换效率是指试验车辆或发动机按照某种指定的工况运行时,催化转换器前后某种污染物排放量的变化率,即:

$$转换器转换效率 = \frac{转换器转换前污染物排放量 - 转换器转换后污染物排放量}{转换器转换前污染物排放量} \times 100\%$$

③排气中氧浓度大。由于柴油机大部分工况下的混合气浓度都较稀,排出的废气中氧

浓度可达 10%,较大的氧浓度增加了 NO_x 还原的难度。

④SO_x 排量大。由于柴油中一般含有微量硫化物,因此柴油燃烧时硫化物与氧反应生成 SO_x。用氧化催化器时,由于 SO_x 比 CO 和 HC 都容易氧化,所以 SO_x 首先被氧化会生成 SO_3,SO_3 又与水分等反应生成 H_2SO_4 和硫酸盐,不仅增加了 PM 排放而且会导致催化剂中毒,研究针对抗硫的催化剂就是难点之一。

⑤PM 排量大。由于柴油机 PM 排放量是汽油机的 50~70 倍,由 PM 的组成(干炭烟、可溶性有机物、硫酸盐)不难看出,柴油机排气中占 40%~50% 的干炭烟、占 5%~10% 的固态硫酸盐是很难通过催化转化措施来消除的,目前多是采用过滤的方法解决。

(2)柴油机氧化催化转换器。氧化催化转换器(DOC)指安装在柴油汽车排气系统中,通过催化剂进行氧化反应,能同时降低排气中一氧化碳(CO)、总碳氢(THC)化合物和柴油颗粒物中可溶性有机物组分(SOF)的催化转换器。

柴油机加装氧化催化转换器是一种有效的机外净化可燃污染物常用措施,它是在蜂窝陶瓷载体上负载贵重金属铂、钯作为催化剂,在一定温度及催化剂的作用下,使排气中可溶性有机物氧化,同时排气中 CO 和 HC 也被氧化成 CO_2 和 H_2O,从而降低 HC、CO 和 PM 的排放量。采用氧化催化转换器,能够使柴油机 HC 和 CO 排放减少 50%,使 PM 排放减少 50%~70%。

氧化催化转换器的主要缺点是会将排气中的 SO_2 氧化成 SO_3,生成危害更大的硫酸雾或固态硫酸盐颗粒。所以,目前世界各国投入巨资开发低硫柴油。

氧化催化转换器的作用原理如图 4-31 所示。单纯的氧化催化转换器,只能减少排气中可燃烧的污染物(HC、CO 和 PM)排放量。随其转化效率的提高,固态硫酸盐颗粒的生成量也增多,甚至可达到无氧化催化转换器时的 8~9 倍,这种负面影响必然会降低使用氧化催化转换器所产生的环境效益。

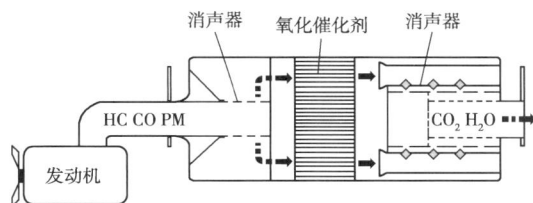

图 4-31 氧化催化转换器作用原理

氧化催化转换器的作用原理

(3)柴油机还原催化转换技术。还原催化转换技术是对发动机排气中的 NO_x 进行后处理的技术,目前在柴油机上多数采用的是与汽油机相同的三元催化转换器,将氧化催化转换技术与还原催化转换技术集成一体。

在柴油机上使用三元催化转换器,除完成纯氧化催化转换器的功能外,对 NO_x 的转换效果非常不理想,这主要是因为柴油机(包括采用稀燃技术的汽油机)排气中含氧丰富、潜在的 NO_x 还原剂 CO 和 HC 缺乏、温度达不到理想范围(400~800℃)。随着柴油机在汽车上应用的日益广泛,为进一步提高转换器还原 NO_x 的效果,各国的柴油机制造商和科研机构,都在研究开发新的 NO_x 还原技术。以下是两种比较成熟的柴油机 NO_x 还原技术:

①选择性催化还原(SCR)技术。"选择性"是指在催化还原转换过程中,利用还原剂的

特性优先选择 NO_x 在催化剂作用下一起被氧化,而不是按自然规律先是比较容易氧化的 HC 和 CO 被氧化,从而大大提高转换效率(可达 99%),它是近年来比较成功的 NO_x 催化还原技术。

目前适用柴油机的 NO_x 催化还原技术主要有:选择性非催化还原(SNCR)、非选择性催化还原(NSCR)和选择性催化还原(SCR)。选择性非催化还原是指只利用具有选择性的还原剂,而不用催化剂,它只能在一定的温度区间(800~1000℃)使用,而柴油机排气不可能达到这样高的温度,只能通过在柴油机膨胀过程中,向汽缸中喷入还原剂来实现,但效果不是很理想。非选择性催化还原指采用的还原剂无选择性,使用催化剂,它是将还原剂喷入排气管中催化转换器中,由于废气中含氧量较高,还原剂很容易被氧化,所以还原剂的消耗量极大。选择性催化还原技术与非选择性催化还原技术相似,采用的还原剂不同。

选择性催化还原系统主要由催化转换器和还原剂供给装置组成。选择性催化还原系统所用的催化转换器与传统转换器基本相同,主要有铂(钯或铑)催化转化器、铜-沸石催化转换器、钒-钛催化转换器等。实验证明,采用铂、钯或铑金属作催化剂的转换器,能依靠丙烯、丙烷在 160~260℃ 的温度区间,在氧气富余的情况下把 NO_x 降至原来的 40%~50%。采用铜-沸石(Cu/ZSM-5)作催化剂的转换器能依靠丙烯、丙烷在 260~460℃ 的温度区间,在氧气富余的情况下将 NO_x 降至原来的 40%,但工作不稳定;同时采用上述两类催化剂的转换器,能够在 160~460℃ 的温度区间将转换效率提高到 50%~70%。采用钒-钛催化转换器,能够在 500~550℃ 的温度区间仍具有较好的活性,转换效率能达到 50%~60%。

采用选择性催化还原技术的转换器一般称为选择性还原催化转换器,它是指安装在柴油汽车排气系统中,用于将柴油机排气中的氮氧化物(NO_x)催化还原成 N_2 和 O_2 的催化转换系统。该系统需要外加还原剂,例如,能产生 NH_3 的化合物(如尿素)。

在选择性催化还原系统中,采用的还原剂主要有氨(NH_3)、尿素(Urea)及碳氢化物(如柴油等)。使用氨作为催化剂,由于氨本身是一种有毒物质,必须增加精密的附加电控系统,将其水解成一定浓度(一般为 32.5%)的氨水并喷入废气流中;此外,气态氨的储存和运输都不方便。使用尿素作为还原催化剂,其水溶性好,储存运输很方便,而且价格低廉,使用安全。一般选用浓度为 30%~40% 的尿素水溶液作催化剂,因为在此浓度尿素水溶液的凝固点最低(-11℃)。采用尿素作为催化剂,只是利用尿素产生氨,再用氨来还原 NO_x,因此同样需要附加的电控系统。碳氢化合物用作还原剂的好处在于它比较容易获得,不需要附加的电控系统,但是它的还原催化能力并不是很强。

为满足更加严格的排放法规要求,在现代汽车柴油机上,大家比较认可的 NO_x 还原技术是以尿素作催化剂的选择性催化还原技术(表示为 SCR-NO-NH$_3$),该技术的转化效率可以达到 90% 以上。尿素的催化作用机理是:在水溶液中,尿素与水分子相结合并水解为 NH_3 和 CO_2,在低温区间 NH_3 和 NO 被氧化,在高温区间 NH_3 和 NO 直接反应,过程方程式为:

尿素水解 $\qquad CO(NH_2)_2 + H_2O = 2NH_3 + CO_2$

在低温区 $\qquad 4NH_3 + 4NO + O_2 = 4N_2 + 6H_2O$

在高温区 $\qquad 4NH_3 + 6NO = 5N_2 + 6H_2O$

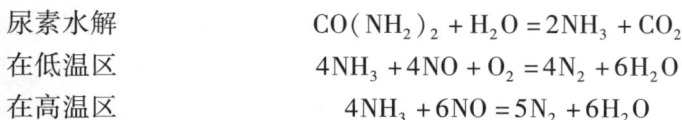

德国 BOSCH 公司 SCR-NO-NH$_3$ 催化转换电控系统如图 4-32 所示。该系统集氧化催化转换技术、SCR-NO-NH$_3$ 选择性还原催化转换技术于一体。由 ECU 控制的尿素还原剂供给

系统主要由排放传感器、尿素溶液温度传感器、排气温度传感器、空气滤清器、尿素溶液箱、尿素溶液供给模块(电控泵)、喷雾器(电控喷射器)等组成,来自空气滤清器的清洁空气与尿素溶液在尿素溶液供给模块中混合,ECU 则根据柴油负荷、排气温度等传感器信号按内存确定最佳喷射量,并通过喷雾器将适量的尿素溶液与空气的混合物喷入 SCR 催化转换器中。由于转换器的转换效率取决于尿素溶液的质量和温度以及排气温度,所以在尿素溶液箱和排气管上安装有温度传感器,以检测尿素溶液和排气的实际温度,并将信号输送给 ECU。此外,在柴油机不同负荷下,NO_x 的排放量不同,对尿素溶液的需要量的也不同,为精确控制尿素溶液的供给量,在排气管上还安装有排放传感器或称氧化氮传感器,用来检测并向 ECU 反馈处理后的废气中 NO_x 含量,以实现对尿素溶液供给量的闭环控制。安装在 SCR 催化转换器前部的氧化催化转换器,可有效降低 HC、CO 和 PM 的排放量。

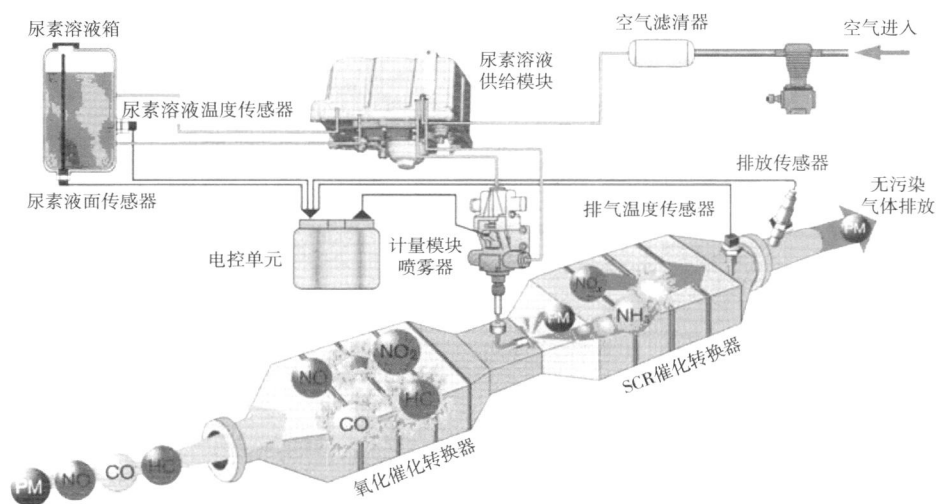

图 4-32　SCR-NO-NH₃ 催化转换电控系统

②吸附-催化还原技术(NAC)。吸附-催化还原技术包括吸附和催化还原两项技术,二者集成使用,形成吸附-催化还原技术,其关键技术是吸附技术。该项技术几乎与选择性催化还原技术同时出现,由于成本低、结构相对简单,所以发展速度也很快,但其转换效率略低,一般可达到 70% ~90%。

在汽车排放物 NO_x 后处理中采用吸附技术,主要是利用充填有 NO_x 吸附剂的吸附器,在富氧条件下将难以催化还原的 NO_x 首先储存起来,再用其他方法进行处理。吸附器类似一个过滤器,但它过滤的是发动机排气中的 NO_x。当吸附器内的吸附剂吸附 NO_x 到一定量后,必须使吸附剂"再生",否则因吸附剂失去活性而不能继续发挥其作用。"再生"是指通过去除吸附剂吸附的 NO_x,使吸附剂恢复其原有的活性(即吸附能力)。

在吸附-催化转换器中,吸附剂再生的方法一般是在转换器上配置预热空气鼓风机和预热器,当吸附剂中吸附了规定量的 NO_x 后,利用热风使 NO_x 从吸附剂中分离出来,而后在催化剂(如铂等)作用下,使 NO_x 与还原剂(如 HC、CO、H_2)发生反应,生成无害的 N_2、CO_2 和 H_2O。还原剂一般是利用柴油机排出的 HC 和 CO,由于柴油机在一般工况下的 HC 和 CO 排放低,不能满足 NO_x 还原的需要,因此柴油机的电控系统必须具有与其相适应的功能,即每隔一定时间(一般约1min),通过加大废气再循环量或推迟喷油正时,来增加 HC 和 CO 排放,以保持较高的 NO_x 转换效率。毫无疑问,采用此措施控制排放污染,会使柴油机的燃油经济性受到影响,据资料表明将使燃油消耗增加 5% 左右。

4. 颗粒物过滤技术

颗粒物过滤是有效降低柴油机颗粒物排放的主要措施之一。颗粒物过滤系统的主要装置就是颗粒物过滤器(DPF),它是安装在柴油汽车排气系统中,通过过滤来降低排气中颗粒物的装置。

颗粒物过滤器的结构如图 4-33 所示。当废气流经颗粒物过滤器时,利用有极小孔隙的滤芯将废气中直径较大的颗粒物过滤下来。滤芯是颗粒物过滤器的主体,除应保证过滤器有较高的过滤效率外,还应具有较高的机械性能、热稳定性能和耐热性能,具有较小的热膨胀系数、流通阻力和质量。目前,最常使用的过滤材料有:金属丝网、陶瓷纤维、泡沫陶瓷和壁流式蜂窝陶瓷等。

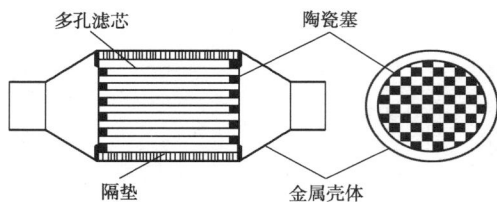

图 4-33　颗粒物过滤器

颗粒物过滤器的结构

颗粒物过滤器的过滤效率可达 50% ~90%。过滤效率是指试验车辆或发动机按照某种指定的工况运行时,柴油颗粒物过滤器前后的颗粒物排放量的变化率,即

$$过滤器过滤效率 = \frac{过滤器过滤前颗粒物排放量 - 过滤器过滤后颗粒物排放量}{过滤器过滤前颗粒物排放量} \times 100\%$$

简单的颗粒物过滤器只能物理性地降低颗粒物排放,随着过滤下来的颗粒物积累,会造成柴油机排气背压增加,当排气背压达到 16 ~20kPa 时,柴油机性能开始恶化,因此必须定期除去过滤器中的颗粒物,使过滤器恢复到原来的工作状态,即过滤器再生。过滤器再生主要通过降低颗粒物着火最低温度或提高颗粒物温度使颗粒物被氧化来实现,具体方法主要有:

(1)在过滤器的滤芯上负载催化剂,利用催化剂降低颗粒物着火最低温度,使颗粒物在正常的排气温度更容易被氧化实现过滤器再生。

(2)将氧化催化转换器(DOC)与颗粒物过滤器(DPF)集成一体,利用安装在滤芯前的氧化催化剂,使排气中的 HC、CO 等可燃成分加速氧化提高排气温度,同时利用负载在滤芯上的催化剂降低颗粒物氧化反应所需的温度,温度一增一减都有利于实现过滤器的再生。氧化催化转换器与颗粒物过滤器集成一体的过滤器称 DOC + DPF 型过滤器,如图 4-34 所示。

(3)利用外加能源使过滤器内部温度达到颗粒物的氧化燃烧温度来实现过滤器再生,根据外加能源的类型可分为电加热器型、燃烧器加热型。

电加热型过滤器再生系统如图 4-35 所示。在过滤器的前面加装一个电加热器,后面加装一个压缩空气罐,由 ECU 根据排气压力传感器信号(反映过滤器堵塞情况)确定过滤器是否需要再生,并通过控制各电磁阀和加热器的工作来完成过滤器再生。排气压力未达到设定值时,说明过滤器内的颗粒物积累不多,加热器不通电,电磁阀1、3、5关闭,电磁阀2和4开启,废气经电磁阀2、过滤器和电磁阀4排入大气。当排气压力达到设定值时,ECU发出指令将电磁阀2和4关闭,并开启电磁阀5使废气不经过滤器直接排入大气;同时,利用脉冲指令控制电磁阀1和3使压缩空气罐放出高压脉冲气流,气流将过滤器中的颗粒物反吹进电加热器中燃烧掉,从而实现过滤器的再生。

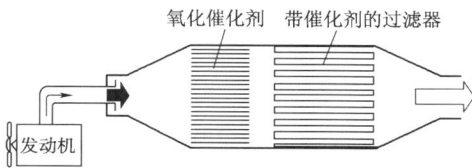

图4-34　DOC＋DPF型过滤器

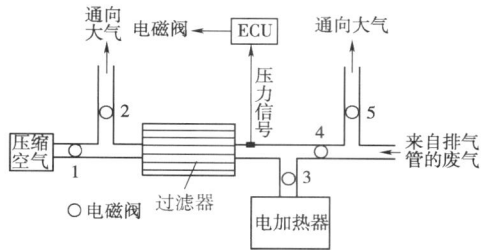

图4-35　电加热型过滤器再生系统

电加热型过滤器再生系统的加热器也可置于过滤器内,如图4-36所示。其工作原理与外置加热器式基本相同,但内置加热器使颗粒物燃烧在过滤器内进行,容易导致过滤器因高温而损坏,而且颗粒物燃烧后的灰烬不易排出。此外,也可以用微波加热器取代电加热器,形成微波加热型过滤器再生系统。

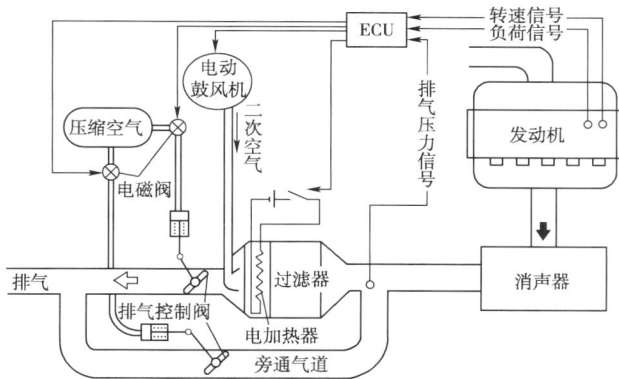

图4-36　内置电加热型过滤器再生系统

内置电加热型过滤器再生系统的工作原理

燃烧器加热型过滤器再生系统如图4-37所示,当过滤器需要再生时,用喷油器向燃烧器喷入少量燃油,并通过空气压缩机向燃烧器供给二次空气,利用火花塞点燃燃油,燃烧所产生的热量使过滤器中沉积的颗粒物快速燃烧掉,实现过滤器的再生。再生过程一般需1~2min。

(三)柴油机的噪声与控制

发动机是汽车的主要噪声源。发动机的噪声主要包括燃烧爆发力产生的噪声、运动件产生的机械噪声、风扇和进排气产生的空气动力噪声。不同发动机,各种噪声在总噪声中所占的比例有很大差异,柴油机一般比汽油机的噪声大(6~8dB),其主要根源是燃烧噪声,燃烧噪声是柴油机燃烧过程存在的主要问题之一。

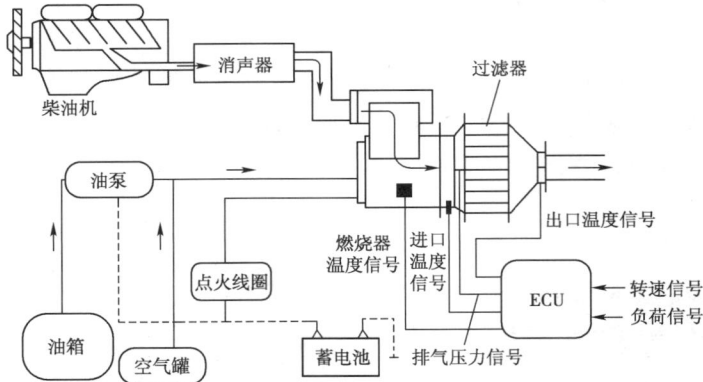

图 4-37　燃烧器加热型过滤器再生系统

燃烧器加热型
过滤器再生系统

燃烧噪声是由于燃烧过程中,缸内气体压力急剧变化而产生压力波,这种压力波通过汽缸体、汽缸盖等向外辐射而引起的。此外,燃烧产生的压力波,也会对汽缸体、汽缸盖、活塞、连杆等产生冲击引起机械振动,从而产生机械噪声。

燃烧噪声的发生机理很复杂,与发动机的燃烧方式和燃烧速度有密切关系。

在柴油机的燃烧过程中,着火延迟期内燃料并未燃烧,汽缸内压力变化不大,对燃烧噪声的直接影响很小。但着火延迟期内形成的混合气数量对燃烧过程影响很大,因此对燃烧噪声也会产生间接影响。

速燃期内燃料迅速燃烧,汽缸内压力急剧上升,产生强烈的冲击波,对燃烧噪声的直接影响最大。噪声的大小,主要与速燃期压力升高率有关。着火延迟期越长,在此期间喷入汽缸的柴油量越多,则速燃期开始时形成的混合气数量也越多,大量混合气一起燃烧的爆发力强,压力升高率高,冲击大,燃烧噪声也就大。

在缓燃期内,尽管燃烧还在进行,但压力升高率低,产生的燃烧噪声也不大。

在补燃期内,由于燃烧速度缓慢,且燃烧过程接近尾声,所以对燃烧噪声影响不大。

由此可见,柴油机的燃烧噪声主要是在速燃期内产生的,其次是缓燃期,着火延迟期和补燃期对燃烧噪声影响甚微。控制柴油机的燃烧噪声,主要应采取两方面措施:一是控制着火延迟期内混合气的形成数量,如适当减小喷油提前角、选用发火性好的柴油、适当提高压缩比等;二是控制燃烧速度,如采用废气再循环等。

模块小结

单元	重要知识点	小结
柴油的使用性能	柴油的发火性	柴油发火性是指柴油的自燃能力,用十六烷值表示。车用柴油十六烷值一般在 40 ~ 60 之间
	柴油的蒸发性	柴油的蒸发性通常用馏程表示,主要以 50% 馏出温度、90% 馏出温度和 95% 馏出温度作为评价柴油蒸发性的指标
	柴油的黏度	柴油的黏度决定其流动性
	柴油的凝点	柴油的凝点是指其失去流动性的温度

续上表

单元	重要知识点	小结
柴油机混合气的形成	柴油机混合气形成特点与方式	柴油黏度大,不易蒸发,必须借助高压油泵提高其压力,并在各缸接近压缩行程终了时,由喷油器将一定量的柴油喷入汽缸,使之在汽缸内部与高温高压的流动空气混合,形成可燃混合气,自行着火燃烧
	柴油机混合气形成过程的控制	柴油机对混合气形成过程中的喷油正时、喷油压力、喷油过程等进行控制
柴油机的燃烧过程	着火延迟期	从喷油器开始喷油,到混合气着火形成火焰核心,这段时期称为着火延迟期
	速燃期	从汽缸内开始着火,到出现最高燃烧压力,这段时期称为速燃期
	缓燃期	从汽缸内出现最高压力,到出现最高温度,这段时期称为缓燃期
	补燃期	从汽缸内出现最高燃烧温度,到燃烧基本结束,这段时期称为补燃期
改善柴油机燃烧过程的措施	具体措施	选择合适的压缩比、合理设计燃烧室、正确选用燃料、精确控制供(喷)油正时、合理控制柴油机的转速和负荷、保证合适的喷油规律、保证良好的油束特性、应用电控技术和柴油机先进技术、改善着火条件
柴油机的排气污染与噪声	柴油机的排气污染	柴油机的排放污染物主要有HC(碳氢化合物)、CO(一氧化碳)、CO_2(二氧化碳)、NO_x(氮氧化物)、PM(颗粒物)和SO_x(硫氧化物)
	柴油机排气污染的控制措施	柴油机排放控制主要是降低NO_x和PM排放,目前主要以废气再循环技术、催化转换技术和过滤技术作为降低NO_x和PM排放的主要技术
	柴油机的噪声与控制	发动机的噪声主要包括燃烧爆发力产生的噪声、运动件产生的机械噪声、风扇和进排气产生的空气动力噪声

知识拓展

柴油机国六排放控制技术

随着《轻型汽车污染物排放限值及测量方法(中国第六阶段)》(GB 18352.6—2016)发布实施,加速开展柴油车排放治理工作刻不容缓。柴油机主要排放污染物有NO_x、CO、HC和PM,其中NO_x和PM含量较高,其中NO_x是导致酸雨和光化学烟雾的主要因素之一。

柴油机排放的颗粒物(PM)基本上是碳质微球(含有少量氢和其他微量元素)的聚集体,当排气温度较低时,炭烟会吸附和凝聚多种有机物,成为有机可溶成分。柴油机排气PM的微观形态呈复杂的链状或团絮状,属于能长期悬浮在空气中的亚微米颗粒物。颗粒物直径越小,比表面积越大,其悬浮在空气中,对空气中的金属粉末、病原体微生物以及部分强致癌物的吸附能力越强。当颗粒物直径小于$2.5\mu m$(PM2.5),称为可入肺颗粒,它对人体有极大的危害,因此有效控制NO_x和PM排放是柴油机机内净化及后处理技术关注的重点。

1.柴油机机内净化技术方案

柴油机运转时平均过量空气系数很高,即使在全负荷时一般都在1.3以上,在通常部分负荷下一般在2.0以上。如果达到理想的混合,柴油机的污染物排放将很低。但实际上由于油气混合不均匀导致多处出现过量空气系数小于0.6,使得颗粒物大量产生。因此柴油机产生污染物排放的根本原因在于燃油与空气混合不均匀,如何提高柴油机油气混合均匀性成为技术的关键。

(1)柴油机增压系统。

增压不仅是提高柴油机功率密度的最重要手段,而且是控制排放的必然选择。随着国六阶段 NO_x 排放限值的进一步加严,大部分增压柴油机需要采用EGR技术,为实现废气再循环,涡轮增压器必须同时在高速和低速时提供足够的EGR驱动压差,尤其是低速工况,增压器需要匹配更小的占空比来产生低速EGR,这会导致发动机增压系统进气量减少,从而引起发动机性能和排放的变差。随着增压技术的提升,可变涡轮截面增压器(VGT)的出现,可以改善低速时增压系统涡轮的效率。

(2)柴油机进气系统。

柴油机进气道设计注重涡流比和流量系数,对于轻型柴油机来讲,提高涡流比可以大幅度改善低速高负荷时候的烟度,但是高速会导致 NO_x 的提高,因此需要优化最合适的涡流比,对于重型柴油机,为了达到高性能、低油耗、低排放的目标,普遍采用低涡流甚至是无涡流设计。

(3)燃油喷射系统。

降低柴油机的排放,燃油喷射系统的改进是关键,其中主要方案有:优化喷油正时;优化喷油规律;燃油喷雾形态与燃烧室形状与燃烧室内气流运动相匹配;降低燃油的SMD(索特平均直径)值,喷雾粒度足够细且足够均匀,保证了燃油及时蒸发,并与空气充分混合。

2.柴油机后处理技术方案

随着排放指标的日益严格,仅使用缸内净化技术已经无法满足当前的要求,现在比较常用的柴油机后处理技术包括柴油机微粒捕集器(DPF)、颗粒氧化催化转化器(POC)、柴油机氧化催化器(DOC)、选择性催化还原技术(SCR)、稀燃氮氧化物捕集技术(LNT)等。下面就重要的技术展开介绍。

(1)柴油机微粒捕集器(DPF)。

微粒捕集器主要是通过表面和内部混合的过滤装置捕捉颗粒,利用扩散沉淀、惯性沉淀或者线性拦截等方式,有效净化排气中70%~90%的颗粒。柴油机颗粒捕集器需要设置再生机构保证该装置的长久运行。

(2)氧化催化器(DOC)。

DOC一般位于后处理系统的前段,它只具备氧化能力,一般以铂、钯等贵金属作为催化剂,作用是将排气中未燃尽的CO和HC氧化成 CO_2 和 H_2O,同时降低微粒排放中的可溶性有机成分(SOF)的含量。但是DOC对于碳颗粒物的氧化处理效果比较差,同时有将排气中的 SO_2 氧化成 SO_3 进而生成硫酸盐颗粒的趋势,特别在温度较高的情况下硫酸盐生成速率增大,不但无法减少PM排放总量,而且可能导致载体因硫中毒而劣化。

（3）选择性催化还原技术（SCR）。

选择性催化还原技术是目前在柴油后处理系统中对 NO_x 处理的主流技术，是利用尿素水溶液或氨水在一定温度和催化条件下将 NO_x 还原成 H_2 和 H_2O，因为 NH_3 作为还原剂优与 NO_x 反应，而不是与 O_2 反应，表现出高选择性。

为了满足国六排放准，需要不同的后处理设备耦合才可以达到同时降低 NO_x 和 PM 的排放值。如：采用优化燃烧耦合 SCR，此方案可以提高经济性，但是对排气温度有较高的要求，此外还要考虑 SCR 混合及冷机下结晶的问题；采用 EGR + DPF，此技术可以同时降低 NO_x 和 PM，但是由于 DPF 的再生技术，EGR 率过高后带来的热效率降低、腐蚀等问题需进一步研究。

❓ 复习思考题

1. 柴油的主要使用性能有哪些？

2. 柴油机混合气的形成有何特点？有几种形成方式？

3. 对柴油机混合气的形成可采取哪些控制措施？控制目的是什么？

4. 分析柴油机在正常燃烧过程中不同阶段的特点。

5. 说明柴油机不正常燃烧的现象及其产生原因。

6. 改善柴油机燃烧过程的目的是什么？主要措施有哪些？

7. 说明柴油机的主要排气污染物种类及其产生原因。

8. 柴油机的排放控制与汽油机有何不同？为什么？

发动机的特性

学习目标

◈ 知识目标

1. 能够描述发动机工况的表示方法;

2. 能够描述发动机三类典型工况的变化规律;

3. 能够描述汽油机的速度特性和柴油机的速度特性;

4. 能够描述汽油机的负荷特性和柴油机的负荷特性;

5. 能够描述汽油机的调整特性和柴油机的调整特性。

◈ 技能目标

1. 能够绘制发动机速度特性曲线,并分析发动机速度特性;

2. 能够绘制发动机负荷特性曲线,并分析发动机负荷特性;

3. 能够正确分析发动机调整特性。

◈ 素养目标

1. 学习发动机工况的相关知识,树立积累工作经验、增强职业技能的意识;

2. 学习发动机速度特性和负荷特性的相关知识,培养深入探究、追求真理的科学探索精神;

3. 学习发动机调整特性的相关知识,培养积极获取新的知识和技能、不断提升适应能力的进取精神。

模块导学

发动机性能指标随着调整情况和使用工况而变化的关系,称为发动机特性,通常用曲线表示,称为特性曲线。其中:发动机性能指标随调整情况而变化的关系,称为调整特性,例如汽油机的燃料调整特性、点火提前角调整特性、柴油机喷油提前角调整特性等;性能指标随使用工况而变化的关系,称为使用特性,如速度特性、负荷特性等。

本模块主要对发动机的速度特性、负荷特性和调整特性进行分析,通过分析特性曲线,评价发动机在不同工况下的动力性、经济性及其他运转性能,为合理选用发动机并有效地利用它提供依据,同时还可根据特性曲线分析影响特性的因素,寻求改进发动机特性的途径,使发动机的性能进一步提高。

一　发动机的工况

为了更好地理解发动机特性,首先有必要掌握发动机三类典型工况的变化规律。发动机的实际工作状况,简称发动机工况,通常用发动机功率与转速或发动机负荷与转速来表示。

发动机在运行中,经常处于变负荷、变转速下工作,其变化的规律取决于发动机的用途。发动机在正常工作时,将在一定的转速范围,即在最低稳定转速 n_{min} 与最高许用转速 n_{max} 之间运行;在某一转速下,有效功率或转矩可以由零变到可能发出的最大值。因此发动机的工况范围是四条边界线围成的阴影部分,如图 5-1 所示。根据发动机用途的不同,它的工况一般可分为三类。

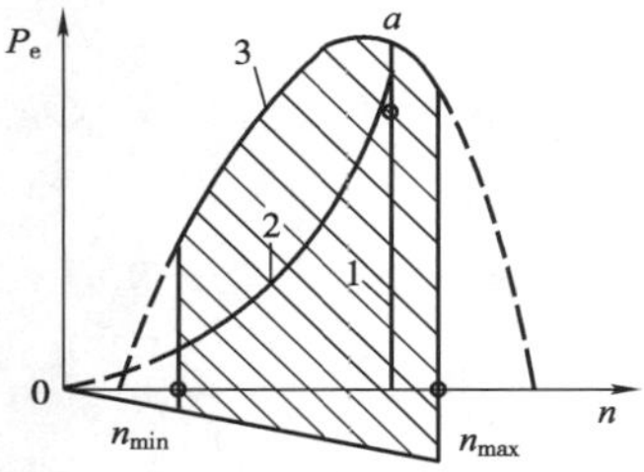

图 5-1　发动机的各种工况

第一类工况:发动机的曲轴转速近似保持不变,发出的功率可能在很大范围内变化,称为固定式发动机工况。例如发动机带动发电机、空压机和水泵等机械工作时,由于它们的负荷可以由零变化到最大许用值,因此发动机发出的功率也随负荷由零变化到最大许用值;采用调速器来保持发动机转速恒定,使其转速波动限制在允许范围内。这类工况如图 5-1 中铅垂线 1 所示,也称线工况。其特例是点工况,即转速和功率保持恒定。

第二类工况:发动机在运行中,它所发出的功率和转速之间成一定的函数关系。如发动机用于驱动船舶螺旋桨时,因螺旋桨所吸收的功率 $P_e = kn^3$,发动机发出的功率和转速的关系应当和螺旋桨的一致,故称之为螺旋桨工况,如图 5-1 中曲线 2 所示。从图中还可看出,这条曲线受到发动机最大许用功率的限制,如点 a 所示,还受到最低稳定转速 n_{min} 的限制。

第三类工况:发动机的功率和转速都独立地在很大范围内变化,它们之间没有特定的关系,车用发动机即属此类工况。发动机的曲轴转速取决于车速,可以从最低稳定转速一直变到最高许用转速;发动机发出的功率取决于运行中所遇到的阻力,在同一转速下,可由零变到最大许用功率。当汽车下长坡需采用发动机制动时,发动机由汽车传动装置倒拖而做负功。上述运行工况如图 5-1 中曲线 3 下面的阴影面积表示,称为面工况。阴影面的上限是发动机在各种转速下所能发出的最大功率(曲线 3),左边对应于最低稳定转速 n_{min},右边对应于最高许用转速 n_{max},下边是制动时倒拖发动机所需功率曲线。

二　发动机的速度特性

发动机节气门位置不变时,其性能指标随转速而变化的关系,称为发动机速度特性。速度特性包括全负荷速度特性(即外特性)和部分负荷速度特性。为便于分析发动机的速度特性,通常由发动机台架试验测取一系列数据,并以发动机转速 n 作为横坐标,发动机的有效

功率 P_e、有效转矩 M_e、有效燃油消耗率 g_e 或单位时间耗油量 G_T 等作为纵坐标,绘制成速度特性曲线。通过分析发动机的速度特性,可找出发动机在不同转速情况下工作时,其动力性和经济性的变化规律,及对应于最大功率(P_{emax})、最大转矩(M_{emax})和最小燃油消耗率(g_{emin})时的转速,从而确定发动机工作时最有利的转速范围。

(一)汽油机速度特性

当汽油机的燃料供给系统和点火系统调整为最佳,节气门开度固定不变时,其有效功率 P_e、有效转矩 M_e、有效燃油消耗率 g_e 等随发动机转速 n 而变化的规律,称为汽油机的速度特性。

当节气门保持最大开度时,所测得的速度特性,称为发动机的外特性;节气门在部分开度下所测得的速度特性,称为部分速度特性。外特性代表了发动机所能达到的最高动力性和经济性,是发动机的重要特性。一般汽油机铭牌上标明的 P_e、M_e 及相应的 n 都是以外特性为依据。由于节气门开度的变化可以是无限的,所以部分速度特性曲线为一个曲线簇,位于外特性之下。

1. 外特性曲线分析

如图 5-2 所示为车用汽油机的外特性曲线。

(1)M_e 曲线:转矩特性直接影响汽油机的动力性能,它是一条上凸的曲线。

由模块二中的公式 $M_e = K_2 \frac{1}{\Phi_{at}} \eta_v \eta_i \eta_m$ 可知:M_e 随 n 的变化取决于 Φ_{at}、η_i、η_m、η_v 随 n 的变化。节气门开度一定时,过量空气系数 Φ_{at} 基本不随 n 而变化,可视为常数,而 η_i、η_m、η_v 随 n 的变化趋势如图 5-3 所示。

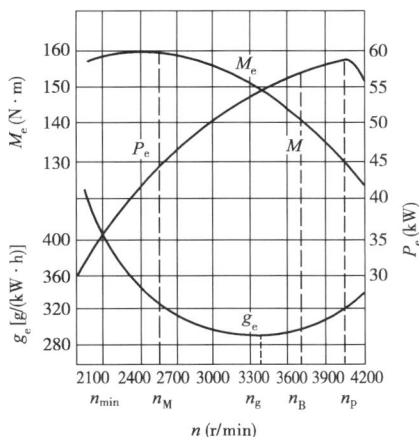

图 5-2 汽油机的外特性曲线

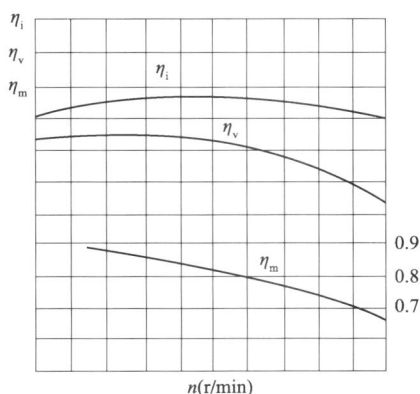

图 5-3 汽油机 η_i、η_m、η_v 随 n 的变化

指示热效率 η_i 在某一中间转速时最大,低于或高于此转速,η_i 均会下降,但变化较平坦,对 M_e 的影响不大。η_i 下降的原因是:转速 n 降低时,汽缸内气流扰动较弱,火焰传播速度慢导致燃烧缓慢,散热损失增加,漏气也增多,使 η_i 下降;n 较高时,燃烧所占曲轴转角大,

在较大的容积内燃烧，传热损失增加，所以 η_i 也下降。

在节气门一定时，充气效率 η_v 在某一中间转速时最大，这是因为一定的配气相位只适应该转速，高于和低于此转速时 η_v 均下降。

机械效率 η_m 随转速的提高而明显下降，这是因为随转速提高，机械损失功率增加。

综合 η_i、η_v、η_m 随 n 的变化，可知有效转矩 M_e 随转速 n 的变化规律是：在较低的转速范围内，随转速的提高，由于 η_i、η_v 均提高，其影响超过了 η_m 下降的影响，故 M_e 逐渐增加，在某一转速，M_e 达最大值 M_{emax}；转速继续提高时，由于 η_i、η_v、η_m 随 n 的提高同时降低，因此 M_e 曲线迅速下降，曲线变化较陡。

（2）P_e 曲线：根据有效功率与有效转矩和转速之间的关系 $P_e=\dfrac{M_e n}{9550}$，在 M_e 小于 M_{emax} 的范围内，转速增加，转矩也增加，故 P_e 增加很快；此后，n 增加时，因 M_e 有所下降，故 P_e 的增长速度减慢，直至某一转速时，M_e 与 n 之积达最大值，使 P_e 达最大功率 P_{emax}；若 n 再增加，由于 M_e 的下降已超过了 n 上升的影响，故 P_e 下降。

（3）g_e 曲线：根据模块一公式 $g_e=\dfrac{K}{\eta_i\eta_m}$，当转速很低时，由于 η_i 很低，所以有效燃油消耗率 g_e 较高；在转速很高时，η_i 也较低，同时因机械损失增加，η_m 低，故有效燃油消耗率 g_e 也高；只有在某一中间转速时，指示热效率与机械效率之积最大，有效燃油消耗率 g_e 达最低值 g_{emin}。

汽油机采用增压技术，可提高充气效率 η_v 和指示热效率 η_i，所以其动力性和经济性也明显改善。某汽油机增压前后的外特性曲线，如图 5-4 所示。

2. 部分负荷速度特性曲线

图 5-5 为某汽油机节气门分别在全开、75% 开度、50% 开度和 25% 开度时，有效功率 P_e、有效转矩 M_e、有效燃油消耗率 g_e 随转速 n 的变化规律。汽车经常处于节气门部分开度下工作，因此部分负荷速度特性曲线对实际使用的动力性、经济性有重要意义。

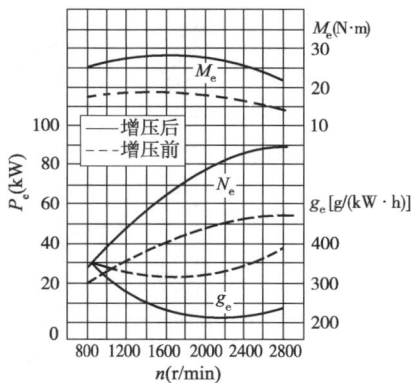

图 5-4　汽油机增压前后的外特性曲线

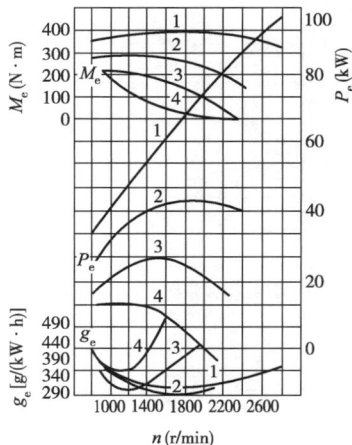

图 5-5　汽油机部分负荷速度特性曲线
1-全负荷；2-75% 负荷；3-50% 负荷；4-25% 负荷

　　节气门部分开启时,由于进气阻力增加,充气效率下降,随 n 提高,η_v 下降得更快。节气门开度越小,节流损失越大,M_e 随 n 增加而下降得越快,最大转矩点和最大功率点均向低转速方向移动。

　　从部分特性 g_e 曲线可见,并不是节气门全开时 g_e 曲线最低,因为此时采用的是浓混合气,存在燃烧不完全的现象。当节气门开度从 100% 逐渐减小时,由于混合气的加浓逐渐减轻,g_e 曲线的位置降低。节气门开度为 80% 左右时,g_e 曲线的位置最低,此时加浓装置停止工作。节气门开度再减小,由于残余废气相对增多,燃烧速度下降使 η_i 下降,燃料消耗率增加,g_e 曲线的位置又逐渐升高。

3. 汽油机的工作范围

　　为保证较高的动力性,汽油机的工作转速范围应在最大功率转速 n_p 与最低稳定转速 n_{min} 之间。当工作转速 $n > n_p$ 时,汽油机的动力性、经济性和可靠性均大大下降,因而不能使用;当工作转速 $n < n_m$ 时,由于汽油机工作不稳定,也不可能使用。

　　为保证较高的经济性,汽油机工作的最有利转速范围应介于最大功率转速 n_p 和最低燃油消耗率转速 n_g 之间,此转速范围可以作为选择汽油机常用转速范围的参考依据。

4. 转矩储备系数

　　在发动机正常工作的转速范围内,节气门开度不变时,如果阻力矩增加,发动机转速将自动下降,发出的转矩增大至与阻力矩平衡时,又可在另一较低转速下稳定运转。为了评定发动机适应外界阻力矩变化的能力,常用转矩储备系数 u 或适应系数 k 作为评价指标。

$$u = \frac{M_{emax} - M_B}{M_B} \times 100\%$$

$$k = \frac{M_{emax}}{M_B}$$

式中:M_{emax}——外特性曲线上的最大转矩,N·m;

　　　　M_B——标定工况(或最大功率)时的转矩,N·m。

　　u 和 k 值大,表明转矩之差($M_{emax} - M_B$)值大,即随转速的降低,有效转矩 M_e 增加较快,在不换挡的情况下,爬坡能力及克服短期超载能力强。

　　由于汽油机的外特性转矩曲线弯曲度较大,随转速增加下降较快,转矩储备系数 u 在 10% ~ 30% 之间,k 值为 1.2 ~ 1.4,适应性好。当汽车行驶阻力增加(如上坡)而迫使车速降低时,发动机能自动提高转矩,可减少汽车行驶中的换挡次数。

　　除转矩储备系数以外,最大转矩 M_{emax} 对应的转速 n_M 的大小也影响到发动机克服外界阻力的潜力。在实际使用中,当汽车突然遇到比较大的阻力时,发动机转速将由于外界阻力的增加而降低,若 n_M 较小,则汽油机能以较低的转速稳定地工作,并能充分运用内部运动部件的动能来克服短期超载。因此,n_M 越低,在汽车不换挡的情况下,发动机克服阻力的潜力越强。

　　不同用途的汽车,其汽油机对转矩特性的要求不同。例如,长期行驶于山区的载货汽车,由于它行驶阻力变化大,对最高车速要求较低,因此应选用 u 较大和 n_M 较低的汽油机;对于轿车,由于它对最高车速要求较高,因此宜选用 n_M 较高的汽油机。

5. 发动机的标定工况

标定工况是发动机铭牌上标出的功率及相应的转速。由图 5-2 可见，当转速增大至接近 n_P 时，功率提高缓慢。在 n_P 之后，转速增加功率反而下降。而转速经常过高，还会使发动机的寿命下降。因此，载货汽车发动机常限制其转速为 n_B，n_B 称为限制转速或标定转速，节气门全开时对应转速 n_B 的功率称为标定功率，一般 $n_B \leq n_P$。

用两种方法来控制发动机不超过标定转速运转：一是汽油机装限速器，当转速超过 n_B 时，它自动控制节气门，使其关小；二是在汽车说明书上规定最高挡的最高车速，只要车速不超过最高车速，发动机转速就不会超过标定转速。

（二）柴油机速度特性

当喷油泵油量调节机构（供油拉杆或齿条）位置一定时，柴油机的性能指标 P_e、M_e、g_e、G_T 随转速 n 变化的关系，称为柴油机的速度特性。当油量调节机构限定在标定功率的特殊供油量位置时测得的速度特性，称为柴油机的外特性（或全负荷速度特性），它表明柴油机可能达到的最高性能。当油量调节机构限定在小于标定功率循环供油量的各个位置时，所测得的速度特性称为部分速度特性。

1. 外特性曲线分析

车用柴油机的外特性曲线，如图 5-6 所示。

（1）M_e 曲线：柴油机的有效转矩 M_e 主要取决于每循环供油量 Δg、指示热效率 η_i 和机械效率 η_m，它们之间的关系为

$$M_e = K_2' \eta_i \eta_m \Delta g$$

式中：K_2'——常数。

η_i、η_m、Δg 随 n 的变化如图 5-7 所示。每循环供油量 Δg 随柴油机转速变化的情况由喷油泵的速度特性决定，在没有油量校正装置时，Δg 随 n 的提高而逐渐增加。指示热效率 η_i 和机械效率 η_m 随转速的变化规律与汽油机基本相同，只是 η_i 变化较平坦。

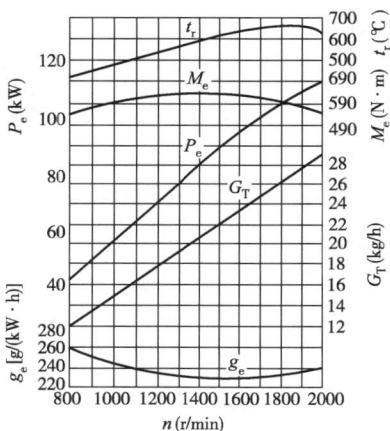

图 5-6　柴油机的外特性曲线

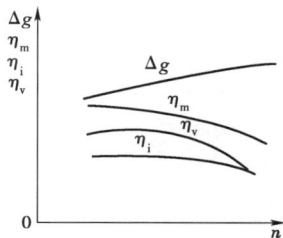

图 5-7　柴油机 η_i、η_m、Δg 随 n 的变化

汽油机在一定负荷下工作时,混合气的过量空气系数基本不变,每循环的供油量主要取决于循环供气量,所以每循环的供油量随转速的变化规律与充气效率一致,而柴油机每循环的供油量与充气效率无关。与汽油机相比,柴油机指示热效率 η_i 随转速的变化较平坦,而且在较高转速范围内,随转速的提高 Δg 增加,对 η_i 和 η_m 的下降有补偿作用,所以转矩 M_e 随 n 的变化也比汽油机平坦,转矩储备系数 u 比汽油机的小,只在 5% ~10% 的范围,柴油机的转矩特性若不进行校正,一般很难满足工作需要。

(2) P_e 曲线:由于不同转速时 M_e 变化不大,在一定转速范围内, P_e 几乎随 n 的提高成正比增加。

柴油机的最高转速由调速器限制。如果调速器失灵,功率随转速增加仍然会继续增大。但当转速增大到某一数值时,循环供油量过多,会使燃烧严重恶化, η_i 迅速降低,同时 η_m 随 n 增加而降低,导致有效功率下降,并出现排气严重冒黑烟现象,因此车用柴油机的标定功率受冒烟界限的限制。

(3) g_e 曲线:柴油机外特性的 g_e 变化趋势与汽油机的相似,也是一凹形曲线,由于 η_i 随 n 的变化比较平坦,使 g_e 曲线凹度较小;由于柴油机的压缩比高,其最低耗油率比汽油机的低 20% ~30% 。

2. 部分负荷速度特性

图 5-8 为车用柴油机部分负荷速度特性,其中 t_r 为排气温度。当喷油泵油量调节机构固定在油量较小位置时,循环供油量减少, Δg 随 n 变化的趋势由油泵速度特性决定,柴油机部分速度特性曲线的 M_e-n 曲线与外特性相似,但比外特性曲线低。

3. 喷油泵的速度特性及校正

喷油泵每个工作循环的供油量主要取决于油量控制机构的位置和发动机转速。当油量控制机构位置不变时,循环供油量随转速变化的特性称为喷油泵的速度特性。图 5-9 为常用柱塞式喷油泵的速度特性,表明循环油量随转速升高而增加。这是由进、回油孔的节流作用而引起的。理论上当柱塞上端关闭进、回油孔时,才开始压油。当发动机转速增加时,喷油泵柱塞移动速度加快,柱塞套上进、回油孔的节流作用随之增大,于是在柱塞上行时,即使柱塞上端尚未完全封闭油孔,由于燃料来不及从油孔挤出,泵腔内油压增加而使供油开始时刻有提前。同理,当柱塞上行到其斜切槽已经与回油孔接通时,泵腔内油压一时来不及下降,使供油停止时刻稍有延后,因此转速增加,使供油持续时间延长,供油量随之增加,发动机转矩增加。反之,转速下降时供油量减少,发动机发出的转矩也减少。

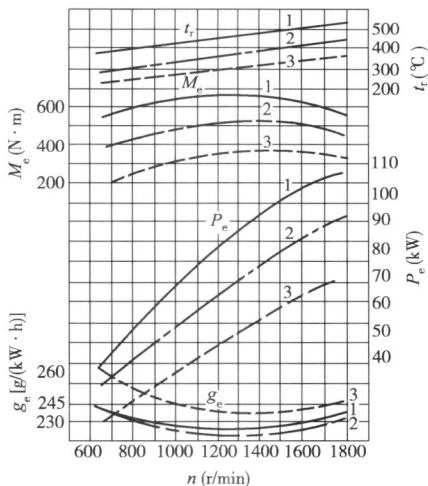

图 5-8　柴油机部分负荷速度特性
1-90%负荷;2-75%负荷;3-55%负荷

上述这种油泵速度特性不能满足汽车对柴油机转矩特性的要求。此外,由于发动机的充气效率随转速下降而提高,而供油量却随转速下降而减少。这种油泵速度特性,必然造成低速时汽缸中的空气将不能充分利用,不能发出较大转矩,其潜力得不到充分发挥。因此,必须改变喷油泵的速度特性,使油泵的速度特性与充气效率随转速变化的特性相一致。图 5-10 为按这种要求确定的最佳油泵速度特性。在一定转速范围(一般由标定功率时的转速起,图中 BA 段)供油量应随转速的下降而较快的增加,以提高柴油机适应外界阻力变化的能力。

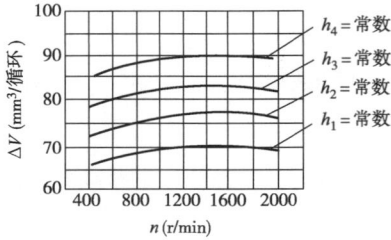

图 5-9 柱塞式喷油泵速度特性   图 5-10 最佳喷油泵速度特性

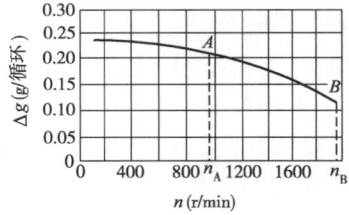

为使柱塞式喷油泵的速度特性满足上述要求,常用出油阀校正和弹簧校正两种方法进行校正。出油阀校正是在喷油泵调节拉杆固定的情况下,改变喷油泵出油阀的结构来校正油泵速度特性的,如图 5-11 所示。无校正作用一般出油阀(图 5-11a)尾部是四条燃料流通截面不变的直切槽,有校正作用的出油阀(图 5-11b)尾部开有四条锥形切槽,油槽截面尺寸向阀顶逐渐减小,即燃料流通截面向上逐渐减小。图 5-11c)所示为开有槽向节流小孔的校正出油阀结构。当柴油机转速增加时,作用在出油阀下部的燃料压力升高,燃料流过通道时速度增大,使出油阀升程加大,在油管中所占体积也增大;当供油终了时,由于变截面通道或节流小孔的节流作用,流通截面尚未关闭就已开始减压,转速越高节流作用越强,出油阀的减压作用越早,高压管路中的减压容积也越大,下一次供油时,必须以供油量中的一部分来填满这一减压容积后,才能提高油管中的压力使喷油器喷油,因此就减少了循环喷油量,使喷油泵的供油量随转速升高而减少。

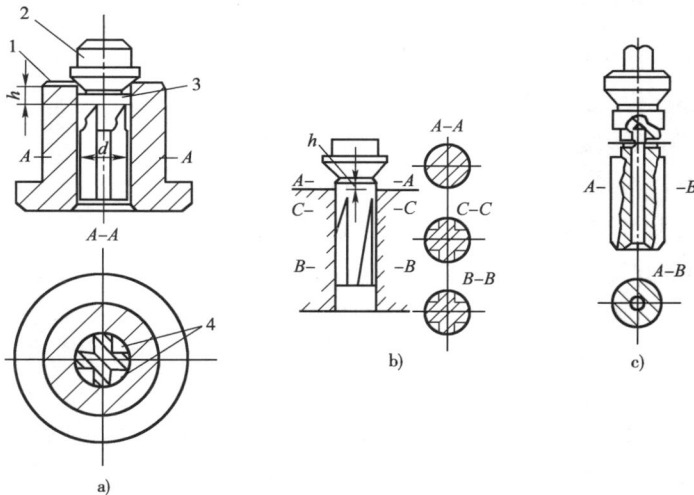

图 5-11 校正出油阀
1-出油阀座;2-出油阀;3-减压环带;4-切槽;h-出油阀升程

采用油量校正装置后,当柴油机在标定工况工作时,若转速因短时间阻力矩增加而下降(在不换挡的情况下),喷油泵可自动增加循环供油量,以增大低速时的转矩和转矩储备系数。但这种校正器的校正作用有限,仍不能满足实际工作要求,故柴油机一般均要加装调速器。柴油机在调速器作用下的工作特性称为调速特性,将在本模块予以介绍。

三 发动机的负荷特性

发动机工作时,若转速保持一定,其经济性指标随负荷而变化的关系,称为负荷特性。表示负荷特性的曲线,一般以发动机的负荷(有效功率 P_e、有效转矩 M_e 或平均有效压力 p_e)作为横坐标,纵坐标表示性能参数主要是经济性指标,如每小时耗油量 G_T 和有效燃油消耗率 g_e,根据需要还可表示出排气温度 t_r、机械效率 η_m 等。分析发动机的负荷特性,可了解发动机在各种负荷情况下工作时的经济性以及最低燃料消耗率时的负荷状态。

(一)汽油机负荷特性

当汽油机的燃料供给系统和点火系统调整为最佳,保持在某一转速下工作时,逐渐改变节气门开度以适应外界负荷,每小时耗油量 G_T 和燃油消耗率 g_e 随有效功率 P_e(或有效转矩 M_e、有效平均压力 p_e)而变化的关系,称为汽油机负荷特性。汽油机的负荷调节是靠改变节气门开度,从而改变进入汽缸的混合气数量来实现的,此种负荷调节方式称为量调节,负荷特性又称节流特性。

图 5-12 所示为车用汽油机在某一转速下的负荷特性曲线。对应不同的转速,有不同的负荷特性曲线,但各种转速下的负荷特性曲线相似。

1. G_T 曲线

当汽油机转速一定时,每小时燃料消耗量 G_T 主要取决于节气门开度和混合气成分。节气门开度由小逐渐加大时,充入汽缸的混合气量逐渐增加,G_T 随之上升;当节气门开度增大到约为全开时的 80% 以后,加浓装置开始工作,混合气变浓,G_T 上升的速度加快,曲线变陡。

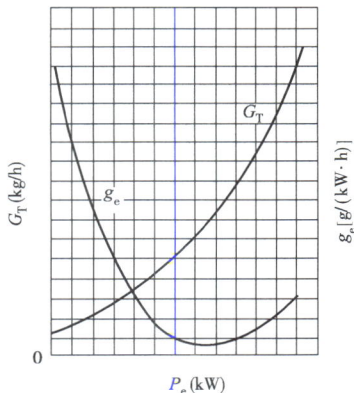

图 5-12 汽油机负荷特性曲线

2. g_e 曲线

由于 g_e 与指示热效率和机械效率的乘积成反比关系,因此 g_e 随负荷的变化规律取决于 η_i 和 η_m 随有效功率的变化规律。

图 5-13 所示为 η_i、η_m 随有效功率的变化关系。汽油机怠速运转时,其指示功率完全用来克服机械损失功率,机械效率 $\eta_m = 0$,故 g_e 为无穷大。随着负荷增加,节气门开度加大,进入汽缸的新鲜混合气量增加,残余废气相对减少;发动机负荷增加使燃烧室的工作温度提高,燃料雾化条件改善,燃烧速度加快;散热损失及泵气损失相对减少。因此,指示热效率 η_i 随负荷增加而上升,故 g_e 迅速下降,直至降到最低值。当负荷继续增加,节气门开度增大到全开度的 80% 左右时,燃料供给系统供给发动机较浓的功率混合气,燃烧不完全,η_i 下降,

结果 g_e 又有所上升。

(二)柴油机负荷特性

柴油机保持某一转速不变,喷油提前角、冷却液温度等保持最佳值的情况下,改变喷油泵齿条或拉杆位置,相应改变每循环供油量时,每小时耗油量 G_T、有效燃油消耗率 g_e 随 P_e(或 M_e、p_e)而变化的关系,称为柴油机负荷特性。

当柴油机转速一定时,充入汽缸的空气量基本不变,调节负荷时只是改变每循环供油量,也就改变了混合气浓度,此种负荷调节方式称为质调节。

图 5-14 所示为车用柴油机的有效功率特性,其变化趋势与汽油机类似。

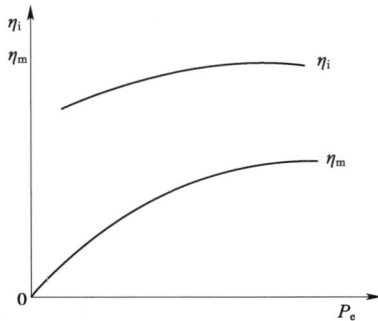

图 5-13　汽油机 η_i、η_m 随有效功率的变化

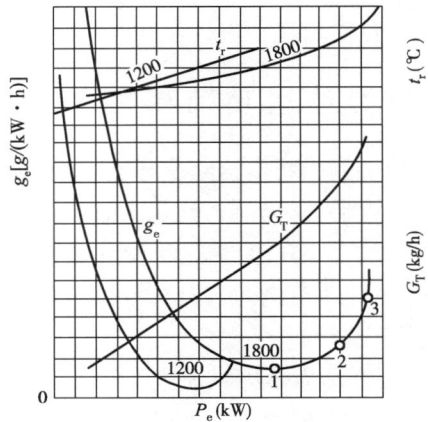

图 5-14　柴油机有效功率特性曲线

1. G_T 曲线

转速一定时,柴油机每小时燃料消耗量 G_T 主要取决于每循环供油量 Δg。当负荷小于 85% 时,随负荷增加,由于 Δg 增加,G_T 随之近似成正比增大;当负荷继续增大超过 85% 后,随负荷增加,由于 Δg 过多,使混合气过浓,燃烧条件恶化,G_T 迅速增大,而有效功率增加缓慢,甚至下降。

2. g_e 曲线

g_e 同样与 η_i 和 η_m 的乘积成反比。柴油机 η_i、η_m 随有效功率的变化关系如图 5-15 所示。柴油机负荷为零时,$\eta_m = 0$,随着有效功率增加,机械效率 η_m 增大,但增长速度逐渐减慢。随有效功率增加,由于 Δg 增加,使混合气变浓,燃烧不完全,致使指示效率 η_i 逐渐下降,且负荷越大,η_i 下降速度越快。

综合 η_i 和 η_m 两方面的影响,g_e 曲线的变化规律是:怠速时,由于 $\eta_m = 0$,g_e 趋于 ∞;在较小负荷范围内,随负荷增加,η_m 的增大速度比 η_i 的减小速度快,故 g_e 降低,直到某一中等负荷(图 5-14 中 1 点)时,η_i 和 η_m 的乘积最大,g_e 最小;在大负荷范围内,随有效功率增加,η_m 的增大速度比 η_i 的减小速度慢,使 g_e 增加;有效功率增加到图 5-14 中的 2 点时,由于混合气过浓,不完全燃烧显著增加,柴油机排气开始冒烟,随有效功率增加,g_e 增加将越来越快;负荷增加到图 5-14 中的 3 点以后,有效功率再继续增加,由于燃烧条件将极度恶化,g_e 仍继续增加,P_e 反而下降。

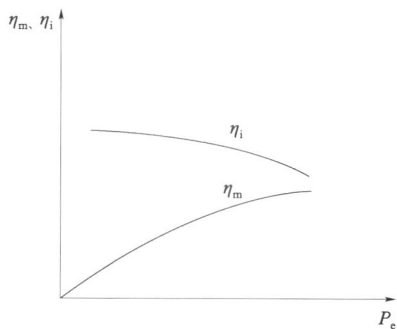

图 5-15　柴油机 η_i、η_m 随有效功率的变化

对应于图 5-14 中 2 点的循环供油量称为"冒烟界限",超过该界限继续增加供油量时,柴油机将大量冒黑烟,污染环境,且容易使活塞及燃烧室积炭,由于补燃增加,也易使发动机过热而引起故障。为了保证柴油机的使用寿命及可靠工作,标定的循环供油量一般限制在冒烟界限以内。所以,非增压高速柴油机使用中的最大功率受到排放法规规定的烟度值所限制。由于车用柴油机工作时其转速经常变化,因此需要测定柴油机在不同转速下的负荷特性,以了解在各种不同转速下运行时最经济的负荷区。在柴油机性能调试过程中,常用负荷特性作为比较的标准。

在负荷特性曲线上,最小燃油消耗率 g_{emin} 越小,在负荷较宽范围内 g_e 变化不大,即 g_e 曲线变化较平坦,经济性越好。比较汽油机与柴油机的负荷可知,柴油机的经济性较好,一般 g_e 值比化油器式汽油机低 20% ~ 30%,且曲线变化较平坦,具有较宽的经济负荷区域,部分负荷时低油耗区比汽油机宽,故在部分负荷下,柴油机比汽油机更省油。

从负荷特性曲线上可以看出,低负荷区的有效燃油消耗率 g_e 较高,随负荷增加,g_e 值迅速降低,在接近全负荷时,g_e 达到最小值。因此,为了提高汽车的燃料经济性希望发动机经常处于或接近耗油率低、负荷较大的经济负荷区运行,故选配发动机时,应注意在满足动力性要求的前提下,不宜装置功率过大的发动机,以提高功率的利用率,提高燃料经济性。

四　发动机的调整特性

(一)汽油机点火提前角调整特性

汽油机的节气门保持在全开位置、转速保持不变、燃料供给系统调整适当时,发动机的有效功率 P_e 和有效燃油消耗率 g_e 随点火提前角变化的关系,称为点火提前角调整特性,其特性曲线如图 5-16 所示。

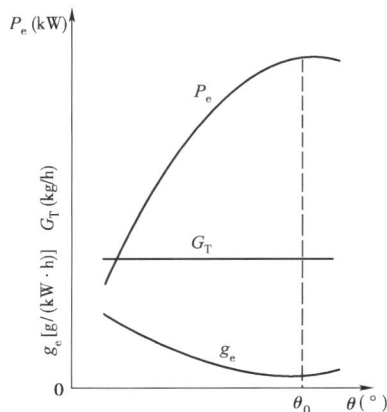

图 5-16　汽油机点火提前角调整特性

由图 5-16 可以看出,每小时耗油量 G_T 主要决定于燃料供给系统的调整情况及发动机的负荷和转速,在点火提前角改变时基本上保持不变,这是因为它与点火提前角无关。当点火提前角为 θ_0 时,由于燃烧比较及时,热效率高,P_e 达到最大值,而 g_e 值最低,θ_0 则称为最佳点火提前角。对应发动机的每一工况都存在一个最佳点火提前角。当 $\theta < \theta_0$ 时,由于点火太迟,燃烧拖延至膨胀过程中还在进行,因燃烧时间拖长,缸壁的热量损失增加,排气温度较高,废气带走的热量损失也较多,使 P_e 下降和 g_e 增加。当

$\theta > \theta_0$时,由于点火过早,大部分可燃混合气在压缩过程中燃烧,汽缸内最高压力升高,压缩过程消耗的功增加,也使P_e下降和g_e增加。

汽油机的最佳点火提前角并不是固定不变的,图5-17所示为不同转速时的点火提前角调整特性,最佳点火提前角应随转速的提高而增大。图5-18所示为不同负荷时的点火提前角调整特性,最佳点火提前角应随负荷增大而减小。在汽车实际使用中,为使汽油机在各种工况下均能获得最佳点火提前角,在传统点火系统中,采用了机械离心式和真空式两种点火提前角自动调节装置,而目前广泛采用电控点火系统来实现。

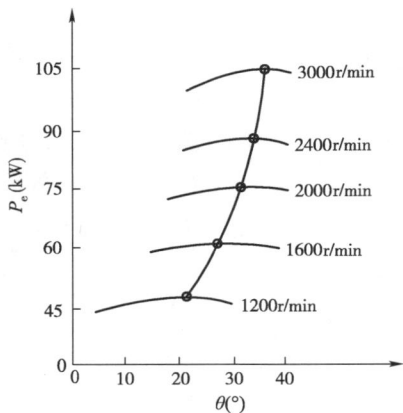

图 5-17　不同转速时的点火提前角调整特性　　　　图 5-18　不同负荷时的点火提前角调整特性

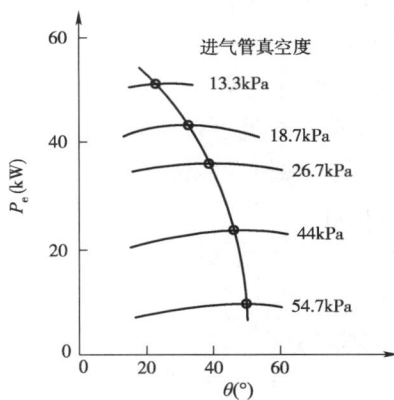

(二)柴油机喷油提前角调整特性

在柴油机转速和喷油泵油量调节机构位置不变的条件下,柴油机有效功率和有效燃油消耗率随喷油提前角的变化关系,称为喷油提前角调整特性,如图5-19所示。

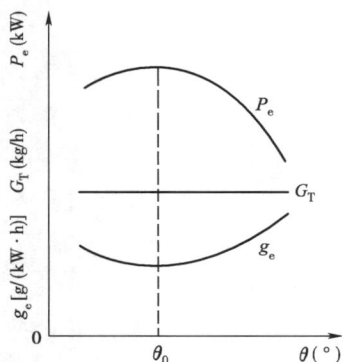

图 5-19　柴油机喷油提前角调整特性

由图5-19可见:由于测定柴油机喷油提前角调整特性时,柴油机的转速和喷油泵油量调节机构的位置不变,所以每小时耗油量G_T值为常数,喷油提前角的改变对G_T没有影响。

与汽油机的点火提前角调整特性一样,对应每一种工况,均有一最佳的喷油提前角θ_0,此时,有效功率最大,有效燃油消耗率最低。喷油提前角过大时,燃料将喷入压力和温度都不高的空气中,着火延迟期增长,导致速燃期的压力升高率过大,造成柴油机工作粗暴,使P_e下降和g_e增加。喷油提前角过小时,燃烧推迟到膨胀过程中进行,因而使压力升高率降低,最高压力大大降低,排气温度升高,热损失增加,热效率显著下降,也使P_e下降和g_e增加。

柴油机在一定负荷下以不同转速工作时,其最佳喷油提前角也是不同的,一般应随转速的提高,适当增大喷油提前角。为满足上述要求,在传统的柴油机燃料供给系统中,通常装有离心式喷油角提前器。采用柴油机电控技术,能根据柴油机转速和负荷的变化,及时并准确地控制喷油提前角,从而使柴油机的性能达到最佳。

(三)柴油机的调速特性

如图 5-20 所示,比较汽油机与柴油机全负荷时的速度特性,由于柴油机的转矩曲线比汽油机转矩曲线平坦,转矩储备系数低,所以当阻力矩由 R_1 增大到 R_2,柴油机转速将从 n_1 降到 n_2(汽油机由 n'_1 降到 n_2),变化范围较大。因此,在实际使用中,柴油机如果没有调速装置,其转速相当不稳定,怠速运转时极易熄火,为保持转速稳定,就必须人为控制供油量来适应外界负荷变化,这不仅使驾驶人疲劳,而且恢复稳定较慢。此外,当柴油机突然卸去负荷时,由于 M_e 曲线平坦,转速将急剧上升,由喷油泵速度特性决定的循环供油量随 n 上升而增加,进一步使转速上升直至超过标定转速,极易导致柴油机转速失去控制而发生飞车事故,造成机件损坏。

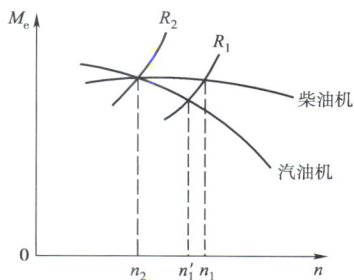

图 5-20　发动机工作稳定性比较

为保证柴油机的工作稳定性、防止高速飞车和怠速熄火,必须装置调速器。调速器可根据负荷变化,自动调节喷油泵供油量,使柴油机在一定转速范围内稳定运转。调速器有全程式、两极式两种。柴油机的调速特性即指调速器起作用时,柴油机性能指标随转速或负荷变化的规律。

1. 全程式调速器的调速特性

柴油机装置全程式调速器后,在所有的转速范围内,调速器都能根据外界负荷的变化,通过转速感应元件,自动调节喷油泵供油量,保证在驾驶人选定的任何转速下,使柴油机在极小的转速变化范围内稳定运转。在矿区、林区、大型建筑工地使用的车辆,所遇到的行驶阻力变化很大,这类车辆宜采用全程式调速器。

装有全程式调速器的柴油机调速特性,如图 5-21 所示。当柴油机在某一工况下稳定运转时,若外界阻力矩减少,由于转速上升,调速器将带动供油量调节装置使供油量减少,柴油机输出有效转矩迅速减小;反之,若外界阻力矩增加时,由于转速下降,调速器使循环供油量增加,柴油机输出的有效转矩迅速增加。可见,由于调速器的作用,使柴油机在较小的转速变化范围内,有效转矩可从零变化到最大值或从最大值变化到零,从根本上改善了柴油机的转矩特性,它不仅能使柴油机保持怠速稳定和限制最高转速,而且可使柴油机在任意转速下保持稳定运转。

2. 两极式调速器的调速特性

两极式调速器只在柴油机最低转速和最高转速时起作用,以防止怠速熄火和高速飞车。中间转速由驾驶人根据需要直接操纵油量调节机构来控制。

装有两极式调速器的柴油机调速特性,如图 5-22 所示。由图可见,只有在最低转速和最高转速附近两个很小的转速范围内,在调速器的作用下,使柴油机的转矩曲线产生急剧变化;在中间转速范围内,调速器不起作用,转矩曲线按速度特性变化。

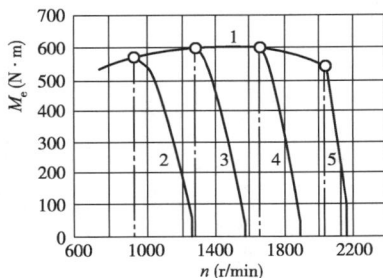

图 5-21　装有全程式调速器的柴油机调速特性
1-外特性;2~5-不同负荷时的调速特性

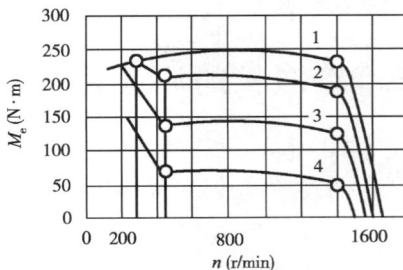

图 5-22　装有两极式调速器的柴油机调速特性
1~4-不同负荷时的调速特性

模块小结

单元	重要知识点	小结
发动机的工况	含义	发动机的实际工作状况,简称发动机工况,通常用发动机功率与转速或发动机负荷与转速来表示
发动机的速度特性	汽油机速度特性	当汽油机的燃料供给系统和点火系统调整为最佳,节气门开度固定不变时,其有效功率 P_e、有效转矩 M_e、有效燃油消耗率 g_e 等随发动机转速 n 而变化的规律,称为汽油机的速度特性
	柴油机速度特性	当喷油泵油量调节机构(供油拉杆或齿条)位置一定时,柴油机的性能指标 P_e、M_e、g_e、G_T 随转速 n 变化的关系,称为柴油机的速度特性
发动机的负荷特性	汽油机负荷特性	当汽油机的燃料供给系统和点火系统调整为最佳,保持在某一转速下工作时,逐渐改变节气门开度以适应外界负荷,每小时耗油量 G_T 和燃油消耗率 g_e 随有效功率 P_e(或有效转矩 M_e、有效平均压力 p_e)而变化的关系,称为汽油机负荷特性
	柴油机负荷特性	柴油机保持某一转速不变,喷油提前角、冷却液温度等保持最佳值的情况下,改变喷油泵齿条或拉杆位置,相应改变每循环供油量时,每小时耗油量 G_T、有效燃油消耗率 g_e 随 P_e(或 M_e、p_e)而变化的关系,称为柴油机负荷特性
发动机的调整特性	汽油机点火提前角调整特性	汽油机的节气门保持在全开位置、转速保持不变、燃料供给系统调整适当时,发动机的有效功率 P_e 和有效燃油消耗率 g_e 随点火提前角变化的关系,称为点火提前角调整特性
	柴油机喷油提前角调整特性	在柴油机转速和喷油泵油量调节机构位置不变的条件下,柴油机有效功率和有效燃油消耗率随喷油提前角的变化关系,称为喷油提前角调整特性

知识拓展

发动机与车辆的匹配

　　发动机是车辆的一个重要组成部分,是汽车动力的来源。因此,整车的动力性和经济性既取决于发动机自身的性能,又依赖于发动机与汽车的合理匹配。发动机的各种特性是分析发动机与车辆匹配的有效工具。同样的汽车底盘可以匹配不同类型以及不同排量的发动机。在发动机与车辆的匹配中,应根据具体的使用要求以及发动机的特点进行选型,并在匹配中作进一步的调整。

　　一般而言,随着汽车质量的增加,轿车的百公里油耗也有上升的趋势,近似呈线性变化关系。但匹配不同类型的发动机对轿车燃油经济性的影响是十分明显的。在发动机与车辆的匹配中,始终存在着车辆动力性与经济性之间的矛盾。从匹配发动机的排量上来看,匹配的发动机排量越大,则动力性越好,而经济性则会变差,反之则经济性会提高,而在动力性方面则要做出一定程度的牺牲。

　　在匹配中,应尽量使发动机的常用工况位于经济性较好的运行区域内。在不能满足要求时可考虑对发动机进行必要调整。例如,通过调整发动机配气相位改变充气效率的变化规律,进而达到改变发动机特性的目的。变速系统也起到十分重要的作用。为了提高汽车的性能就需要将汽车动力装置,即发动机与变速器的集成,作为一个整体来进行设计与优化。

　　从整车匹配的角度看,发动机的动力性直接关联着发动机结构的紧凑性及质量指标(如体积功率与比质量)。所谓体积功率,是指发动机功率与其外形尺寸(长×宽×高)所决定的体积之比,它影响到发动机在车辆中的安装空间;比质量即单位功率的质量,发动机相对质量的减轻意味着整车自身质量的减小,对整车性能至关重要。因此,增大体积功率及减轻比质量,一方面依赖于发动机结构设计的紧凑化、轻量化,另一方面靠强化发动机使升功率不断提高。

　　提高发动机的负荷率可以改善车辆与发动机的匹配。轿车经常使用的负荷很低,特别是在城市内道路工况下行驶的车辆更是如此,因此燃油经济性较差。随着各国所制定的油耗法规限值逐渐严格,轿车选用发动机趋向小型化。为了提高车辆的负荷率,以轻量化为目标的微型车(一般排量<1L)或超微型车将显示出节能的优点。这些车辆通过减轻车身重量、优化设计和采用先进的材料技术,能够在保证安全性和舒适性的同时,显著降低油耗和排放,从而实现更高的能源利用效率。

　　一些汽车发动机采用了发动机停缸控制技术,在汽车负荷率较低时停止一部分发动机汽缸的工作,仅由余下的部分汽缸工作,从而使这部分汽缸工作的发动机具有较高的负荷率,停缸控制技术适合于汽缸数为6缸或6缸以上的发动机,否则在停缸转换时可能影响发动机工作的平稳性。

　　总之,车辆与发动机主要从动力性和经济性两方面进行匹配。汽车发动机的工作环境复杂多变,同一类型的汽车在不同地区将面临道路、气候等条件的很大差别。车辆与发动机的匹配是一个多方面的过程,需要综合考虑各种因素,并通过精确的计算和测试来实现最佳的性能表现。

❓ 复习思考题

　　1.什么是发动机工况? 分几类?

　　2.什么是发动机速度特性?

　　3.什么是发动机外特性?

　　4.什么是发动机的负荷特性?

　　5.什么是发动机的调整特性?

汽车的动力性

学习目标

◈ 知识目标

1. 能够描述评价汽车动力性的指标；
2. 能够描述汽车驱动力是如何产生的；
3. 能够描述汽车行驶阻力的产生原因及计算方法；
4. 能够描述汽车动力性指标的确定方法；
5. 能够描述提高汽车动力性的措施。

◈ 技能目标

1. 能够根据动力性评价指标对汽车的动力性进行评价；
2. 能够计算汽车的行驶阻力；
3. 能够分析汽车行驶的驱动与附着条件；
4. 能够绘制驱动力 – 行驶阻力平衡图和动力特性图,并根据曲线确定汽车动力性指标。

◈ 素养目标

1. 学习汽车动力性评价指标,培养精益求精、追求极致的精神；
2. 学习汽车驱动力的相关知识,激发潜在的学习内驱力；
3. 学习汽车行驶阻力的相关知识,培养不畏艰难、勇攀高峰的职业精神；
4. 学习提高汽车动力性措施的相关知识,培养投身科技创新、筑梦未来的奋斗精神。

模块导学

汽车的动力性是汽车最基本、最重要的性能之一,它是指汽车直线行驶在良好路面上所能达到的平均行驶速度。汽车的动力性直接影响使用中的运输效率,动力性好,汽车平均行驶速度高,汽车的运输效率也高。

本模块主要介绍汽车动力性的评价指标、汽车行驶时所受的各种外力、动力性指标的确定方法及提高汽车动力性的措施。

一 动力性的评价指标

平均行驶速度是汽车动力性的总指标,为获得尽可能高的平均行驶速度,就必须提高汽车的最高车速、加速能力和爬坡能力。因此,汽车的动力性可用最高车速、加速能力和爬坡能力这三个方面的具体指标来评定。

(一)汽车的最高车速

汽车的最高车速是指在平直良好的混凝土或沥青路面上汽车所能达到的最高行驶速度,用符号 v_{amax} 表示,单位为 km/h。需要注意的是,汽车的最高车速并不是指汽车的瞬间最高速度,而是指稳定的最高车速。一般轿车的最高车速为 130~200km/h,客车的最高车速为 90~130km/h,货车的最高车速为 80~110km/h。显然,在使用中要使汽车达到最高车速,必须将加速踏板踩到底,变速器挂入最高挡位。

汽车的最高车速

(二)汽车的加速能力

汽车的加速能力是指汽车在各种行驶条件下迅速提高行驶速度的能力。

汽车的加速能力可用汽车以最大加速强度加速行驶时的加速度、加速时间或加速行程来表示。在实际中,评价汽车的加速能力最常用的指标是加速时间 t,单位为 s。汽车加速时间分原地起步加速时间与超车加速时间两种。

汽车的加速能力

原地起步加速时间指汽车由低挡起步,并以最大的加速强度逐步换至最高挡,达到某一距离或车速所需的时间。一般常用原地起步行驶,以 0→400m 距离所需的时间(s)来表明汽车原地起步加速能力;也有用原地起步从 0→100km/h 行驶速度所需的时间来表明汽车原地起步加速能力。

超车加速时间指用高挡由某一较低车速全力加速至某一高车速所需的时间。因为超车时汽车与被超车辆并行,容易发生交通安全事故,所以超车加速能力强,并行行驶时间短,行驶就安全。超车加速能力采用较多的是用直接挡由 30~40km/h 全力加速行驶至某一高速(一般为 $80\% v_{amax}$)所需的时间来表示。还有用车速-加速时间关系的加速曲线来全面反映汽车加速能力的。

加速时间对平均行驶车速影响很大,尤其是轿车,对加速时间很重视。

(三)汽车的爬坡能力

汽车的爬坡能力常用满载时汽车在良好路面上的最大爬坡度来表示。显然,汽车爬过最大坡道时,必须将加速踏板踩到底,变速器挂入最低挡位(I挡),而且汽车只能在最大坡道上等速行驶。

最大爬坡度用符号 i_{max} 来表示,它是汽车能爬过的最大坡道角度 α_{max} 的正切值的百分数,即:

汽车的爬坡能力

$$i_{max} = \tan\alpha_{max} \times 100\%$$

各种车辆对爬坡能力的要求不同。越野汽车经常在坏路或无路条件下行驶,因而爬坡能力是一个很重要的指标,它的最大爬坡度要求达到 60% 左右或更高。货车在各种路面上行驶,要求具有足够的爬坡能力,一般 i_{max} 为 30% 左右。轿车主要行驶在良好路面上,而且轿车的发动机功率较大,车速高,加速快,爬坡能力也强,一般不强调它的爬坡能力。

此外,为了维持道路上各种车辆能畅通行驶,要求各种车辆在常见坡道上的行驶速度相差不能太悬殊。所以,也可用在一定坡道上,汽车所能达到的车速来表明它的爬坡能力。

二 汽车的驱动力

为了确定汽车的动力性,确定汽车沿行驶方向的运动状况,我们需要掌握沿汽车行驶方向作用于汽车上的各种外力。作用于汽车的外力有驱动力与行驶阻力。本部分研究汽车的驱动力。

(一)汽车的驱动力含义

如图 6-1 所示,发动机输出的转矩经传动系统传到驱动轮上,使车轮对路面产生一圆周力 F_0,路面则对驱动轮产生反作用力 F_t,F_t 是驱动汽车的外力,称为汽车的驱动力。F_t 与 F_0 大小相等,方向相反,其数值为:

$$F_t = F_0 = \frac{M_t}{r}$$

式中:M_t——作用在驱动轮上的转矩,N·m;

r——车轮半径,m。

图 6-1 驱动力的产生

作用在驱动轮上的转矩 M_t 是发动机输出的有效转矩经传动系统传到驱动轮上的,两者的关系为:

$$M_t = M_e i_g i_0 \eta_T$$

式中:M_e——发动机输出的有效转矩,N·m;

i_g——变速器的传动比;

i_0——主减速器的传动比;

η_T——传动系统的传动效率。

将上式代入驱动力计算式可得

$$F_t = \frac{M_e i_g i_0 \eta_T}{r}$$

汽车的驱动力

对装有分动器、轮边减速器、液力传动等其他传动装置的汽车,还应考虑相应的传动比和传动效率。

(二)传动系统的传动效率

发动机所输出的功率在经传动系统传至驱动轮的过程中,有部分功率消耗于克服传动

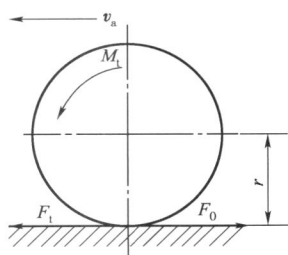

系统各种机构中的阻力。传动系统的传动效率为:

$$\eta_T = \frac{P_e - P_T}{P_e} = 1 - \frac{P_T}{P_e}$$

式中: P_e——发动机输出的有效功率,kW;

P_T——传动系统中损失的功率,kW。

传动系统的功率损失由传动系统中的变速器、传动轴万向节、主减速器等部件的功率损失所组成。其中变速器和主减速器的功率损失较大,其他部件的功率损失较小。

传动系统功率损失分为机械损失和液力损失两类。传动系统机械损失是齿轮传动副、轴承、油封等处的摩擦损失。机械损失与啮合齿轮的对数、传递的转矩等因素有关。液力损失是消耗于润滑油的搅动、润滑油与旋转零件之间的表面摩擦等功率损失。液力损失与润滑油的品质、温度、箱体内的油面高度以及齿轮等旋转零件的转速有关。例如,变速器直接挡工作时,啮合的齿轮没有传递转矩,因此比超速挡时的传动效率要高。同一挡位转矩增加时,润滑油搅动损失所占比例减小,传动效率较高。转速低时搅油损失小,传动效率比转速高时要高。

传动系统的效率是在专门试验台上测得的,可直接测出整个传动系统的效率,亦可分别测出每一部件效率后,再算出传动的总效率。表6-1为传动系统各部件的传动效率,可用来估算汽车的传动效率。

传动系各部件的传动效率 表6-1

部件名称	η_T	部件名称	η_T
4~6挡变速器	95%	单级减速主减速器	96%
分动器	95%	双级减速主减速器	92%
8挡以上变速器	90%	传动轴的万向节	98%

传动效率因受到多种因素的影响而有变化,但对汽车进行初步的动力性分析时,可把传动效率看作一个常数。采用有级机械变速器传动系统的轿车,其传动效率可取为0.9~0.92;货车、客车可取为0.82~0.85;越野汽车可取为0.80~0.85。

(三)车轮的半径

现代汽车多采用弹性车轮。车轮处于无载荷状态时的半径称为自由半径 r_0。

汽车静止时,弹性车轮在静载荷的作用下,将产生变形。车轮承受法向载荷,轮胎产生径向变形,其半径——车轮中心至轮胎与道路接触面间的距离称为静力半径 r_s。由于轮胎发生显著变形,所以静力半径小于自由半径。车轮的静力半径与法向载荷及胎内气压等有关。

汽车的驱动车轮除承受法向载荷外,还要承受转矩,则弹性轮胎除有径向变形外,还有切向变形。此时的车轮半径称为动力半径 r_g。动力半径与作用在车轮上的转矩、法向载荷以及胎内气压等有关。

按车轮转动圈数与车轮实际滚动距离之间的关系换算所得的车轮半径称为滚动半径,

用 r_r 表示,其表达式为:

$$r_r = \frac{S}{2\pi n_K}$$

式中:n_K——车轮转动的圈数;

　　S——车轮转动 n_K 圈后,车轮中心沿滚动方向实际的平移距离,m。

滚动半径可通过试验测量按表达式求得,也可以用经验公式进行估算,经验公式为:

$$r_r = \frac{Fd}{2\pi}$$

式中:d——轮胎的自由直径,m;

　　F——计算常数,子午线轮胎 $F = 3.05$,斜交轮胎 $F = 2.99$。

动力半径 r_g 用于动力学分析,滚动半径 r_r 用于运动学分析,但在一般分析中常不计其差别,统称为车轮的工作半径 r。

$$r_g \approx r_r \approx r$$

(四)汽车的驱动力图

一般用驱动力与车速之间的函数关系曲线 F_t-v_a 来全面表示汽车的驱动力,称为汽车的驱动力图。驱动力图根据发动机的外特性曲线、传动系统的传动比、传动效率、车轮半径等参数来制取,具体方法如下:

(1)建立以驱动力 F_t 为纵坐标、车速 v_a 为横坐标的坐标系。

(2)确定汽车传动系统的传动比(变速器各挡传动比 i_g 和主减速器传动比 i_0)、传动效率 η_T 和车轮半径 r。

(3)在发动机外特性曲线上任意选取一点 B,确定该点的转速 n_B 和对应的有效转矩 M_{eB}。

(4)按驱动力计算公式分别求出发动机输出转矩为 M_{eA} 时,汽车以不同挡位行驶时的驱动力 F_{tIB}、$F_{tⅡB}\cdots$

(5)计算发动机转速为 n_B 时,汽车以不同挡位行驶时的车速 v_{aIB}、$v_{aⅡB}\cdots$

汽车行驶速度 v_a 与发动机转速 n 之间的关系如下:

$$v_a = \frac{3600}{1000}\frac{2\pi}{60}\frac{nr}{i_g i_0} \approx 0.377\frac{nr}{i_g i_0}$$

式中:v_a——汽车行驶速度,km/h;

　　n——发动机转速,r/min;

　　r——车轮半径,m;

　　i_g——变速器传动比;

　　i_0——主减速器传动比。

(6)根据步骤(4)和(5)求得的数值,在 F_t-v_a 坐标系中描出各挡位下对应发动机外特性曲线上 B 点的各点 B_I、$B_Ⅱ\cdots$

(7)重复上述步骤(3)(4)(5),最后将 F_t-v_a 坐标系中同一挡位的各点圆滑连接起来,即可得到各挡的驱动力曲线。如图 6-2 所示为装用五挡变速器的汽车驱动力图。

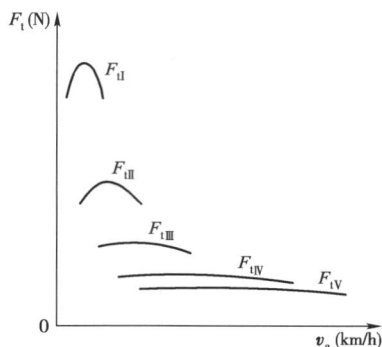

图 6-2　汽车的驱动力图

应当指出,驱动力图可用来比较同一品牌汽车或同一汽车在不同使用时期的动力性,也可用来确定汽车的动力性指标。但对载质量等不同的汽车,不能简单地用驱动力图来比较其动力性的好坏。

三　汽车的行驶阻力

汽车行驶时需要克服所遇到的各种阻力。汽车在水平道路上等速行驶时必须克服来自地面的滚动阻力 F_f 和来自汽车周围空气的空气阻力 F_w。当汽车上坡行驶时,还必须克服汽车重力沿坡道方向的分力,称为坡度阻力 F_i。汽车加速行驶时需要克服的惯性力,称为加速阻力 F_j。汽车行驶的总阻力为:

$$\sum F = F_f + F_w + F_i + F_j$$

在上述各阻力中,滚动阻力和空气阻力在任何行驶条件下都是存在的,但坡道阻力仅在上坡行驶时存在,加速阻力仅在汽车加速行驶时存在。

(一) 滚动阻力

1. 弹性轮胎的变形分析

车轮滚动时,轮胎与路面的接触区域产生相互作用力,轮胎和支承路面发生相应的变形。由于轮胎和支承面的相对刚度不同,它们变形特点也不同。

滚动阻力

当弹性轮胎在混凝土路、沥青路等硬路面上滚动时,轮胎的变形是主要的。轮胎在硬路面上受径向载荷时的变形曲线如图 6-3 所示。图中 OCA 为轮胎加载时的变形曲线,面积 OCABO 则为加载过程中对轮胎所做的功;ADE 为轮胎卸载时的变形曲线,面积 ADEBA 则为卸载过程中轮胎放出的能量;两面积之差 OCADEO 即表示轮胎变形时引起的能量损失,这部分能量消耗在轮胎内部橡胶、帘线等的摩擦上,最后转化为热能而散失在大气中,称为轮胎的弹性迟滞损失。

当车轮静止时,地面对车轮法向反作用力的分布是前后对称的,合力通过车轮中心。而当车轮滚动时,如图 6-4 所示,虽然在法线 n—n′ 前后相对应点 d 和 d′ 变形量相同(变形量为

δ),但前部处于压缩过程的 d 点的地面法向反作用力较大[图 6-4b)中 FC],而处于恢复过程的后部 d' 点的地面法向反作用力较小[图 6-4b)中 FD]。由此可见,由于轮胎的弹性迟滞损失影响,处于滚动过程中的车轮,地面法向反作用力的分布前后并不对称,前部所受的地面法向反作用力比后部大。

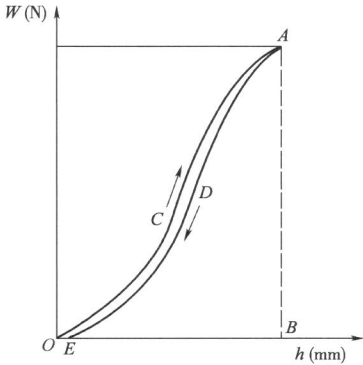

图 6-3　轮胎的径向变形曲线　　　　图 6-4　弹性车轮滚动时的地面法向反作用力

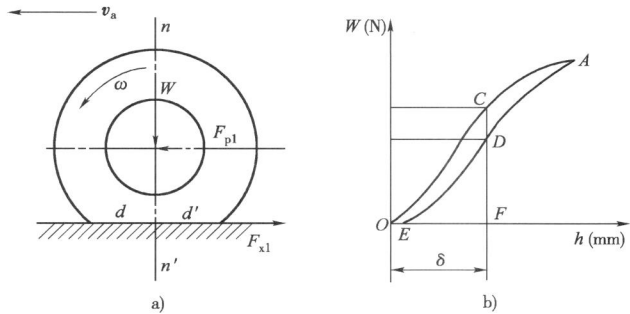

2. 滚动阻力的计算方法

轮胎的弹性迟滞损失表现为阻碍车轮滚动的一种阻力偶矩。从动车轮在硬路面上滚动时的受力情况如图 6-5 所示,由于弹性车轮滚动时的前部地面法向反作用力较大,其合力 F_{z1} 相对法线 n—n' 向前偏移了一定距离 a,此偏移距离随轮胎弹性迟滞损失的增大而增大。由于地面法向反作用力 F_{z1} 与法向载荷 W_1 大小相等,方向相反,两者形成阻碍车轮滚动的阻力偶矩 $M_f = F_{z1}a$,要使从动轮在硬路面上等速滚动,必须在车轮中心施加一个推力 F_{p1},此推力与地面切向反作用力 F_{x1} 构成一个力偶矩来克服滚动阻力偶矩,在车轮中心施加的推力 F_{p1} 应为:

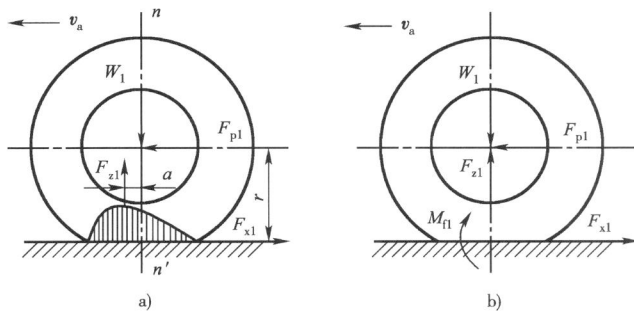

图 6-5　从动车轮在硬路面上滚动时的受力情况

$$F_{p1} = \frac{M_{f1}}{r} = \frac{F_{z1}a}{r} = \frac{W_1 a}{r}$$

令 $f = \dfrac{a}{r}$,则:

$$F_{p1} = W_1 f \text{ 或 } f = \frac{F_{p1}}{W_1}$$

f 称为滚动阻力系数。滚动阻力系数是车轮在一定条件下滚动时所需要的推力与车轮载荷之比,也就是单位汽车重力需要的推力。试验证明,滚动阻力系数仅取决于道路条件和轮胎的结构,它与车轮载荷无关,因此定义滚动阻力 F_f 的计算式为:

$$F_f = Wf$$

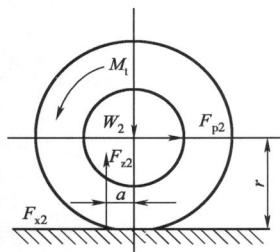

图6-6 驱动车轮在硬路面上等速滚动时的受力情况

驱动轮在硬路面上等速滚动时的受力情况,如图6-6所示。图中 F_{x2} 为路面给驱动车轮的切向反作用力,M_t 为驱动力矩,W_2 为驱动轮上的垂直载荷,F_{z2} 为路面给驱动车轮的法向反作用力。由于轮胎的弹性迟滞损失,F_{z2} 的作用点向前偏移了一个距离 a。作用在驱动轮上的地面切向反作用力 F_{x2} 是驱动汽车行驶的外力,其数值为:

$$F_{x2} = \frac{M_t - F_{z2}a}{r} = \frac{M_t}{r} - \frac{F_{z2}a}{r} = F_t - F_f$$

由此可见,汽车行驶中,真正驱动汽车前进的外力 F_{x2} 等于汽车的驱动力 F_t 与驱动轮上的滚动阻力 F_f 之差,它是真实存在的,而驱动力 F_t 和滚动阻力 F_f 都是定义的力,在汽车的受力图上并不存在。

3. 滚动阻力的组成

按力学上定义力的概念,滚动阻力不是力,它是指车轮在路面上滚动时,由于轮胎与路面之间的相互作用而引起的能量损失。这些能量损失主要包括四部分:轮胎变形引起的能量损失、路面变形引起的能量损失、轮胎与路面间相对滑移引起的摩擦损失、路面不平导致汽车振动而引起的能量损失。汽车在不同的路面上行驶时,组成行驶阻力的各部分所占比例有所不同,如:汽车在平坦的硬路面上行驶时,轮胎变形引起的能量损失所占比例较大;汽车在松软的路面上行驶时,路面变形引起的能量损失所占比例较大;汽车在不平的硬路面上行驶时,汽车振动引起的能量损失所占比例较大;随行驶车速的提高,轮胎与路面间相对滑移引起的摩擦损失增加。

对汽车性能进行一般分析时,不需对各种损失分别进行计算,而以滚动阻力系数来概括各种损失的总效应。滚动阻力系数与路面的种类、行驶车速以及轮胎的结构、材料、气压等有关,由试验确定。汽车用同一轮胎在不同路上以中低速行驶试验所得到的滚动阻力系数见表6-2。

滚动阻力系数 表6-2

路面类型	滚动阻力系数	路面类型	滚动阻力系数
良好的沥青或混凝土路面	0.010～0.018	雨后压紧土路	0.050～0.150
一般的沥青或混凝土路面	0.018～0.020	泥泞土路	0.100～0.250
碎石路面	0.020～0.025	干砂路面	0.100～0.300
良好的卵石路面	0.025～0.030	混砂路面	0.060～0.150
坑洼的卵石路面	0.030～0.050	结冰路面	0.015～0.030
干燥的压紧土路	0.025～0.035	压紧雪道	0.030～0.050

滚动阻力系数的数值也可以用经验公式大致估算。在一般较平坦的硬路面上,轿车的滚动阻力系数可按下式估算:

$$f = f_0\left(1 + \frac{v_a^2}{19440}\right)$$

式中:f_0——良好沥青或混凝土路面为 0.014;卵石路面为 0.025;砂石路面为 0.020;

v_a——行驶车速,km/h。

货车轮胎气压高,滚动阻力系数可用下式来估算:

$$f = 0.0076 + 0.000056v_a$$

式中:v_a——行驶车速,km/h。

(二)空气阻力

汽车行驶时所受的空气作用力在行驶方向上的分力称为空气阻力。汽车在空气介质中运动,空气介质本身也有运动,空气阻力的方向并不一定与汽车行驶方向相反。

空气阻力分为摩擦阻力和压力阻力两部分。摩擦阻力是由于空气的黏性在车身表面产生的切向力在行驶方向上的分力。压力阻力是作用在汽车外形表面上的法向压力在行驶方向上的分力,压力阻力分为形状阻力、干扰阻力、内循环阻力和诱导阻力四部分。形状阻力是由汽车形状引起的阻力,与车身主体形状有关;干扰阻力是车身表面上一些如把手、后视镜、引水槽、驱动轴等凸起物而引起的阻力;内循环阻力为发动机冷却系统以及车身通风等所需要的空气在车体内部流动时形成的阻力;诱导阻力是汽车行驶时的空气升力在行驶方向上的分力。在一般轿车的空气阻力中,形状阻力占 58%,干扰阻力占 14%,内循环阻力占 12%,诱导阻力占 7%,摩擦阻力占 9%。

空气阻力是真实存在的力,用符号 F_w 来表示,单位为 N。计算公式如下:

$$F_w = \frac{C_D A v_r^2}{21.15}$$

空气阻力

式中:C_D——空气阻力系数;

A——迎风面积,m^2;

v_r——汽车与空气的相对速度,一般取汽车的行驶速度,km/h。

空气阻力与汽车相对速度的二次方成正比,相对速度越高,空气阻力越大。空气阻力系数 C_D 和迎风面积 A 取决于汽车的外形。空气阻力系数可以通过风洞测得。它是衡量一辆汽车受空气阻力影响大小的一个标准。一般来讲,流线性越好的汽车,其空气阻力系数越小。汽车迎风面积指汽车在其纵轴的垂直平面上投影的面积,这面积可直接在投影面上测得,亦常用汽车的轮距与汽车的高度之乘积近似地表示。由于受汽车运输效率和乘坐使用空间等的限制,依靠降低行驶速度或减小迎风面积来减小汽车的空气阻力也受到一定限制,通过合理的汽车外形设计,降低空气阻力系数是减小空气阻力的主要手段。

试验表明,空气阻力系数每降低 10%,可节省燃油 7% 左右。目前轿车的空气阻力系数一般为 0.28 ~ 0.4。运动型多功能汽车 SUV 的空气阻力系数一般为 0.3 ~ 0.5。表 6-3 为几种常见轿车的空气阻力系数。

几种常见轿车的空气阻力系数 表 6-3

车型	卡罗拉	速腾	荣威 550	凯美瑞	宝马 5 系	奔驰 S600	奥迪 A6
空气阻力系数	0.32	0.32	0.30	0.28	0.28	0.27	0.26

(三) 坡度阻力

当汽车上坡行驶时,汽车重力沿坡道方向的分力称为汽车的坡道阻力,用符号 F_i 表示,单位为 N,如图 6-7 所示。坡道阻力按下式计算:

$$F_i = G\sin\alpha$$

式中: G——汽车的总重力,N;

$\quad\quad\alpha$——坡道角度,(°)。

道路坡度 i 是以坡高与底长之比来表示的,按图 6-7 中所示尺寸,坡度与坡道角度的关系为

$$i = \frac{h}{s} = \tan\alpha$$

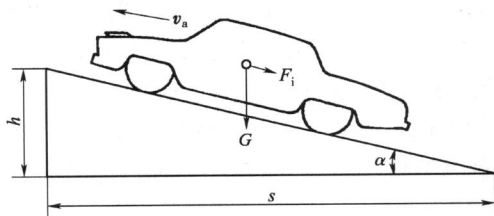

图 6-7 汽车的坡道阻力

当坡道角度不大($\alpha < 10° \sim 15°$)时,因为 $i = \tan\alpha \approx \sin\alpha$,则坡道阻力可按下式计算

$$F_i = Gi$$

在坡度较大时,坡度阻力按上式计算误差较大,仍应按定义式计算。

由于坡度阻力与滚动阻力都是与道路有关的阻力,而且都与汽车重力成正比,所以可把这两种阻力合在一起考虑,称为道路阻力,用 F_ψ 表示。

$$F_\psi = F_f + F_i = fG\cos\alpha + G\sin\alpha$$

当坡道角度不大时, $\cos\alpha \approx 1$, $\sin\alpha \approx i$,则:

$$F_\psi = Gf + Gi = G(f + i) = G\psi$$

式中: ψ——道路阻力系数, $\psi = f + i$ 。

(四) 加速阻力

汽车加速行驶时,需要克服汽车质量加速运动的惯性力,这就是加速阻力 F_j 。汽车的质量包括平移质量和旋转质量两部分,加速时平移质量产生惯性力,旋转质量产生惯性力偶矩。为了计算方便,通常把旋转质量的惯性力偶矩转化为平移质量的惯性力,计算时,用系数 δ 作为计入旋转质量惯性力距的汽车质量换算系数。因此,汽车的加速阻力计算公式为:

$$F_{j} = \frac{\delta G}{g} \frac{\mathrm{d}v}{\mathrm{d}t}$$

式中：δ——汽车旋转质量换算系数；

　　G——汽车总重力，N；

　　g——重力加速度，$g = 9.81\mathrm{m/s}^2$；

$\mathrm{d}v/\mathrm{d}t$——汽车加速行驶的加速度，$\mathrm{m/s}^2$。

加速阻力

旋转质量换算系数主要与飞轮的转动惯量、车轮的转动惯量和传动系统的传动比有关，在进行汽车动力性一般计算时，可以按下面的经验公式估算：

$$\delta = 1 + \delta_1 + \delta_2 i_{\mathrm{g}}^2$$

式中：δ_1——车轮旋转质量换算系数，轿车 $\delta_1 = 0.05 \sim 0.07$，货车 $\delta_1 = 0.04 \sim 0.05$；

　　δ_2——飞轮旋转质量换算系数，$\delta_2 = 0.03 \sim 0.05$；

　　i_{g}——变速器传动比。

四　汽车的行驶条件

（一）汽车行驶的驱动-附着条件

汽车行驶时，作用于汽车的外力有驱动力和行驶阻力，它们互相平衡。由从动车轮和驱动车轮的受力图可得到汽车行驶时，驱动力与各行驶阻力之间的关系式，称为汽车的驱动力平衡方程，即：

$$F_{\mathrm{t}} = F_{\mathrm{f}} + F_{\mathrm{w}} + F_{\mathrm{i}} + F_{\mathrm{j}}$$

由此得知，行驶中的汽车当驱动力等于滚动阻力、空气阻力、坡度阻力和加速阻力之和时，汽车等速行驶；在驱动力大于滚动阻力、空气阻力、坡度阻力与加速阻力之和后，汽车才能加速行驶；如驱动力小于滚动阻力、空气阻力、坡度阻力与加速阻力之和，则汽车无法起步，行驶中的汽车也将减速直到停车。所以，汽车行驶的驱动条件（或称必要条件）为：

$$F_{\mathrm{t}} \geqslant F_{\mathrm{f}} + F_{\mathrm{w}} + F_{\mathrm{i}}$$

为了满足汽车的驱动条件，我们可以采用增大发动机转矩、加大传动比等办法来增大汽车驱动力。但是在实际使用中，驱动力过大会使驱动轮发生滑转现象，而驱动轮一旦产生滑转，再增大驱动力，只能加速驱动轮旋转，而不能增加地面给驱动车轮的切向反作用力，即驱动汽车的外力受轮胎与路面之间附着条件的限制。

轮胎与路面之间附着条件可用附着力来表示，附着力越大，附着条件越好。附着力是指路面对轮胎切向反作用力的极限值，用 F_{φ} 表示。对一定的轮胎和路面，附着力与驱动轮法向反作用力 F_{z2}（或垂直载荷 W_2）成正比，即：

$$F_{\varphi} = F_{z2}\varphi = W_2\varphi$$

上式中的 φ 称为附着系数，它由路面和轮胎的情况决定。驱动轮上的地面切向反作用力不能大于附着力，否则会发生驱动轮滑转，汽车无法正常行驶。因此，汽车的驱动力 F_{t}、驱动轮上的滚动阻力 F_{f2} 和附着力 F_{φ} 之间必须满足下列关系：

$$F_t - F_{f2} \leq F_\varphi \quad \text{或} \quad F_t \leq F_\varphi + F_{f2}$$

上述关系称为汽车行驶的附着条件（或充分条件）。因为与驱动力和附着力相比，驱动轮上的滚动阻力很小，汽车行驶的附着条件可写为：

$$F_t \leq F_\varphi = W_2\varphi$$

综上所述，汽车行驶的驱动-附着条件（或称充分与必要条件）可用下式表示：

$$F_f + F_w + F_i \leq F_t \leq F_\varphi$$

（二）附着系数

由汽车的行驶条件不难得出，提高附着系数以提高附着力，是保证充分利用汽车驱动力的重要措施。提高附着系数，不仅有利于汽车动力性的发挥，也可提高汽车的制动性。

附着系数主要取决于路面的种类和表面状况，同时也与轮胎结构、胎面花纹以及使用条件等有关。

车轮在硬路面上滚动时，轮胎的变形远比路面的变形大，路面的微观结构粗糙且有一定的尖锐棱角，路面的坚硬微小凸起会嵌入轮胎的接触表面，使车轮与路面有较好的附着能力。当路面覆盖有尘土时，路面的微观凹凸处为尘土所填，附着力系数则降低。在潮湿的路面上，轮胎与路面间的液体起着润滑剂的作用，所以附着性能显著下降。

车轮在松软路面上滚动时，土壤变形较轮胎变形大，轮胎花纹的凸起部分嵌入土壤，这时附着系数的数值不仅取决于轮胎与土壤间的摩擦，同时取决于土壤的抗剪强度，因为只有在嵌入轮胎花纹凹入部分的土壤被剪切后，车轮始能滑转。土壤的抗剪强度与土壤的粒度、湿度、多孔度、土壤内摩擦系数等有关。

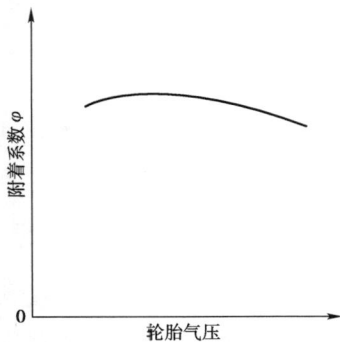

图6-8　轮胎气压对附着系数的影响

轮胎的结构及材料对附着系数的影响也很显著。具有细而浅花纹的轮胎在硬路面上有较好的附着能力；而在软土壤上，具有宽而深花纹的轮胎则可得较大的附着系数。花纹纵向排列的轮胎所能传递的侧向力较高；而横向或人字形排列的花纹的轮胎则传递切向力的能力较大。轮胎材料不同，附着系数也不同，合成橡胶轮胎较天然橡胶轮胎有较高的附着系数。轮胎气压不同，附着系数也不同，在硬路面上轮胎气压对附着系数的影响如图6-8所示。低气压、宽断面的子午线轮胎与地面的接触面积较大，附着系数比普通轮胎高。轮胎的磨损会影响附着能力，随着胎面花纹深度的减小，其附着系数将有显著下降。

汽车行驶速度对附着系数也有显著影响，如图6-9所示。在干燥硬路面上，如果行驶速度过高，由于胎面橡胶来不及与路面微观凹凸构造完全啮合，所以附着系数有所降低；在潮湿路面上提高行驶速度时，轮胎不易将液体挤出，所以附着系数有显著的降低。在松软路面上行驶时，车速过高，车轮的动力作用易破坏土壤的结构，附着系数也会显著下降。

不同轮胎在各种路上的附着系数见表6-4。实际计算时，在良好的混凝土、沥青路面上，路面干燥时可取 $\varphi = 0.7 \sim 0.8$，路面潮湿时可取 $\varphi = 0.5 \sim 0.6$；干燥的碎石路上可取 $\varphi = 0.6 \sim 0.7$；干燥的土路可取 $\varphi = 0.5 \sim 0.6$；湿土路面上可取 $\varphi = 0.2 \sim 0.4$。

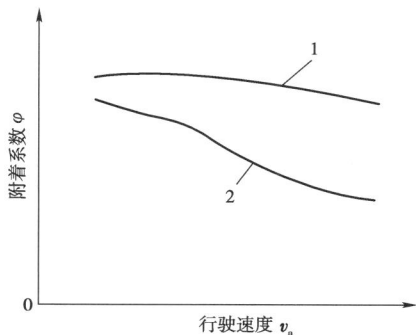

图 6-9　车速对附着系数的影响

1-在干燥硬路面上附着系数随行驶速度变化曲线;2-在潮湿路面上附着系数随行驶速度变化曲线

附着系数　　　　　　　　　　　　　　　　　　　表 6-4

路面		轮胎		
类型	状态	高压轮胎	低压轮胎	越野轮胎
沥青、混凝土路面	干燥	0.50 ~ 0.70	0.70 ~ 0.80	0.70 ~ 0.80
	潮湿	0.35 ~ 0.45	0.45 ~ 0.55	0.50 ~ 0.60
	污染	0.25 ~ 0.45	0.25 ~ 0.40	0.25 ~ 0.45
碎石路面	干燥	0.50 ~ 0.60	0.60 ~ 0.70	0.60 ~ 0.70
	潮湿	0.30 ~ 0.40	0.40 ~ 0.50	0.40 ~ 0.55
土路	干燥	0.40 ~ 0.50	0.50 ~ 0.60	0.50 ~ 0.60
	湿润	0.20 ~ 0.40	0.30 ~ 0.40	0.35 ~ 0.50
	泥泞	0.15 ~ 0.25	0.15 ~ 0.25	0.20 ~ 0.30
积雪荒地	松软	0.20 ~ 0.30	0.20 ~ 0.40	0.20 ~ 0.40
	压实	0.15 ~ 0.20	0.20 ~ 0.25	0.30 ~ 0.50
结冰路面	—	0.08 ~ 0.15	0.10 ~ 0.20	0.05 ~ 0.10

五　汽车动力性指标的确定方法

（一）驱动力-行驶阻力平衡图

在汽车驱动力图上画出汽车行驶中经常遇到的行驶阻力(滚动阻力和空气阻力之和)曲线,即为汽车的驱动力-行驶阻力平衡图,并可用来确定汽车的动力性指标。

装用四挡变速器的汽车驱动力-行驶阻力平衡图,如图 6-10 所示。

1. 最高车速的确定

根据汽车最高车速的定义,最高挡位的驱动力曲线与行驶阻力($F_f + F_w$)曲线的交点所

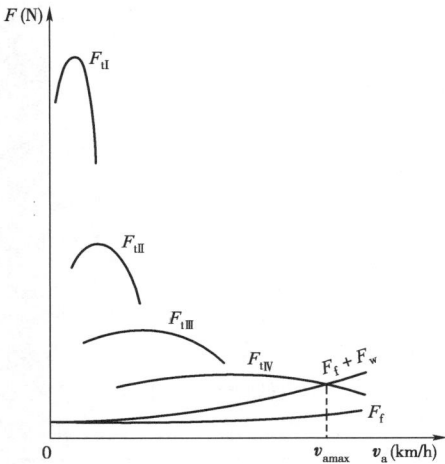

图 6-10 驱动力-行驶阻力平衡图

对应的车速即为汽车的最高车速 v_{amax}。汽车以最高车速行驶时,驱动力全部用来克服滚动阻力和空气阻力,无多余的驱动力来爬坡或加速,如遇坡道等汽车的行驶阻力增加时,汽车的行驶速度就会降低,为保证汽车正常行驶,必要时还必须降低挡位。

2. 加速能力的确定

汽车的加速能力通常用它在水平良好路面上行驶时能产生的最大加速度或最短加速时间来表示。汽车达到最大加速能力时,坡道阻力 $F_i = 0$,附着力必须足够大,根据汽车的驱动力平衡方程可得:

$$j = \frac{dv}{dt} = \frac{g}{\delta G}[F_t - (F_f + F_w)]$$

根据上式和汽车的驱动力-行驶阻力平衡图,即可计算对应某一挡位和车速时汽车所能产生的最大加速度,由此可制取汽车的加速度曲线 $j = f(v_a)$,如图 6-11 所示。

由加速度的定义式可推导出如下加速时间的积分表达式:

$$t = \int_{v_1}^{v_2} \frac{1}{j} dv$$

由数学中定积分含义可知,汽车从某一低速 v_1 加速到某一高速 v_2 所需的时间为加速度倒数曲线下的面积。根据汽车的加速度曲线可制取加速度倒数曲线,然后再根据加速度倒数曲线用图解法即可求得加速时间曲线。同理可由加速时间曲线求得加速行程曲线,加速行程的积分表达式为:

$$s = \int_{t_1}^{t_2} v dt$$

3. 爬坡能力的确定

汽车达到最大爬坡能力时,必然不会再有加速能力,所以加速阻力 $F_j = 0$,根据汽车的驱动力平衡方程可得:

$$F_i = F_t - (F_f + F_w)$$

汽车以较低挡位行驶时,能爬过的坡道角度较大,$F_i = G\sin\alpha$,所以汽车的爬坡度应根据汽车的驱动力-行驶阻力平衡图按下列公式进行求解:

$$\alpha = \arcsin \frac{F_t - (F_f + F_w)}{G}$$

$$i = \tan\alpha$$

汽车以较高挡位行驶时,能爬过的坡道角度较小,$F_i \approx Gi$,所以汽车的爬坡度可根据汽车的驱动力-行驶阻力平衡图按下式求得:

$$i = \frac{F_t - (F_f + F_w)}{G}$$

由上述计算结果即可制取汽车的爬坡度曲线,如图 6-12 所示。

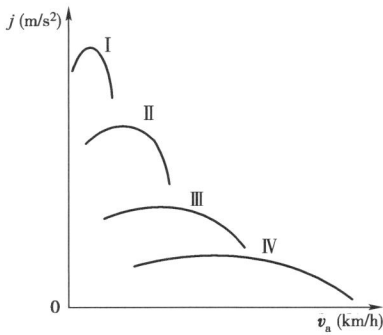

图 6-11 汽车的加速度曲线

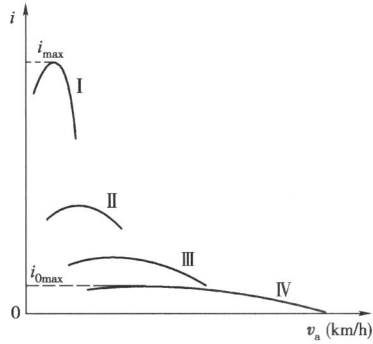

图 6-12 汽车的爬坡度曲线

(二)动力特性图

由汽车的驱动力与行驶阻力平衡方程可得：

$$F_t - F_w = F_f + F_i + F_j = Gf\cos\alpha + G\sin\alpha + \frac{\delta G}{g}\frac{dv}{dt}$$

$$\frac{F_t - F_w}{G} = f\cos\alpha + \sin\alpha + \frac{\delta}{g}\frac{dv}{dt}$$

上式中左端主要取决于汽车的结构参数，而右端则与汽车的结构基本无关，它主要取决于汽车的行驶条件和状况。令上式左端等于 D，称为动力因数，即：

$$D = \frac{F_t - F_w}{G} = f\cos\alpha + \sin\alpha + \frac{\delta}{g}\frac{dv}{dt}$$

当坡道角度较小时，$\cos\alpha \approx 1$，$\sin\alpha \approx i$，则：

$$D = f + i + \frac{\delta}{g}\frac{dv}{dt}$$

上式也可称为动力平衡方程。汽车各挡的动力因数与车速的关系曲线称为动力特性图。动力特性图是以动力因数 D 为纵坐标，以车速 v_a 为横坐标的各挡 D-v_a 曲线，可根据 F_t-v_a 曲线和 F_w-v_a 曲线来制取。装用四挡变速器的汽车动力特性图如图 6-13 所示。

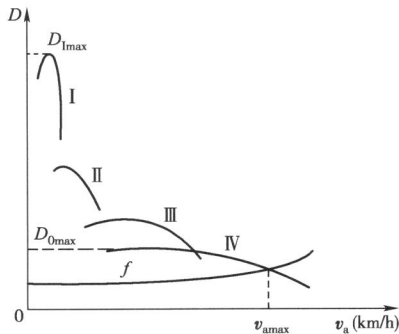

图 6-13 汽车的动力特性图

利用动力特性图也可以确定汽车的动力性指标。

1. 最高车速的确定

因为汽车达到最高车速时，$i=0$，$\mathrm{d}v/\mathrm{d}t=0$，所以根据动力平衡方程可得 $D=f$。在动力特性图上，作出滚动阻力系数和车速 $f\text{-}v_a$ 关系曲线（图6-13），则 $f\text{-}v_a$ 曲线与直接挡 $D\text{-}v_a$ 曲线的交点所对应的车速就是汽车的最高车速。

2. 加速能力的确定

因为要使汽车在各种条件下达到最大加速能力时，$i=0$，所以根据动力平衡方程可得：

$$D = f + \frac{\delta}{g}\frac{\mathrm{d}v}{\mathrm{d}t}$$

$$\frac{\mathrm{d}v}{\mathrm{d}t} = \frac{g}{\delta}(D - f)$$

汽车以一定挡位行驶时，δ 为常数，因此在动力特性图上 $D\text{-}v_a$ 曲线与 $f\text{-}v_a$ 曲线间距离的 g/δ 倍就是各挡的加速度。忽略直接挡的加速能力时，可取 $\delta \approx 1$，$g \approx 10\mathrm{m/s^2}$。

3. 爬坡能力的确定

因为汽车达到最大爬坡能力时，无力加速，加速度为0，所以由动力平衡方程可得：

$$D = f\cos\alpha + \sin\alpha$$

求较低挡位的爬坡度时，首先解上述三角函数方程求得一定挡位、一定车速时能爬过的最大坡道角度，再按 $i=\tan\alpha$ 求出爬坡度。解三角函数方程可得：

$$\alpha = \arcsin\frac{D - f\sqrt{1 - D^2 + f^2}}{1 + f^2}$$

求较高挡位的爬坡度时，可略去解三角函数方程的麻烦，按下式计算误差不大，即：

$$i = D - f$$

（三）功率平衡图

汽车行驶时，不仅驱动力与行驶阻力平衡，发动机输出的有效功率与克服传动损失和各种行驶阻力所消耗的功率也平衡，即：

$$P_e = \frac{1}{\eta_T}(P_f + P_w + P_i + P_j)$$

式中：P_e——发动机输出的有效功率，kW；

$\quad\ \eta_T$——传动系统的传动效率；

$\quad\ P_f$——克服滚动阻力消耗的功率，kW；

$\quad\ P_w$——克服空气阻力消耗的功率，kW；

$\quad\ P_i$——克服坡道阻力消耗的功率，kW；

$\quad\ P_j$——克服加速阻力消耗的功率，kW。

如果汽车的行驶阻力用 F 表示，单位为 N；汽车的行驶速度用 v_a 表示，单位为 km/h；克服该行驶阻力所消耗的功率用 P 表示，单位为 kW，则：

$$P = \frac{Fv_a}{3.6 \times 1000} = \frac{Fv_a}{3600}$$

由此可得汽车的功率平衡方程。

当坡道角度较小时,汽车的功率平衡方程为(A 为迎风面积,m^2):

$$P_e = \frac{1}{\eta_T}\left(\frac{Gfv_a}{3600} + \frac{Giv_a}{3600} + \frac{C_D A v_a^3}{76140} + \frac{\delta G v_a}{3600g}\frac{dv}{dt}\right)$$

与汽车的驱动力—行驶阻力平衡一样,汽车的功率平衡也可用功率平衡图来表示。汽车的功率平衡图以发动机的功率为纵坐标,以行驶速度为横坐标,包括各挡位的 $P_e\text{-}v_a$ 曲线和克服汽车经常遇到的行驶阻力所需的功率随车速的变化关系曲线(称阻力功率曲线)。汽车行驶中经常遇到的行驶阻力为滚动阻力和空气阻力,克服这两种阻力所需的发动机功率为:

$$P_e = \frac{P_f + P_w}{\eta_T}$$

汽车的功率平衡图如图 6-14 所示,可用发动机外特性 $P_e\text{-}n$ 曲线和转速 n 与车速 v_a 的关系式来制取。利用功率平衡图也可确定汽车的动力性指标,但比用驱动力-行驶阻力平衡图或动力特性图复杂,所以一般不用功率平衡图来确定动力性指标,但用功率平衡图分析某些动力性问题比较方便。

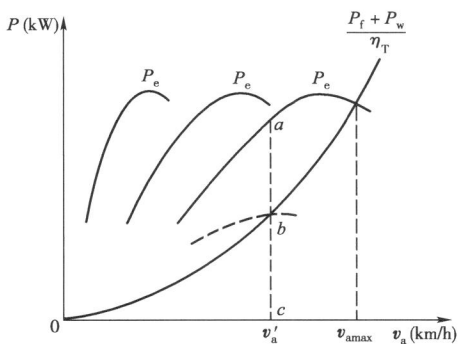

图 6-14　汽车的功率平衡图

六　提高汽车动力性的措施

为了提高汽车的动力性,使汽车具有合理的动力性参数,必须对影响汽车动力性的各种因素进行分析,以便更好地找到提高汽车动力性的措施。影响汽车动力性的主要因素有:发动机的外特性、传动系统参数、汽车整备质量和运行条件等。

(一)合理选择发动机

1. 发动机的外特性

发动机的外特性

发动机特性受其结构形式的影响,不同种类的发动机有不同的特性,如图 6-15 所示为三种最大功率相等但不同类型发动机的特性曲线,根据这些特性曲线,作出的装用不同发动机的总质量、变速比、最高车速均相同的汽车的功率平衡图及驱动力-行驶阻力平衡图,如

图 6-16 所示。由图可见,三种发动机的最大功率虽然相同,但由于外特性曲线形状不同,装用活塞式发动机的汽车,在一定车速时能够提供的用于加速或爬坡的后备功率和驱动力均小,汽车的加速能力和爬坡能力均较差,装用蒸汽机的次之,装用等功率发动机的汽车加速能力和爬坡能力最强。由此可见,等功率发动机的特性为理想的汽车发动机特性。

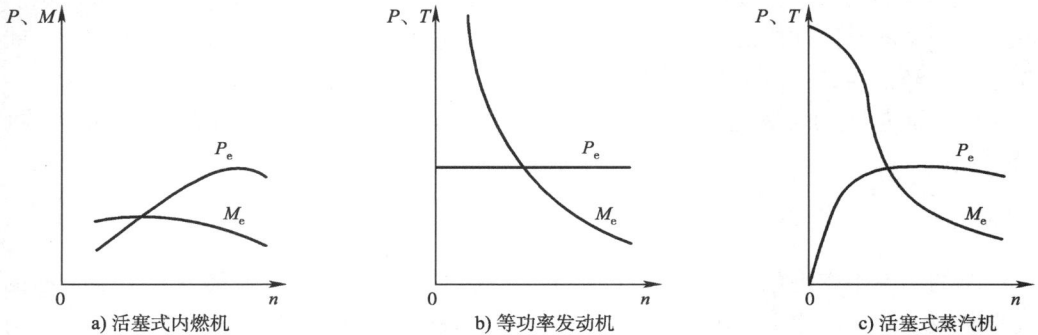

a) 活塞式内燃机   b) 等功率发动机   c) 活塞式蒸汽机

图 6-15　三种不同发动机的外特性

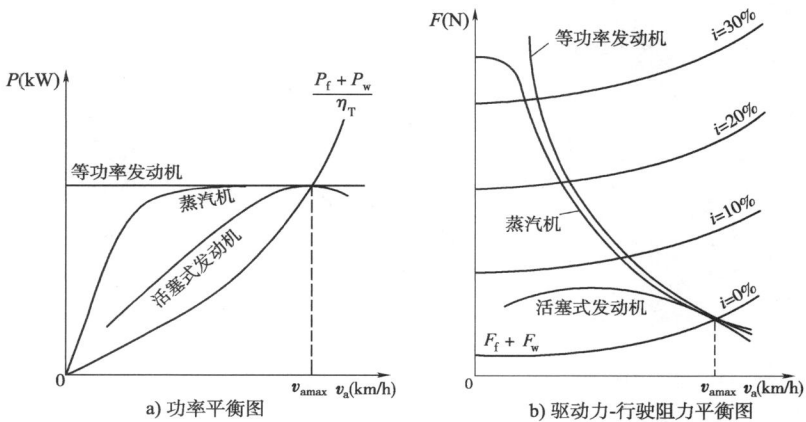

a) 功率平衡图   b) 驱动力-行驶阻力平衡图

图 6-16　装用不同发动机时的汽车动力性比较

在发动机转矩特性的选择上,为提高汽车的动力性和高挡位的适应能力,应选择最大转矩、最大转矩转速、转矩储备系数(或适应性系数)均较高的发动机。

2. 最大功率

汽车上配备的发动机的功率越大,则汽车的动力性越好,但功率过大,汽车行驶中发动机经常在小负荷下工作,经济性降低。因此,发动机的最大功率一般按比质量(见模块一)来选择。

(二) 合理选择传动系统参数

1. 主减速器传动比

汽车装用的发动机和变速器等均相同时,不同主减速器传动比对汽车动力性的影响如图 6-17 所示,其中 $i_{01} < i_{02} < i_{03}$。

主减速器传动比

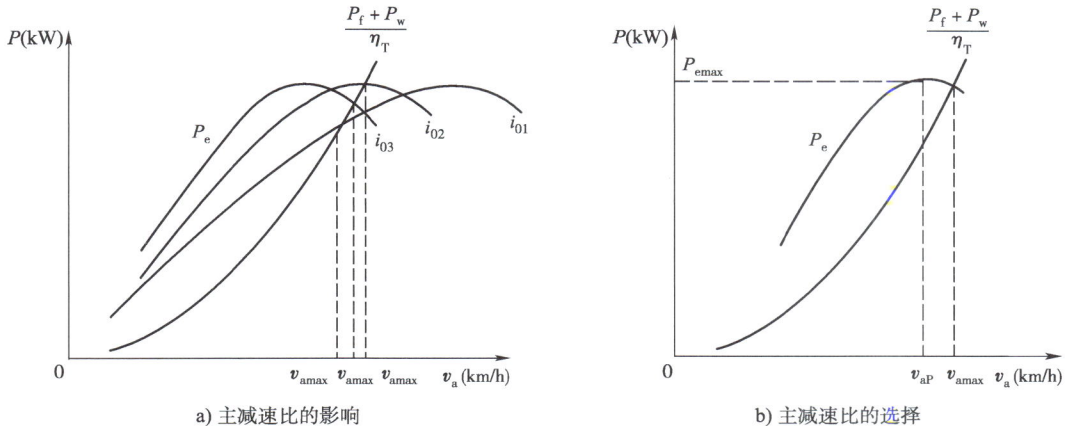

a) 主减速比的影响　　　　　　　　　b) 主减速比的选择

图 6-17　主减速比对汽车动力性的影响

由图 6-17a)可知,随着 i_0 的增大,功率曲线向左移动,在一定行驶车速时的后备功率增大,所以汽车的爬坡能力和加速能力提高。此外,主传动比为 i_{02} 时,阻力功率曲线与发动机功率曲线的最大功率处相交,此时汽车的最高车速 v_{amax} 也最高,主传动比过大(为 i_{03} 时)或过小(为 i_{01} 时)时,汽车的最高车速 v_{amax} 均降低。由此可见,为提高汽车的动力性,应在保证最高车速的前提下,尽可能选择较大的主减速器传动比。

应当注意,随主减速比增大,不仅对汽车最高速度产生影响,也会使发动机经常以较高转速工作,对发动机的使用寿命和燃料经济性均会产生不利的影响。此外,增大主减速器传动比,与之相应的主减速器外形尺寸加大、结构更复杂,并减小了驱动桥的离地间隙,影响汽车的通过性。为此,对于一般用途汽车,在选择 i_0 时,应使阻力功率曲线与发动机功率曲线的交点所决定的最高车速略高于最大功率时的车速,如图 6-17b)所示,两车速的比值一般为 $v_{amax}/v_{aP} = 1.1 \sim 1.25$。

2. 变速器参数

为了扩大发动机的转矩变化范围,克服活塞式发动机特性曲线上的缺陷,汽车必须在传动系统中装用变速器,使汽车的驱动功率与驱动力矩接近等功率发动机,从而改善汽车的动力性。影响汽车动力性的变速器参数主要是变速器挡数及各挡传动比。

(1)变速器挡数:如图 6-18 所示,为装用活塞式发动机和三挡变速器的汽车与装用等功率发动机的汽车动力性对比。显然,变速器挡数越多,则活塞式内燃机就可能总是在最大功率 P_{emax} 下工作,其特性越接近等功率发动机。

增加变速器挡数,可在不同行驶条件下选择最佳的挡位,使发动机输出最大功率,从而提高汽车的后备功率,使汽车具有较强的加速能力和爬坡能力。但普通齿轮式有级变速器,挡数过多会使结构复杂,操纵也困难,有级变速器的实际挡数一般为 3~5 个。在汽车上采用无级变速器,是解决上述矛盾的最佳选择。

(2)变速器传动比:变速器头挡传动比直接影响汽车的最大爬坡度,头挡传动比越大,汽车的最大爬坡度越大,但应考虑驱动轮与道路之间的附着条件的限制。

变速器各挡传动比的分配对汽车动力性也有影响,各挡传动比分配得当,能使发动机经常在接近最大功率或最大转矩的转速范围内工作,从而提高汽车的加速和爬坡能力。如果各挡传动比分配不当,不仅影响汽车的动力性,还会导致换挡困难。

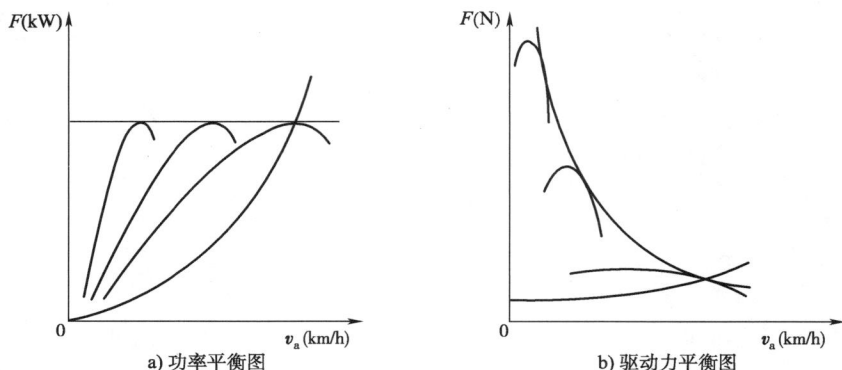

a) 功率平衡图　　　　　b) 驱动力平衡图

图 6-18　变速器挡数对汽车动力性的影响

选择变速器传动比时,在确定变速器挡数后,一般先根据最大爬坡能力要求和附着条件确定头挡传动比,再按等比级数对各挡传动比进行分配。

(三)减小汽车整备质量

除了空气阻力以外,所有行驶阻力都与汽车总质量有关。在其他条件相同的情况下,汽车总质量增加,则汽车动力性能下降。所以,减小汽车整备质量,可改善汽车的动力性。对于整备质量占汽车总质量比例较大的轿车,减小汽车整备质量效果更显著。

(四)改善汽车的运行条件

汽车的动力性在不同程度上受到汽车运行条件的影响,如道路、气候、海拔高度、驾驶技术、维护与调整、交通规则与运输组织等。在汽车使用过程中,加强维护、正确驾驶、合理的运输组织、改善道路和交通条件均有利于提高汽车的平均行驶速度,从而提高汽车运输生产效率。

模块小结

单元	重要知识点	小结
动力性的评价指标	汽车的最高车速	汽车的最高车速是指在平直良好的混凝土或沥青路面上汽车所能达到的最高行驶速度,用符号 v_{amax} 表示,单位为 km/h
	汽车的加速能力	汽车的加速能力是指汽车在各种行驶条件下迅速提高行驶速度的能力。汽车的加速能力可用汽车以最大加速强度加速行驶时的加速度、加速时间或加速行程来表示
	汽车的爬坡能力	汽车的爬坡能力常用满载时汽车在良好路面上的最大爬坡度来表示
汽车的驱动力	汽车的驱动力含义	发动机输出的转矩经传动系统传到驱动轮上,使车轮对路面产生一圆周力 F_0,路面则对驱动轮产生反作用力 F_t,F_t 是驱动汽车的外力,称为汽车的驱动力

单元	重要知识点	小结
汽车的驱动力	传动系统的传动效率	传动系的传动效率为：$$\eta_T = \frac{P_e - P_T}{P_e} = 1 - \frac{P_T}{P_e}$$
	车轮的半径	车轮处于无载荷状态时的半径称为自由半径 r_0
汽车的行驶阻力	滚动阻力	$$F_f = Wf$$
	空气阻力	汽车行驶时所受的空气作用力在行驶方向上的分力称为空气阻力
	坡度阻力	当汽车上坡行驶时，汽车重力沿坡道方向的分力称为汽车的坡道阻力
	加速阻力	汽车加速行驶时，需要克服汽车质量加速运动的惯性力称为加速阻力
汽车的行驶条件	汽车行驶的驱动-附着条件	汽车行驶的驱动-附着条件（或称充分与必要条件）可表示为：$$F_f + F_w + F_i \leqslant F_t$$
	附着系数	附着系数主要取决于路面的种类和表面状况，同时也与轮胎结构、胎面花纹以及使用条件等有关
汽车动力性指标的确定方法	驱动力-行驶阻力平衡图	在汽车驱动力图上画出汽车行驶中经常遇到的行驶阻力（滚动阻力和空气阻力之和）曲线，即为汽车的驱动力-行驶阻力平衡图
	动力特性图	汽车各挡的动力因数与车速的关系曲线称为动力特性图
提高汽车动力性的措施	具体措施	合理选择发动机、合理选择传动系统参数、减小汽车整备质量、改善汽车的运行条件

📖知识拓展

附着率与附着系数

　　附着率是指作用在驱动轮上的转矩所引起的地面切向反作用力与驱动轮法向反作用力的比值。附着系数是指地面对轮胎切向反作用力的最大极限值（附着力）与驱动轮法向反作用力的比值。附着率与附着系数的关系：驱动轮的附着率不能大于地面附着系数；附着率是汽车直线行驶状况下，充分发挥驱动力作用时要求的最低附着系数。

　　汽车驱动轮的附着率可以由发动机、传动系的参数及汽车的行驶工况来确定。影响汽车附着率的因素较多，比如汽车总布置情况（轴距、质心高度、质心到前后轴的距离等）、车身形状、行驶状况（加速度大小等）、实际的道路坡度等。此外，车速也影响到附着率，由于车速升高，空气升力增加，驱动轮法向反力下降，而切向反力却是增加的，因此，附着率随着车速增加而增大。

　　汽车的动力性由两方面决定，一是动力装置（发动机和传动系）所确定的驱动力，二是汽车的附着性能。如果动力装置确定的驱动力足够，而附着性能不足，那么汽车驱动轮就会打滑，汽车难以正常行驶，由此可见汽车附着性能的重要性。汽车驱动轮的附着率是汽车驱动轮在不发生滑转工况下充分发挥驱动力作用所要求的最低附着系数，它是表明汽车附着性能的一个重要指标。

　　由于驱动轮的附着率不能大于地面附着系数,否则就会打滑而影响汽车的正常行驶。所以汽车在路面上行驶时,附着率远离附着系数(向小于附着系数的方向),打滑的机会就会少一些,通常希望附着率小一些。此外,附着系数与滑动率之间存在一定的变化关系。当滑动率为0时,附着率为0,表示纯滚动状态。随着滑动率的上升,附着率快速提高,抵达峰值后,随着滑动率继续上升,附着系数不升反降,直到滑动率为1。这种变化关系揭示了车辆在不同路面条件下的动力性能变化。

　　为了保证汽车的行驶能力和驾驶安全性,应采取一些方法对附着率进行改善,如:改善车身形状,或者增加一些辅助的空气动力学装置,可以降低空气升力系数,达到减小附着率以改善操纵稳定性与动力性的目的;调整汽车的总布置,变动前后轴的轴荷来减小驱动轮的附着率。

❓复习思考题

1.如何评价汽车的动力性?
2.汽车的驱动力是怎样产生的?如何计算?它是真正驱动汽车行驶的力吗?
3.汽车的驱动力图有何作用?
4.汽车的行驶阻力有哪些?是怎样产生的?如何计算?
5.保证汽车正常行驶的条件是什么?
6.如何确定汽车的动力性指标?
7.提高汽车动力性的主要措施有哪些?

模块七

汽车的制动性

学习目标

❖ 知识目标

1. 能够描述汽车制动力产生的原因；
2. 能够解释制动器制动力、地面制动力和附着力的概念及其关系；
3. 能够说明影响汽车制动效能、制动效能恒定性和制动时的方向稳定性的原因；
4. 能够概括说明提高汽车动力性的措施。

❖ 技能目标

1. 能够正确计算汽车制动力；
2. 能够分析汽车的制动过程,并正确计算汽车制动效能评价指标；
3. 能够分析汽车制动时方向不稳定的原因；
4. 能够分析制动器制动力分配对汽车制动性能的影响。

❖ 素养目标

1. 学习制动效能及其恒定性的相关知识,培养遵守操作规范、注重安全生产的习惯；
2. 学习制动时方向稳定性的相关知识,培养坚持正义、诚实守信的职业操守；
3. 学习提高制动性措施的相关知识,培养刻苦钻研、注重创新的精神。

模块导学

汽车的制动性是指汽车在行驶中,强制地降低车速以至停车并维持方向稳定的能力,以及下长坡时维持一定车速的能力。汽车制动性直接影响行驶安全性和最高车速的充分发挥。评价汽车的制动性一般有三方面的指标:制动效能、制动效能的恒定性和制动时的方向稳定性。

本模块主要对制动性的评价指标进行分析,并介绍提高汽车制动性的措施。

一 制动力的产生

（一）制动力的产生原理

现代汽车上普遍采用气压或液压行车制动系统。汽车制动时,驾驶人踩下制动踏板,行车制动系统的气压或液压作用在车轮制动器上,使制动器的制动蹄与制动鼓(或制动盘)压紧,制动蹄与制动鼓(或制动盘)之间的摩擦形成阻止车轮转动的摩擦力矩 M_τ,称之为制动力矩。制动力矩对车轮的作用,使车轮对地面产生一个与汽车行驶方向相同的作用力,而地面则对车轮产生一个与汽车行驶方向相反的切向反作用力 F_τ,此地面切向反作用力是使汽车减速以至停车的外力,称之为地面制动力。制动时的车轮受力情况如图 7-1 所示。

$$F_\mu = \frac{M_\tau}{r}$$

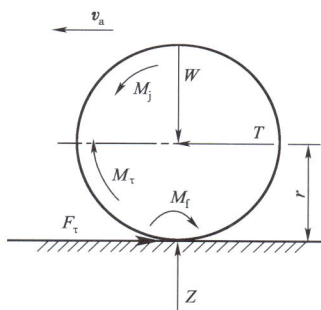

图 7-1　制动时车轮的受力情况

W-车轮的法向载荷,N;Z-地面对车轮的法向反作用力,N;T-车轴对车轮的推力,N;M_τ-制动力矩,N·m;r-车轮半径,m;
M_f-滚动阻力矩,N·m;M_j-惯性力矩,N·m;F_τ-地面制动力,N

通常用制动器制动力来说明车轮制动器的作用。制动器制动力是指为克服制动力矩在轮胎周缘上所需施加的切向力,用符号 F_μ 来表示,单位为 N。它相当于将车轮架离地面,并踩住制动踏板,在轮胎周缘沿切向方向施加一个力,直至使车轮转动时所需的最小切向力。其大小为:

制动器制动力取决于制动力矩和车轮半径,其中制动力矩又与两方面因素有关:一是车轮制动器的结构类型、尺寸和摩擦系数;二是制动踏板力。在人力制动系统中,制动踏板力即驾驶人踩制动踏板的操纵力;在气压或液压制动系统中,制动踏板力即制动时作用在车轮制动器上的气压力或液压力。应当注意,在使用中,车轮制动器的技术状况对其摩擦副的摩擦系数有很大影响。

（二）地面制动力

由图 7-1 可得,当车轮未抱死拖滑时,地面制动力为:

$$F_\tau = \frac{M_\tau + M_f - M_j}{r}$$

制动时,车轮的滚动阻力矩和惯性力矩与制动力矩相比小得多,可忽略不计,则:

$$F_\tau = \frac{M_\tau}{r}$$

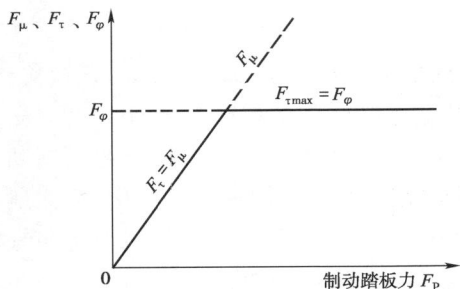

图 7-2　制动力与附着力的关系

由上式可知,当车轮未抱死拖滑时,地面制动力与制动器制动相等,并取决于制动力矩和车轮半径。但必须注意:地面制动力与驱动力一样,也是轮胎与地面之间相互传递的纵向力,所以也受纵向附着力的限制。地面制动力与制动器制动力和附着力之间的关系,如图 7-2 所示。当制动踏板力较小时,制动力矩也比较小,车轮对地面的作用力小于附着力,地面制动力仍能克服制动力矩而使车轮维持滚动状态,地面制动力等于制动器制动力;随制动踏板力增大,地面制动力和制动器制动力也增大,当两者与附着力相等时,如果继续增大制动踏板力,制动器制动力仍继续随之增大,但地面制动力达到附着极限不再增加,车轮出现抱死拖滑现象。

由以上分析不难得出:地面制动力首先取决于制动器制动力,同时也受附着力的限制。相比而言,通过增大制动器尺寸、增加制动踏板力、增大摩擦系数等来增大制动器制动力比较容易,为提高汽车的制动性能,制动时的附着力是提高地面制动力的障碍,而提高附着力的关键是提高附着系数。

在汽车制动过程中,附着系数不是常数,它不仅与轮胎结构和路面状况有关,也与车轮的运动状态有关。制动时车轮的运动状态用滑移率 s 来表示,它是指车轮运动中滑动成分所占的比例,滑移率可按下式计算:

$$s = \frac{v_\omega - r\omega}{v_\omega} \times 100\%$$

式中: v_ω——车轮中心平移速度,m/s;

　　　 r——车轮滚动半径,m;

　　　 ω——车轮旋转角速度,rad/s。

车轮纯滚动时,滑移率 $s=0$;车轮完全抱死拖滑时,滑移率 $s=100\%$。附着系数随滑移率的变化如图 7-3 所示。纵向附着系数是指沿车轮旋转平面方向上的附着系数,它直接影响最大地面制动力;侧向附着系数是指垂直车轮旋转平面方向上的附着系数,它影响汽车制动时的方向稳定性。在车轮滑移率 $s=15\% \sim 20\%$ 时,纵向附着系数和侧向附着系数均较大,但只有装用防抱死制动系统(ABS)的汽车才能实现,装用普通制动系统的汽车,为保证制动的可行性,紧急制动时必须提供足够大的制动器制动力,使车轮滑移率达到 100%。

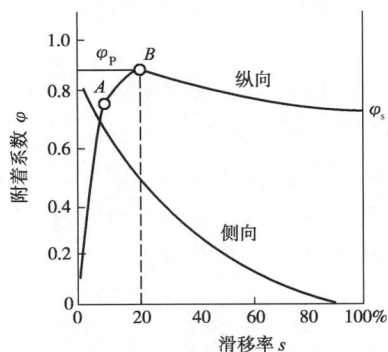

图 7-3　附着系数与滑移率的关系

二 制动效能及其恒定性

（一）制动效能

汽车的制动效能是指汽车迅速减速直至停车的能力。制动效能可用汽车以一定初速度行驶时，用最大制动强度制动到停车所用的时间、行驶过的距离或制动过程中产生的制动力、制动减速度来表示。我国《机动车运行安全技术条件》（GB 7258—2017）规定用制动力或制动距离来评价汽车的制动效能，制动力一般用制动试验台检测，而制动距离一般用路试的方法检测。

1. 制动过程分析

从驾驶人接收到制动信号开始，到完全制动停车为止的全部制动过程中，制动减速度 j 随制动时间 t 的变化，如图 7-4 所示。

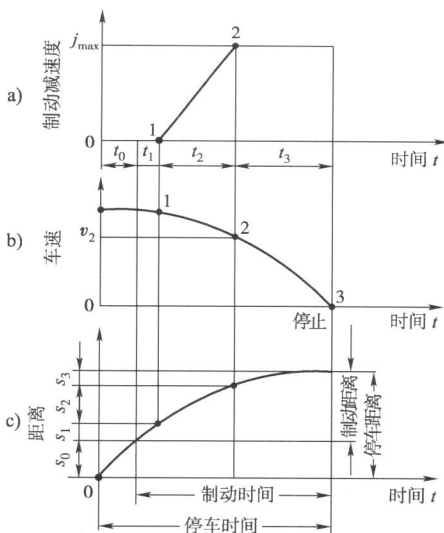

图 7-4　制动过程分析

制动时三阶段

汽车在紧急制动时的全部制动过程，按时间可分为以下三个阶段。

（1）驾驶人反应时间 t_0：是指从驾驶人接收到制动信号开始，至驾驶人的脚接触到制动踏板为止所经历的时间。它包括驾驶人发现红灯或障碍物等作出紧急制动决定所用时间和将脚由加速踏板等位置移动到制动踏板上所用的时间。驾驶人反应时间的长短主要与驾驶人的身体素质和驾驶经验等有关，一般为 0.3～1.0 s，在此时间内可认为汽车以制动初速度 v_0 作等速行驶，行驶过的距离为 $s_0 = v_0 t_0$。

（2）制动系统协调时间（$t_1 + t_2$）：是指从驾驶人的脚接触到制动踏板开始，至制动减速度达到最大值所用的时间。它包括制动系统反应时间和制动减速度增长时间。制动系统协调时间主要取决于踏制动踏板的速度和制动系统的结构,一般为 0.2 ~ 0.9s。

制动系统反应时间是指从驾驶人的脚接触到制动踏板开始,至开始出现制动减速度为止所经历的时间。它包括消除制动踏板自由行程所用时间、消除机械制动系统机械传动装置间隙所用时间、液压油或压缩空气在制动管路中流动所用时间、消除制动器间隙所用时间等,在此时间内仍可认为汽车以制动初速度 v_0 故等速行驶,行驶过的距离为 $s_1 = v_0 t_1$。

制动减速度增长时间是指制动减速度由零增长到最大 j_{max} 所用的时间,也可称为制动力增长时间。在此时间内汽车做变减速行驶,如果汽车采用全轮制动,则最大制动减速度为:

$$j_{max} = \frac{F_\varphi}{m} = \frac{G\varphi}{m} = \frac{mg\varphi}{m} = g\varphi$$

式中: F_φ——附着力,N;

    m——汽车的总质量,kg;

    G——汽车的总重力,N;

    g——重力加速度,m/s²;

    φ——附着系数。

在 t_2 时间内,制动减速接近直线增长,所以某一瞬时(即从制动减速度开始增长经历任意时间 t 时)的制动减速度 j 应为:

$$j = \frac{j_{max}}{t_2}t$$

在 t_2 时间内,某一瞬时的行驶速度 v 为:

$$v = v_0 - \int_0^t j\mathrm{d}t$$

在 t_2 时间内,汽车行驶过的距离 s_2 为:

$$s_2 = \int_0^{t_2} v\mathrm{d}t$$

将瞬时制动减速度公式代入瞬时行驶速度公式进行整理,再将瞬时行驶速度公式代入行驶距离计算式进行整理可得:

$$s_2 = v_0 t_2 - \frac{1}{6}j_{max}t_2^2$$

(3)持续制动时间 t_3:是指以最大制动减速度制动到停车所用的时间,它主要取决于制动初速度 v_0 和最大制动减速度 j_{max},在此时间内汽车以最大制动减速度 j_{max} 做匀减速行驶,在某一瞬时的行驶速度为:

$$v = v_2 - j_{max}t$$

式中: v_2——制动减速度刚刚达到最大值时(图 7-4 中 2 点)的瞬时行驶速度,可按 t_2 时间内的瞬时行驶速度公式计算, $v_2 = v_0 - \frac{1}{2}j_{max}t_2$。

在 t_3 时间内,汽车行驶的初速度为 v_2,末速度为 $v_3 = 0$,根据匀减速运动公式可得汽车行驶过的距离 s_3 为:

$$s_3 = \frac{v_2^2 - v_3^2}{2j_{max}}$$

将 v_2 和 v_3 代入上式并进行整理可得：

$$s_3 = \frac{v_0^2}{2j_{max}} - \frac{1}{2}v_0 t_2 + \frac{1}{8}j_{max}t_2^2$$

2. 制动距离

我国《机动车运行安全技术条件》(GB 7258—2017)中规定的制动距离,是指机动车在规定的初速度下急踩制动时,从脚接触制动踏板(或手触动制动手柄)时起至机动车停住时止机动车驶过的距离,也就是在制动系统协调时间和持续制动时间内汽车行驶过的距离之和,即 $(s_1 + s_2 + s_3)$,用 s 表示制动距离,将各式代入并进行整理可得：

制动距离

$$s = v_0\left(t_1 + \frac{t_2}{2}\right) + \frac{v_0^2}{2j_{max}} - \frac{1}{24}j_{max}t_2^2$$

因为 t_2 很小(一般只有零点几秒),所以上式中第三项为一微量,在近似计算中可忽略不计。此外,以上公式中,汽车行驶速度的单位均为 m/s,如果行驶速度以 km/h 为单位,并将 $j_{max} = g\varphi$ 代入上式进行整理,可得汽车以初速度 v_0(km/h)在附着系数为 φ 的路面上紧急制动时的制动距离为：

$$s = \frac{v_0}{3.6}\left(t_1 + \frac{t_2}{2}\right) + \frac{v_0^2}{254\varphi}$$

参考《机动车运行安全技术条件》(GB 7258—2017)相关规定,机动车行车制动性能和应急制动性能检验应在平坦、硬实、清洁、干燥且轮胎与地面间的附着系数大于或等于 0.7 的混凝土或沥青路面上进行。检验时发动机应与传动系统脱开,但对于采用自动变速器的机动车,其变速器换挡位置应位于驱动挡("D"挡)。汽车在规定的初速度下的制动距离和制动稳定性要求应符合表 7-1 规定。对空载检验的制动距离有质疑时,可用表 7-1 规定的满载检验制动距离要求进行。

制动距离和制动稳定性要求 表 7-1

机动车类型	制动初速度（km/h）	空载检验制动距离要求（m）	满载检验制动距离要求（m）	试验通道宽度（m）
三轮汽车	20	≤5.0		2.5
乘用车	50	≤19.0	≤20.0	2.5
总质量小于或等于3500kg的低速货车	30	≤8.0	≤9.0	2.5
其他总质量小于或等于3500kg的汽车	50	≤21.0	≤22.0	2.5
铰接客车、铰接式无轨电车、汽车列车(乘用车列车除外)	30	≤9.5	≤10.5	3.0[a]
其他汽车、乘用车列车	30	≤9.0	≤10.0	3.0[a]
两轮普通摩托车	30	≤7.0		—
边三轮摩托车	30	≤8.0		2.5
正三轮摩托车	30	≤7.5		2.3
轻便摩托车	20	≤4.0		—

续上表

机动车类型	制动初速度 （km/h）	空载检验制动 距离要求（m）	满载检验制动 距离要求（m）	试验通道宽度 （m）
轮式拖拉机运输机组	20	≤6.0	≤6.5	3.0
手扶变型运输机	20	≤6.5		2.3
注：a 对车宽大于2.55m的汽车和汽车列车，其试验通道宽度（单位:m）为"车宽(m)+0.5"				

3. 制动力

参考我国《机动车运行安全技术条件》(GB 7258—2017)相关规定，制动力必须在制动试验台上进行检验，包括制动力百分比要求和制动力平衡要求。

（1）制动力百分比要求。

汽车、汽车列车在制动检验台上测出的制动力应符合表7-2的要求。对空载检验制动力有质疑时，可用表7-2规定的满载检验制动力要求进行检验。使用转鼓试验台检测时，可通过测得制动减速度值计算得到最大制动力。

摩托车的前、后轴制动力应符合表7-2的要求，测试时只准许乘坐一名驾驶人。

台试检验制动力要求 表7-2

机动车类型	制动力总和与整车质量的百分比		轴制动力与轴荷a 的百分比	
	空载	满载	前轴b	后轴b
三轮汽车	—			≥60c
乘用车、其他总质量小于 或等于3500kg的汽车	≥60	≥50	≥60c	≥20c
铰接客车、铰接式无轨电车、汽车列车	≥55	≥45	—	—
其他汽车	≥60d	≥50	≥60c	≥50c
挂车	—	—	—	≥55f
普通摩托车	—	—	≥60	≥55
轻便摩托车	—	—	≥60	≥50

注：a 用平板制动检验台检验乘用车、其他总质量小于或等于3500kg的汽车时应按左右轮制动力最大时刻所分别对应的左右轮动态轮荷之和计算。

b 机动车（单车）纵向中心线中心位置以前的轴为前轴，其他轴为后轴；挂车的所有车轴均按后轴计算；用平板制动试验台测试并装轴制动力时，并装轴可视为一轴。

c 空载和满载状态下测试均应满足此要求。

d 对总质量小于或等于整备质量的1.2倍的专项作业车应大于或等于50%。

e 满载测试时后轴制动力百分比不做要求；空载用平板制动检验台检验时应大于或等于35%；总质量大于3500kg的客车，空载用反力滚筒式制动试验测试时应大于或等于40%，用平板制动检验台检验时应大于或等于30%。

f 满载状态下测试时应大于或等于45%。

检验时制动踏板力或制动气压按表7-3的规定。

满载检验时			
气压制动系统	气压表的指示气压≤额定工作气压		
液压制动系统	踏板力	乘用车	≤500N
		其他机动车	≤700N
空载检验时			
气压制动系统	气压表的指示气压≤750kPa		
液压制动系统	踏板力	乘用车	≤400N
		其他机动车	≤450N
摩托车(正三轮摩托车除外)检验时			
踏板力	≤350N		
手握力	≤250N		

（2）制动力平衡要求（两轮、边三轮摩托车、前轮距小于或等于 460mm 的正三轮摩托车和轻便摩托车除外）。

在制动力增长全过程中,同时测得的左右轮制动力差的最大值,与全过程中测得的该轴左右轮最大制动力中大者(当后轴制动力小于该轴轴荷的 60% 时为与该轴轴荷)之比,对新注册车和在用车应分别符合表 7-4 的要求。

台试检验制动力平衡要求　　　　　　　　　表 7-4

车型	前轴	后轴	
		轴制动力大于或等于该轴轴荷60%时	制动力小于该轴轴荷60%时
新注册车	≤20%	≤24%	≤8%
在用车	≤24%	≤30%	≤10%

（二）制动效能的恒定性

当汽车下长坡时,为控制车速保证行车安全,经常需要连续较长时间做较大强度的制动,制动器温度常在 300℃ 以上,甚至高达 600～700℃。制动器温度升高后,制动器摩擦副的摩擦系数减小,摩擦力矩下降,汽车的制动效能衰退,这种现象称为制动器的热衰退。热衰退是目前制动器不可避免的现象,只是有程度的差别。制动效能的恒定性主要指的是制动器的抗热衰退性能。

制动器的抗热衰退性一般用一系列连续制动时制动效能的保持程度来衡量。参考国际标准草案 ISO/DIS 6597 推荐,汽车以一定车速连续制动 15 次,每次的制动减速度为 $3m/s^2$,在制动踏板力相同时的制动效能应不低于规定冷状态制动效能($5.8\ m/s^2$)的 60%。

影响制动器热衰退的主要因素是制动器摩擦副的材料和制动器的结构形式。

1. 制动器摩擦副的材料

制动器的制动鼓(或制动盘)一般以铸铁为材料,摩擦片一般以石棉为材料。制动鼓

（或制动盘）在合金成分、金相组织、硬度、工艺等合格的条件下，摩擦片材料对制动器的抗热衰退性起决定作用。

一般石棉摩擦片在低于200℃的温度下制动时，摩擦片与制动鼓（或制动盘）的摩擦系数为0.3~0.4，且摩擦系数比较稳定；温度升高到220~250℃时，摩擦系数降到约0.2，制动器的热衰退显著增加。这是因为石棉摩擦片温度过高时，其内所含的有机物发生分解，产生一些气体和液体，在摩擦副之间形成有润滑作用的薄膜，所以使摩擦系数下降。因此，提高石棉摩擦片的抗热衰退性，应采取以下措施：

（1）采用耐热的黏合剂，如环氧树脂、三聚酯胶树脂、无机黏合剂等。

（2）减少有机成分的含量，增加金属添加剂的成分。

（3）使摩擦片具有一定的气孔。

（4）多数树脂模制摩擦片，经初期衰退后便不再衰退，因此，可在使用前先进行表面处理，使其产生表面热稳定层来缓和衰退。

此外，采用散热性能较好和热容量较大的制动鼓（或制动盘），在相同的制动强度下，其温度升高量较小，制动效能的恒定性也较好。如在连续较大强度的制动后，带散热肋的制动鼓温度比不带散热肋的要低45%~65%。

2. 制动器的结构形式

不同制动器效能因数随摩擦系数的变化，如图7-5所示。制动器效能因数用符号K_{ef}来表示，它是单位制动泵推力（即制动蹄张开装置对制动蹄的推力P）所产生的制动器制动力，即：

$$K_{ef} = \frac{F_\mu}{P}$$

由上式可见，制动器效能因数越大，即表明在制动蹄张开装置的推力与制动鼓半径相同的情况下，制动器所能产生的制动力也越大。

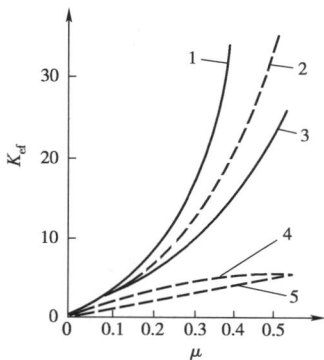

图7-5　制动器效能因数随摩擦系数的变化

1-双向自动增力式制动器;2-双向助势平衡式制动器;3-简单非平衡式制动器;4-双向减势平衡式制动器;5-盘式制动器

由制动器效能因数随摩擦系数的变化曲线可以看出：在制动器摩擦系数相同时，双向自动增力式制动器的效能因数最大，使用此种制动器有利于提高制动效能。但由于该制动器效能因数随摩擦系数变化大，摩擦系数稍有下降，制动器效能因数就会大幅度下降，所以它的抗热衰退能力最差。盘式制动器的效能因数虽然低于所有鼓式制动器，但其效能因数随摩擦系数变化小，抗热衰退能力最好。

　　汽车涉水后,由于制动器摩擦副被水浸湿,制动效能也会下降,这种现象称为制动器的水衰退。与鼓式制动器相比,盘式制动器暴露在外,被水浸湿后容易干燥,抗水衰退能力也就比较强。在使用中,汽车涉水后,踩几次制动踏板,有意提高制动器温度,使水分迅速蒸发,对缓解制动器的水衰退非常有效。

三　制动时的方向稳定性

　　制动时的方向稳定性直接影响行驶安全,它是指在制动过程中,汽车按驾驶人给定轨迹行驶的能力,即保持直线行驶或按预定弯道行驶的能力。影响制动时方向稳定性的因素主要是跑偏、侧滑和失去转向能力。

(一)制动跑偏

　　在汽车制动时,驾驶人本期望按直线方向减速停车,但有时会出现汽车自动向左或向右偏驶的现象。制动时汽车自动偏驶的现象称为制动跑偏。制动跑偏的程度可用横向位移或航向角来评价,横向位移是指汽车制动后车身最大的横向移动量,航向角是指制动后汽车的纵轴线与原定行驶方向的夹角。

制动跑偏

　　制动时引起汽车跑偏的原因主要是左、右车轮的制动器制动力不等。如图 7-6 所示,设左前轮制动器制动力大于右前轮制动器制动力,则左前轮地面制动力 $F_{\tau1L}$ 大于右前轮地面制动力 $F_{\tau1R}$。由于 $F_{\tau1L}$ 绕主销形成的力矩大于 $F_{\tau1R}$ 绕主销形成的力矩,此时即使转向盘固定不动,也会因转向系统存在间隙和弹性变形,转向轮向左偏转一定角度,使汽车向左偏驶。此外,由于 $F_{\tau1L}$ 大于 $F_{\tau1R}$,也会使汽车的前、后轴分别受到地面侧向反作用力 Y_1 和 Y_2,以保持汽

图 7-6　汽车制动跑偏分析

车绕其质心的力矩平衡;因为主销存在后倾角,前轮所受的地面侧向反作用力 Y_1 绕主销形成力矩,也加剧前轮向左偏转。

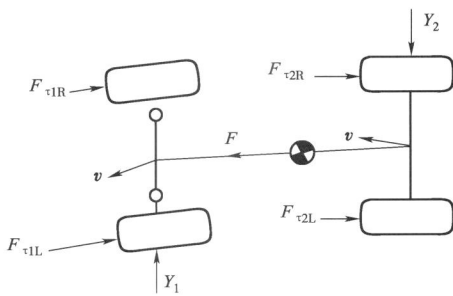

　　用上述同样方法,可分析右前轮制动器制动力大于左前轮时或左、右后轮制动器制动力不等时的跑偏情况,可得如下结论:

　　(1)在汽车制动时,如果左、右车轮的制动器制动力不等,就会引起汽车跑偏,跑偏的方向总是制动力较大的一侧。

　　(2)左、右轮制动器制动力的差值越大,制动时间(或制动距离)越长,跑偏的程度越严重(横向位移或航向角越大)。

　　(3)左、右轮制动器制动力不等时,更容易引起制动跑偏。

　　为保证汽车制动时的方向稳定性,我国《机动车运行安全技术条件》(GB 7258—2017)中规定,在用制动力检验汽车的制动性能时,前轴的不相等度(左右车轮制动力之差)不应大于 20%,后轴的不相等度(左右车轮制动力之差)不应大于 24%(轴制动力大于或等于该轴

轴荷 60% 时）。

左右车轮制动力之差用不相等度表示，即

$$\Delta F_{\mu r} = \frac{F_{\mu b} - F_{\mu l}}{F_{\mu b}} \times 100\%$$

式中：$F_{\mu b}$——大的制动器制动力；

$F_{\mu l}$——小的制动器制动力。

左、右轮制动器制动力不等，多是由于装配或调整误差等造成的，如：左、右轮制动器的间隙不同、磨损程度不同或某一侧制动器摩擦副有油污等。通过正确的调整或维修，一般可以排除制动跑偏现象。

（二）制动侧滑

制动侧滑是指制动时，汽车的某一轴车轮或全部车轮发生横向滑动的现象。制动侧滑影响汽车的操纵稳定性，尤其是高速行驶的汽车，如果后轴车轮侧滑会引起汽车剧烈的回转运动，严重时会使汽车掉头甚至翻车。

车轮侧滑是由于车轮受到的侧向力超过了侧向附着力。在汽车制动时，随车轮滑移率的增大，侧向附着系数减小，侧滑的可能性增大。当车轮被抱死拖滑（滑移率为 100%）时，侧向附着系数几乎为零，汽车稍受到侧向力就会引起侧滑。

汽车制动时，如果前轴车轮发生侧滑，而后轴车轮不侧滑，则汽车前轴中点的速度方向偏离汽车的纵轴线，后轴中点的速度方向仍与汽车的纵轴线一致。如图 7-7 所示，作前、后轴中点速度向量 v_A 和 v_B 的垂线交于 O 点，O 点即为前轴侧滑后使汽车做曲线运动的瞬时转向中心。由于作用在汽车重心上的离心力 F_C 在汽车侧向方向的分力与侧滑方向相反，具有抑制侧滑的作用，所以前轴侧滑时汽车行驶方向改变不大。

汽车制动时，如果后轴车轮发生侧滑，而前轴车轮不侧滑，如图 7-8 所示，作用在汽车重心上的离心力 F_C 在汽车侧向方向的分力与侧滑方向一致，具有加剧后轴侧滑的作用，而后轴侧滑的加剧又使离心力增大，所以后轴侧滑时汽车行驶方向改变很大，甚至发生汽车掉头或剧烈回转的现象。在实际使用中，若制动时后轴发生侧滑，驾驶人可向后轴侧滑的方向转动转向盘，以改变前轴中点的速度方向（图 7-8 中虚线），从而增大汽车回转半径，减小作用在汽车质心上的离心力，有利于减轻甚至迅速消除后轴侧滑。

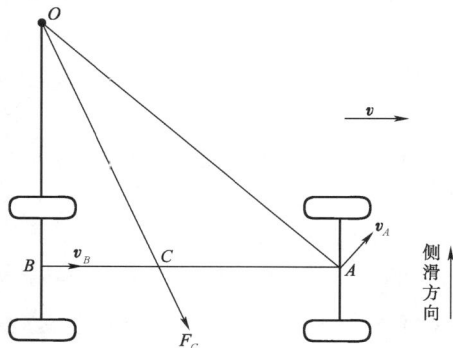

图 7-7　汽车前轴侧滑分析

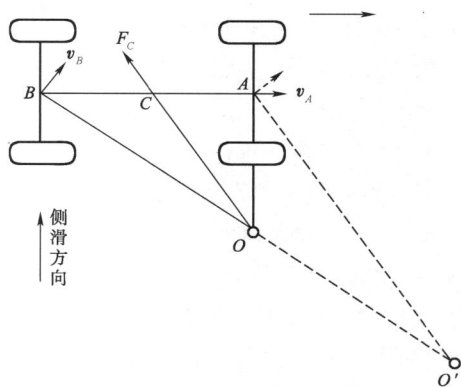

图 7-8　汽车后轴侧滑分析

（三）失去转向能力

失去转向能力是指汽车在弯道上制动时,转动转向盘也无法使汽车转向沿预定弯道制动停车的现象。

汽车转向行驶时,由于转向轮偏转,使车轴对转向轮的推力产生侧向分力,若侧向分力超过转向轮上的侧向附着力,就会引起转向轮侧滑,从而使汽车不能沿预定的方向行驶。汽车制动时,由于车轮滑移率的增大,侧向附着系数减小,因此汽车的转向能力下降;当转向轮抱死拖滑(滑移率为 100%)时,侧向附着系数几乎为零,汽车将完全丧失转向能力。

失去转向能力的定义

四　制动器制动力的分配

（一）前、后轮抱死次序

对不装用防抱死制动系统(ABS)的普通制动系统,在汽车以最大强度制动时,必须使所有车轮均抱死,以保证汽车制动的可靠性。在汽车制动过程中,前、后轴车轮的抱死次序可分为三种:前轮先于后轮抱死、后轮先于前轮抱死和前、后轮同时抱死。

前、后轴车轮的抱死次序对制动时的方向稳定性和制动系工作效率有很大影响。

1. 对制动系统工作效率的影响

制动系工作效率是指制动器制动力的利用程度,可用全部车轮均抱死时的地面制动力与制动器制动力的比值来表示。对两轴汽车,制动系统的工作效率 η_b 可用下式计算:

$$\eta_b = \frac{F_{\tau 1max} + F_{\tau 2max}}{F_{\mu 1} + F_{\mu 2}}$$

式中: $F_{\tau 1max}$ 、 $F_{\tau 2max}$ ——前、后轮最大地面制动力,等于前、后轮上的附着力,N;

　　　 $F_{\mu 1}$ 、 $F_{\mu 2}$ ——前、后车轮均抱死时,前、后轮的制动器制动力,N。

在汽车制动过程中,如果前轮先于后轮抱死,则前、后车轮均抱死时, $F_{\mu 1} > F_{\tau 1max}$, $F_{\mu 2} = F_{\tau 2max}$,所以制动系统的工作效率 $\eta_b < 1$;如果后轮先于前轮抱死,则前、后车轮均抱死时, $F_{\mu 1} = F_{\tau 1max}$, $F_{\mu 2} > F_{\tau 2max}$,制动系统的工作效率 $\eta_b < 1$;如果前、后轮同时抱死,则全部车轮均抱死时, $F_{\mu 1} = F_{\tau 1max}$, $F_{\mu 2} = F_{\tau 2max}$,制动系统的工作效率 $\eta_b = 1$ 。

2. 对制动时方向稳定性的影响

由之前内容对汽车制动时方向稳定性的分析可知,达到附着极限处于制动抱死的车轮最易发生侧滑,且失去转向能力。在汽车的制动过程中,如果前轮先于后轮抱死,则在汽车未达到最大制动强度之前,就会出现前轮抱死拖滑的现象,虽然前轮发生侧滑时危险性不大,但通常作为转向轮的前轮会失去转向能力;如果后轮先于前轮抱死,则在汽车未达到最大制动强度之前,后轴车轮就容易发生因抱死而侧滑的现象,后轴侧滑具有较大的危险性;

如果前、后轮同时抱死,在汽车未达到最大制动强度之前,前、后轴车轮均不会抱死,有利于保持汽车制动时的方向稳定性。

由以上分析可见,前、后轮同时抱死是制动的最佳状态,不仅制动系统工作效率高,而且制动时的方向稳定性好。

(二)理想的前、后轮制动器制动力分配

在汽车的制动过程中,前、后轮抱死的次序取决于前、后制动器制动力和附着力之间的关系。而在附着系数一定时,前、后轮的附着力取决于前、后轮的地面法向反作用力。

1. 制动时前、后轮的地面法向反作用力

如果不考虑滚动阻力矩、空气阻力和旋转质量惯性力矩对制动过程的影响,汽车在水平良好的路面上制动时的受力情况,如图7-9所示。

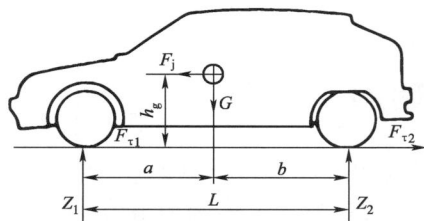

图7-9　汽车制动时的受力分析

G-汽车的总重力;F_j-汽车制动时的惯性力;Z_1、Z_2-前、后轮的地面法向反作用力;$F_{\tau1}$、$F_{\tau2}$-前、后轮的地面制动力;a、b-汽车重心到前、后轴的距离;h_g-汽车重心的高度;L-汽车的轴距

由图7-9分别对前、后轮接地点取力矩可求得:

$$Z_1 = \frac{Gb + F_j h_g}{L}$$

$$Z_2 = \frac{Ga - F_j h_g}{L}$$

因为$F_j = F_{\tau1} + F_{\tau2} = F_\tau$,所以在附着系数为$\varphi$的道路上汽车以最大制动强度制动,前、后轮全部抱死时,$F_j = F_{\tau max} = F_\varphi = G\varphi$,代入前、后轮地面法向反作用力公式可得:

$$\begin{cases} Z_1 = \frac{G}{L}(b + \varphi h_g) \\ Z_2 = \frac{G}{L}(a - \varphi h_g) \end{cases}$$

由以上分析可得:一定的汽车在一定的道路条件下制动时,前、后轮的地面法向反作用力是变化的;在制动强度较小时,前、后轮的地面法向反作用力取决于汽车的总地面制动力;前、后轮全部抱死时,前、后轮的地面法向反作用力取决于道路附着系数。

2. 理想的前、后轮制动器制动力分配

理想的前、后轮制动器制动力分配是指在各种道路条件下,均能保持最佳制动状态所需的前、后轮制动器制动力分配。由于汽车前、后轮的附着力取决于前、后轮的地面法向反作

用力和附着系数,而前、后轮全部抱死时的地面法向反作用力也取决于附着系数,所以汽车制动时,保持理想制动状态所需的前、后轮制动器制动力分配应随附着系数而变化。

在达到理想制动状态前、后轮同时抱死时,前、后轮的制动器制动力分别等于各自的附着力,且前、后轮的制动器制动力之和等于汽车总的附着力。因此,理想的前、后轮制动器制动力分配应满足的条件为:

$$F_{\mu 1} = Z_1 \varphi$$
$$F_{\mu 2} = Z_2 \varphi$$
$$F_{\mu 1} + F_{\mu 2} = G\varphi$$

将前、后轮地面法向反作用力公式代入上式,并进行简化整理可得:

$$\frac{F_{\mu 1}}{F_{\mu 2}} = \frac{b + \varphi h_g}{a - \varphi h_g}$$
$$F_{\mu 1} + F_{\mu 2} = G\varphi$$

当汽车的结构参数(G、a、b、h_g)一定时,按上述方程组可作出不同附着系数时,前、后轮制动器制动力的关系曲线,即理想的前、后轮制动器制动力分配曲线,简称"I"线,如图7-10所示。

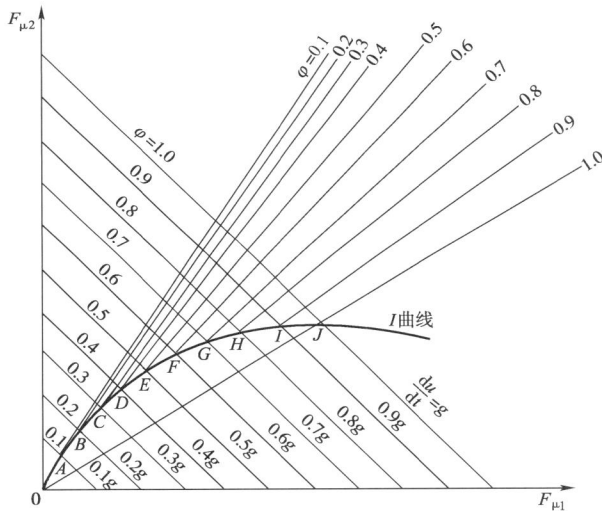

图7-10　理想的前、后轮制动器制动力分配曲线

作图方法如下:

(1)建立 $F_{\mu 1}$-$F_{\mu 2}$坐标系,取不同的 φ 值($\varphi = 0.1$、0.2、$0.3 \cdots$),按 $F_{\mu 1} + F_{\mu 2} = G\varphi$ 作图可得一组与坐标轴成45°的平行线组。因为每条直线上任意一点代表的前、后轮制动器制动力之和都为常数,由此总制动力产生的制动减速度也为常数,所以该组直线称为"等制动力线组"或"等减速度线组"。图中直线上标出了 φ 值和相应的最大制动减速度。

(2)取不同的 φ 值($\varphi = 0.1$、0.2、$0.3 \cdots$),按 $\frac{F_{\mu 1}}{F_{\mu 2}} = \frac{b + \varphi h_g}{a - \varphi h_g}$ 作图,可得一组通过坐标原点、不同斜率的射线组。

(3)在平行线组和射线组中,对应同一 φ 值(如 $\varphi = 0.5$)的两条直线都有一个交点(如 E

点），将不同 φ 值时相应两直线的交点 A、B、C…圆滑地连接起来，即可得到理想的前、后轮制动器制动力分配曲线，即"I"线。

"I"线上任意一点的坐标都代表相应附着系数的道路上前、后轮同时抱死时，所要求的理想前、后轮制动器制动力数值。

（三）实际的前、后轮制动器制动力分配

一般两轴汽车实际的前、后轮制动器制动力之比为常数。为了说明前、后轮制动器制动力的分配情况，通常用前轮制动器制动力与汽车的总制动器制动力之比来表示分配比例，称为制动器制动力分配系数，用符号 β 表示。

$$\beta = \frac{F_{\mu1}}{F_{\mu1} + F_{\mu2}}$$

式中：$F_{\mu1}$——前轮制动器制动力，kN；

$\quad\quad F_{\mu2}$——后轮制动器制动力，kN。

由上式可得前、后轮制动器制动力之比为：

$$\frac{F_{\mu1}}{F_{\mu2}} = \frac{\beta}{1 - \beta}$$

由此可见，实际汽车前、后轮制动器制动力的分配为固定比值，在 $F_{\mu1}$-$F_{\mu2}$ 坐标系中可用一直线来表示，该直线通过坐标原点，称为实际的前、后轮制动器制动力分配曲线，简称"β"线。如图 7-11 所示为某汽车的"β"线和"I"线，两线只有一个交点，该点对应的附着系数 φ_0 称为同步附着系数。

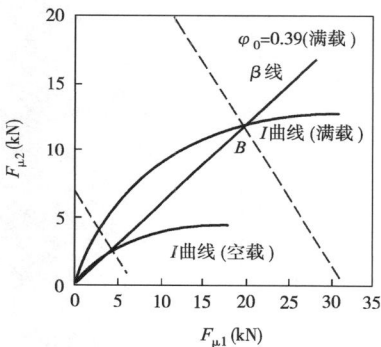

图 7-11　β 线与 I 线分析图

同步附着系数是汽车制动系统的一个重要参数，它说明前、后轮制动器制动力分配为固定比值的汽车，只有在一种路面上，即附着系数为 φ_0 的路面上制动时，才能达到前、后轮同时抱死的理想制动状态。在 $\varphi < \varphi_0$ 的路面上制动时，由于 I 线（满载）位于 β 线的上方，当前轮抱死所需的制动器制动力一定时，实际的后轮制动器制动力总是达不到同时抱死需要的制动力，所以前轮先于后轮抱死。而在 $\varphi > \varphi_0$ 的路面上制动时，由于 I 线（满载）位于 β 线的下方，当前轮抱死所需的制动器制动力一定时，实际的后轮制动器制动力总是已超过同时抱死需要的制动力，所以后轮先于前轮抱死。

汽车空载的 I 线基本位于 β 线下方，所以空载制动时，一般都是后轮先于前轮抱死。

由 β 线和 I 线交点对应的前、后轮制动器制动力关系：

$$\frac{F_{\mu1}}{F_{\mu2}} = \frac{b + \varphi_0 h_g}{a - \varphi_0 h_g}$$

$$\frac{F_{\mu1}}{F_{\mu2}} = \frac{\beta}{1 - \beta}$$

可得：

$$\varphi_0 = \frac{L\beta - b}{h_g} \quad 或 \quad \beta = \frac{\varphi_0 h_g + b}{L}$$

同步附着系数主要是根据道路条件和常用车速来选择的。为防止汽车制动时发生危险的后轴侧滑,同步附着系数一般应保证在多数道路条件下制动时,前轮先于后轮抱死。轿车的同步附着系数一般为 0.6 ~ 0.9,货车一般为 0.5 ~ 0.8。

五 提高制动性的措施

(一) 结构措施

提高汽车制动性的结构措施可分四个方面:增大制动器的制动力矩,提高制动器的抗热衰退性,采用制动压力调节装置,采用防抱死制动系统。

1. 增大制动器的制动力矩

足够的制动力矩是产生最大的地面制动力的保障,否则有大的附着力也无法利用。为增大制动器的制动力矩,在制动器结构上可采取的具体措施有:选用摩擦系数较大的摩擦副材料,适当增大制动鼓(或制动盘)直径,适当增大制动气压或液压,保证摩擦片与制动鼓吃合面大且均匀,使摩擦片半径略大于制动鼓半径等。

2. 提高制动器的抗热衰退性

制动效能的恒定性主要是指制动器的抗热衰退性。合理选择制动器的结构形式和摩擦副材料,是提高制动器抗热衰退性的主要措施。

3. 采用制动压力调节装置

采用普通制动系统(不装用 ABS)的汽车,在不同路面上制动时,不可能都达到理想的制动状态。为提高汽车制动时的方向稳定性,应尽量防止后轮抱死侧滑的可能性,并尽量保持转向轮的转向能力,这就要求汽车前、后轮制动器制动力的实际分配曲线(β 线)应总在理想分配曲线(I 线)下方,而且 β 线越接近 I 线越好。为此,在现代汽车的制动系统中装有各种压力调节装置,根据需要调节实际的前、后轮制动器制动力分配比值,以实现上述目的。

制动系统常用的压力调节装置有限压阀、比例阀、感载限压阀、感载比例阀,采用不同压力调节装置时的 β 线和 I 线,如图 7-12 所示。由图可见,采用任何一种压力调节装置都能使 β 线与 I 线接近,尤其采用感载比例阀或感载限压阀时,还能根据载荷的变化使 β 线接近该载荷下的 I 线。

4. 采用防抱死制动系统

汽车制动过程中,车轮抱死是导致侧滑和失去转向能力的主要原因,而且车轮抱死使纵向附着系数也不能取得最大值,因此,制动时防止车轮抱死并控制车轮的滑移率,是提高汽车制动性的重要措施。在汽车紧急制动时,为防止车轮抱死,目前广泛应用防抱死制动系统,即 ABS(Antilock Braking System)。

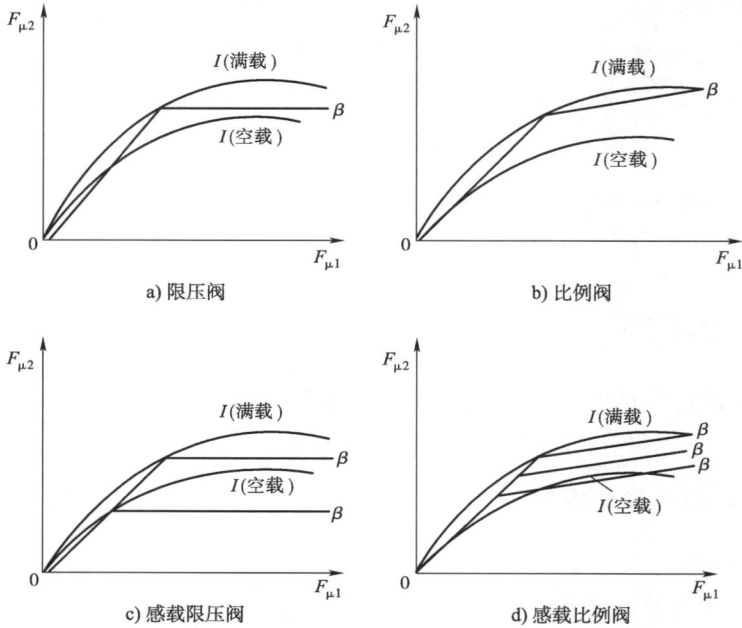

a) 限压阀

b) 比例阀

c) 感载限压阀

d) 感载比例阀

图 7-12　采用不同压力调节装置时的 β 线和 I 线

ABS 的功用就是在汽车制动过程中,根据车轮滑移率的变化,自动增大或减小制动系统的压力,使车轮滑移率始终保持在 20% 左右,以便获得最大纵向附着系数,提高汽车的制动效能。同时,也可在制动中保持较大的侧向附着系数,防止汽车侧滑或失去转向能力,提高汽车制动时的方向稳定性。

无论是气压制动系统还是液压制动系统,ABS 均是在普通制动系统的基础上增加了传感器、ABS 执行机构和 ABS 电脑三部分,如图 7-13 所示。

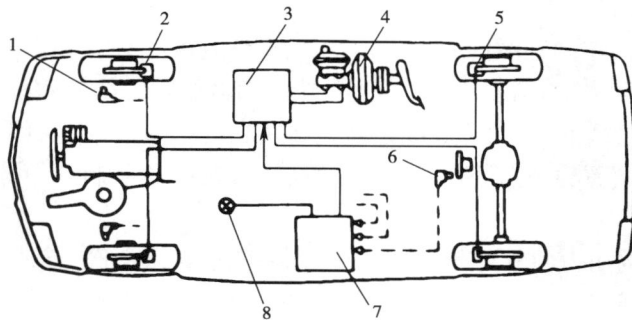

图 7-13　ABS 的组成(部分系统未标示)

1、6-轮速传感器;2、5-制动轮缸;3-制动压力调节器;4-制动主缸;7-ABS 电脑;8-ABS 警报灯

(1)ABS 传感器。包括轮速传感器、车速传感器和汽车减速度传感器。

轮速传感器是 ABS 中必不可少的传感器,它利用电磁感应原理(或霍尔原理)检测车轮速度,并把轮速转换成脉冲信号送至 ABS 电脑。一般轮速传感器都安装在车轮上,有些后轮驱动的车辆,检测后轮速度的传感器安装在差速器内,通过后轴转速来检测。

车速传感器又称测速雷达,用在以车轮滑移率为控制参数的 ABS 中,它用来检测车速并向 ABS 电脑输送车速信号,此信号还同时用于速度表、里程表、自动变速器控制等。

汽车减速度传感器仅用在四轮驱动的控制系统中,它用来检测汽车制动时的减速度,以识别是否为冰雪等易滑路面。

(2)ABS 执行机构。ABS 执行机构主要由制动压力调节器和 ABS 警报灯组成。

制动压力调节器根据 ABS 电脑指令来调节各车轮制动器的制动压力。不同制动系统的 ABS 所采用的制动压力调节器也不同,可分为液压式、气压式和空气液压加力式。在目前应用广泛的液压制动系统中,制动压力调节器的主要元件是电动泵和液压控制阀。

ABS 警报灯的功用是在 ABS 出现故障时,由 ABS 电脑控制使其点亮,向驾驶人发出警报信号,并可由 ABS 电脑控制闪烁显示故障码。

(3)ABS 电脑。ABS 电脑接收传感器信号,比较各轮转速和汽车行驶速度,判断各车轮的滑移情况后,向 ABS 执行机构下达指令来调节各车轮制动器的制动压力。当 ABS 出现故障时,ABS 电脑使 ABS 警报灯点亮,同时切断通往执行机构的电源,使 ABS 停止工作。

(二)使用措施

1. 合理装载

在行驶速度一定时,汽车的行驶惯性随载质量的增加而增大,因此制动距离会增长。试验证明:载质量为 3t 的汽车,载质量每增加 1t,制动距离约增长 1m。此外,在汽车装载质量和装载方式不同时,由于汽车重心位置的变化,也会影响汽车制动时的方向稳定性。因此,在汽车使用中,应禁止超载,并保证装载均匀。

2. 控制行驶速度

由制动距离的计算公式可知,制动距离随制动初速度的提高而增长。此外,随制动初速度的提高,制动器需要将更多的汽车惯性能量通过摩擦转化为热量,由于摩擦副的温度升高使制动器的热衰退增加,也会导致制动效能下降。因此,在汽车行驶中,应根据道路条件和行驶环境等适当控制车速,严禁超速。

3. 充分利用发动机辅助制动

发动机的内部摩擦和泵气损失可用来消耗汽车行驶的惯性能量,起到制动的作用。

发动机辅助制动通常在减速制动或下坡需保持车速不变时使用。汽车下长坡利用发动机辅助制动时,变速器一般应挂入较低的挡位。

发动机作为辅助制动器,不仅能在较长的时间内发挥制动作用,减轻车轮制动器的负担,而且由于传动系统中差速器的作用,可将制动力矩平均分配在左、右车轮上,使制动跑偏和侧滑的可能性减小,尤其在附着系数小的路面上,这种作用就显得更为重要。此外,充分利用发动机辅助制动,在行车中可显著地减少车轮制动器的使用次数,在减轻驾驶人劳动强度的同时,还能使车轮制动器经常保持较低的温度,有利于紧急制动时保持较高的制动效能。

为了加强发动机的制动效果,在有些发动机的排气歧管中安装有阀门,利用发动机辅助制动时将阀门关闭,可增大排气阻力,从而使发动机产生更大的制动作用。这种方法通常称为排气制动。

4. 改善道路条件

道路的附着系数不仅限制汽车最大地面制动力,而且在附着系数小的路面上制动时,汽车也容易发生侧滑或失去转向能力。因此,改善道路条件,提高其附着系数,是保证汽车制动效能充分发挥和提高制动时方向稳定性的有效措施。

5. 提高驾驶技术

驾驶技术对汽车制动性有很大影响。制动过程中,若能保持车轮接近抱死而未抱死的状态,便可获得最佳的制动效果。此外,在紧急制动时,驾驶人踩制动踏板的动作越快,制动系统的协调时间越短,可缩短制动距离。尤其在滑溜路面上,采用发动机辅助制动并适当控制车速等,尽量少踩制动,避免紧急制动,则可减小汽车制动侧滑或失去转向能力的可能性。

模块小结

单元	重要知识点	小结
制动力的产生	制动力含义	制动力矩对车轮的作用,使车轮对地面产生一个与汽车行驶方向相同的作用力,而地面则对车轮产生一个与汽车行驶方向相反的切向反作用力 F_r,此地面切向反作用力是使汽车减速以至停车的外力,称之为地面制动力
制动效能及其恒定性	制动效能	汽车的制动效能是指汽车迅速减速直至停车的能力,可用汽车以一定初速度行驶时,用最大制动强度制动到停车所用的时间、行驶过的距离或制动过程中产生的制动力、制动减速度来表示
	制动效能的恒定性	制动效能的恒定性主要指的是制动器的抗热衰退性能
制动时的方向稳定性	制动跑偏	制动时汽车自动偏驶的现象称为制动跑偏。制动跑偏的程度可用横向位移或航向角来评价
	制动侧滑	制动侧滑是指制动时,汽车的某一轴车轮或全部车轮发生横向滑动的现象
	失去转向能力	失去转向能力是指汽车在弯道上制动时,转动转向盘也无法使汽车转向沿预定弯道制动停车的现象
制动器制动力的分配	前、后轮抱死次序	在汽车制动过程中,前、后轴车轮的抱死次序可分为三种:前轮先于后轮抱死、后轮先于前轮抱死和前、后轮同时抱死
	理想的前、后轮制动器制动力分配	理想的前、后轮制动器制动力分配是指在各种道路条件下,均能保持最佳制动状态所需的前、后轮制动器制动力分配
	实际的前、后轮制动器制动力分配	一般两轴汽车实际的前、后轮制动器制动力之比为常数。通常用前轮制动器制动力与汽车的总制动器制动力之比来表示分配比例,称为制动器制动力分配系数,用符号 β 表示

单元	重要知识点	小结
提高制动性的措施	结构措施	增大制动器的制动力矩、提高制动器的抗热衰退性、采用制动压力调节装置、采用防抱死制动系统
	使用措施	合理装载、控制行驶速度、充分利用发动机辅助制动、改善道路条件、提高驾驶技术

知识拓展

汽车主动安全装置

汽车主动安全是指通过一系列先进的技术系统,使驾驶人能够更自如地掌控车辆,确保在各种行驶条件下都能保持平稳且不影响驾驶视野和舒适性。这些系统虽然在不同厂家中有所差异,但大致可以归纳为以下六种:ABS、ASR/TCS、EBD、ESC、LCA 和 VSA。

ABS 防抱死是一种汽车安全系统,这个系统可以防止车辆在紧急制动时轮胎抱死,从而保持车辆的稳定性和可控性,避免发生侧滑、翻车等危险情况。ABS 系统通过快速地调整制动力度,使车轮保持在旋转状态,从而让驾驶者能够更好地控制车辆的方向。

ASR/TCS,其全称是 Acceleration Slip Regulation/Traction Control System,即牵引力控制系统或驱动防滑系统,其目的就是要防止车辆尤其是大功率车,在起步、加速时驱动轮打滑现象,以维持车辆行驶方向的稳定性。当汽车行驶在易滑的路面上时,没有 ASR 的汽车的驱动轮容易打滑,如果是后驱动轮打滑,车辆容易甩尾,如果是前轮驱动打滑,车辆方向容易失控。有 ASR 时,汽车在加速时就不会有或能够减轻这种现象。在转弯时,如果发生驱动轮打滑会导致整个车辆向一侧偏移,当有 ASR 时就会使车辆沿着正确的路线转向。总之,ASR 可以最大限度利用发动机的驱动力矩,保证车辆起动、加速和转向过程中的稳定性。

电子制动力分配的英文全称是 Electronic Brake Force Distribution,简称 EBD,是一种汽车电子辅助控制系统。EBD 能够根据由于汽车制动时产生轴荷转移的不同,而自动调节前、后轴的制动力分配比例,提高制动效能,并配合 ABS 提高制动稳定性。汽车在制动时,四只轮胎附着的地面条件往往不一样。利用 ABS 的液压控制装置,根据车辆行驶状态进行合理的制动力分配的装置,一般组装在 ABS 中,它实际上是 ABS 的辅助功能,是在 ABS 的控制电脑里增加一个控制软件,机械系统与 ABS 完全一致。它只是 ABS 系统的有效补充,一般和 ABS 组合使用,可以提高 ABS 的功效。

ESC 全称是 Electronic Stability Controller(车身电子稳定控制系统),它是一种辅助驾驶者控制车辆的主动安全技术,同时也是汽车防抱死制动系统(ABS)和牵引力控制系统(TCS)功能的进一步扩展,ESC 主要对车辆纵向和横向稳定性进行控制,保证车辆稳定行驶。

LCA(Lane Change Assist),又称变道辅助系统;因为汽车 C 柱有一个视野盲区,所以我们车辆在变道的时候就容易产生危险,LCA 就采用 24GHz 雷达传感器检测后面盲区接近的车辆,并通过前方后视镜旁的指示灯报警提示,起到提醒驾驶人注意的功能。

VSA(Vehicle Stability Assist)车辆稳定性控制系统,是具有世界先进水平的提高车辆稳定性和行驶安全性的控制系统。该系统除具有传统的制动防抱死功能和牵引力控制功能外,还具有防滑控制(Skid Control)功能。在车辆被判断为转向不足或转向过度时,通过计算,使车辆产生反方向的转矩,从而抑制转向不足或转向过度,保证了车辆在直行、转向以及制动等各种行驶状态下的稳定性。特别在遇到紧急情况突然转向、通过湿滑路面等情况下,能够最大程度地确保车辆的行驶安全。

❓复习思考题

1.解释名词:制动器制动力、地面制动力、附着力、附着系数、制动效能、制动效能的恒定性、制动时的方向稳定性。

2.汽车制动时,真正使汽车减速直至停车的力是什么力?

3.分析制动力的产生及其与附着力的关系。

4.如何评价汽车的制动效能?

5.影响汽车制动效能恒定性的因素有哪些?

6.汽车制动时,跑偏、侧滑或失去转向能力的原因是什么? 如何避免?

7.制动器制动力的分配对汽车的制动性能有何影响?

8.如何提高汽车的制动性能?

汽车的使用经济性

学习目标

◈ 知识目标

1. 能够描述汽车燃料经济性的评价指标;

2. 能够描述提高汽车燃料经济性的措施;

3. 能够描述汽车可靠性、维修性及耐久性的评价指标。

◈ 技能目标

1. 能够正确计算汽车燃料的消耗;

2. 能够正确计算平均维修时间、维修时间率和有效度等可靠性评价指标;

3. 能够计算平均大修里程、平均稳定磨损期里程、大修时汽缸的平均最大磨损量、汽缸平均磨损速率等耐久性评价指标。

◈ 素养目标

1. 学习汽车燃料经济性的相关知识,养成节约能源、合理利用能源的习惯;

2. 学习汽车可靠性的相关知识,提升社会责任心及增强质量意识。

模块导学

汽车的使用经济性是指汽车以最低的消耗费用完成运输工作的能力。在汽车使用中,燃料消耗费用、维修费用和折旧费用是汽车使用成本的主要组成部分,而对燃料消耗费用影响最大的是汽车的燃料经济性,对维修费用和折旧费用影响最大的是汽车的可靠性和耐久性。

本模块重点介绍汽车燃料经济性、可靠性和耐久性的评价指标及改善措施。

一　汽车的燃料经济性

汽车的燃料经济性是指汽车以最少的燃料消耗量完成运输工作的能力。随着技术的进步和人们环保意识的增强,替代能源的应用将逐渐增加,尽管替代能源的发展势头强劲,但石油产品在当前和今后相当长的一段时间内仍将是汽车的主要燃料,因此,提高汽车的燃料经济性,减少汽车对石油能源的消耗,早已成为世人关注的重要问题。此外,燃料消耗费用约占汽车运输成本的40%,所以提高汽车的燃料经济性,也是降低运输成本的重要措施之一。

(一)燃料经济性的评价指标

1.单位行驶里程的燃料消耗量

当燃料按质量计算时,用符号 Q_M 表示单位行驶里程的燃料消耗量,单位为 kg/100km。

当燃料按容积计算时,用符号 Q_V 表示单位行驶里程的燃料消耗量,单位为 L/100km。

单位行驶里程的燃料消耗量只考虑了行驶里程,没有考虑车型与装载质量的差别,所以只能用于比较同类型汽车或同一辆汽车的燃料经济性,也可用于分析不同部件(如发动机、传动系统等)装在同一汽车上,对燃料经济性的影响。

2.单位运输工作量的燃料消耗量

当燃料按质量计算时,用符号 Q_{MG} 表示单位运输工作量的燃料消耗量,对载货汽车和客车的单位分别为 kg/(100t·km) 和 kg/(1000人·km)。

当燃料按容积计算时,用符号 Q_{VG} 表示单位运输工作量的燃料消耗量,对载货汽车和客车的单位分别为 L/(100t·km) 和 L/(1000人·km)。

单位运输工作量的燃料消耗量可以用来比较不同类型、不同装载质量汽车的燃料经济性。

3.消耗单位量的燃料所行驶的里程

它是指汽车消耗单位质量或单位容积的燃料所能行驶的里程。该指标主要在美国等少数国家采用,常用单位是 mile/US gal,即消耗1加仑燃料所能行驶的英里数,1mile = 1.61km,1US gal = 4.55L。

单位行驶里程的燃料消耗量或单位运输工作量的燃料消耗量越少,消耗单位量的燃料所行驶的里程越长,说明汽车燃料经济性越好。

(二)燃料消耗方程

通常用汽车等速行驶的百公里燃料消耗量来表示汽车的燃料经济性。如果汽车在一定条件下等速行驶时,发动机的有效燃油消耗率为 g_e[g/(kW·h)],发动机输出的有效功率为 P_e(kW),汽车的行驶速度为 v_a(km/h),则等速行驶100km的燃料消耗量按质量计为:

$$Q_{\mathrm{M}} = \frac{g_{\mathrm{e}}P_{\mathrm{e}}}{1000}\frac{100}{v_{\mathrm{a}}} = \frac{g_{\mathrm{e}}P_{\mathrm{e}}}{10v_{\mathrm{a}}}$$

按容积计为：

$$Q_{\mathrm{V}} = \frac{g_{\mathrm{e}}P_{\mathrm{e}}}{1.02v_{\mathrm{a}}\gamma}$$

式中：γ——燃料的重度，N/L，汽油为 6.96 ~ 7.15N/L，柴油为 7.94 ~ 8.13N/L。

由汽车的功率平衡可知,汽车在任何条件下行驶时,发动机输出的有效功率都等于克服滚动阻力、空气阻力、加速阻力、坡道阻力和传动系统机械损失所消耗功率的总和,即:

$$P_{\mathrm{e}} = \frac{1}{\eta_{\mathrm{T}}}\left(\frac{Gfv_{\mathrm{a}}}{3600} + \frac{Giv_{\mathrm{a}}}{3600} + \frac{C_{\mathrm{D}}Av_{\mathrm{a}}^3}{3600 \times 21.15} + \frac{\delta Gv_{\mathrm{a}}}{3600g}\frac{\mathrm{d}v}{\mathrm{d}t}\right)$$

由此可得,汽车按某一瞬时的行驶工况和行驶条件等速行驶 100km 的燃料消耗量为:

$$Q_{\mathrm{M}} = \frac{g_{\mathrm{e}}}{36000\eta_{\mathrm{T}}}\left(Gf + Gi + \frac{C_{\mathrm{D}}Av_{\mathrm{a}}^2}{21.15} + \frac{\delta G}{g}\frac{\mathrm{d}v}{\mathrm{d}t}\right)$$

$$Q_{\mathrm{V}} = \frac{g_{\mathrm{e}}}{3672\eta_{\mathrm{T}}\gamma}\left(Gf + Gi + \frac{C_{\mathrm{D}}Av_{\mathrm{a}}^2}{21.15} + \frac{\delta G}{g}\frac{\mathrm{d}v}{\mathrm{d}t}\right)$$

上式称为非等速行驶的燃料消耗方程,此方程主要用来分析各种因素对汽车燃料经济性的影响,而不是用来计算汽车的燃料经济性指标。在实际使用中,汽车的燃料经济性指标一般通过试验方法测得。只有在汽车设计时,常根据所选用的发动机负荷特性曲线(各种转速下的燃油消耗率与负荷率关系曲线)和汽车的功率平衡图,用上述公式对汽车的燃料经济性进行估算。

在实际应用中,无论是用试验方法测定汽车的燃料经济性,还是在设计时估算汽车的燃料经济性,为便于测量或简化计算,一般都以汽车在水平良好的路面上等速行驶的百公里燃料消耗量作为指标,而且习惯用容积来计量燃料量。汽车在水平良好的路面上等速行驶的百公里燃料消耗量,按容积计为:

$$Q_{\mathrm{V}} = \frac{g_{\mathrm{e}}P_{\mathrm{e}}}{1.02v_{\mathrm{a}}\gamma} = \frac{g_{\mathrm{e}}}{3672\eta_{\mathrm{T}}\gamma}\left(Gf + \frac{C_{\mathrm{D}}Av_{\mathrm{a}}^2}{21.15}\right)$$

汽车在水平良好的路面上等速行驶时的燃料经济性估算方法,如图 8-1 所示。步骤如下:

(1)根据负荷特性曲线确定任意发动机转速 n'_{e},并计算在一定挡位下该转速对应的行驶速度 v'_{a}。汽车行驶速度 v_{a} 与发动机转速 n 的关系为:

$$v_{\mathrm{a}} = 0.377\frac{nr}{i_{\mathrm{g}}i_0}$$

式中：r——车轮半径,m;

$\quad\quad i_{\mathrm{g}}$——变速器传动比;

$\quad\quad i_0$——主减速器传动比。

(2)在功率平衡图上,求得汽车以相应挡位和行驶速度 v'_{a} 等速行驶时发动机输出的实际功率 P'(等于克服滚动阻力、空气阻力和传动系统机械损失所消耗的功率),即线段 $\overline{bc}$;在此工况下,发动机能输出的最大功率为线段 $\overline{ac}$,发动机的负荷率则 U' 为:

$$U' = \frac{\overline{bc}}{\overline{ac}}$$

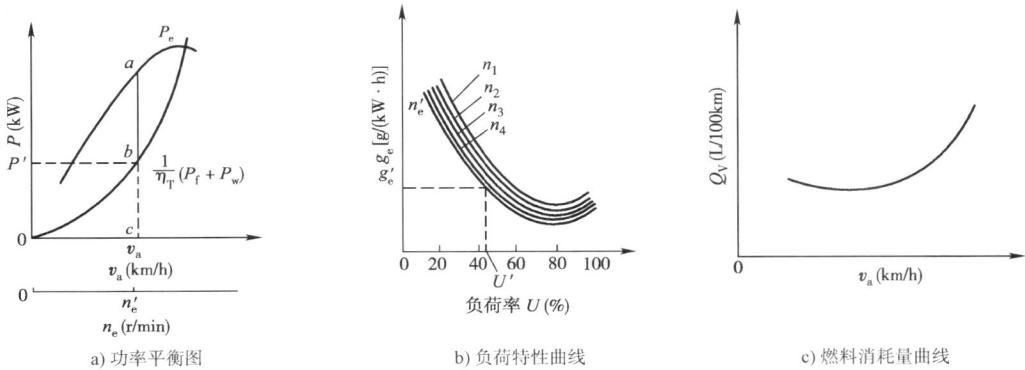

a) 功率平衡图　　　　　　　b) 负荷特性曲线　　　　　　c) 燃料消耗量曲线

图 8-1　汽车燃料经济性的估算

（3）根据 n'_e 和 U' 在负荷特性图上求得发动机的有效燃油消耗率 g'_e，再根据 g'_e、P' 和 v'_a 计算汽车在水平良好的路面上，以一定挡位和行驶速度 v'_a 等速行驶的百公里燃料消耗量。

（4）按同样方法，计算汽车以不同行驶速度（即不同发动机转速）等速行驶的百公里燃料消耗量，便可作出汽车在水平良好的路面上以一定挡位等速行驶的百公里燃料消耗量曲线。在曲线上通常可以找到燃料消耗量最低的点，该点对应的行驶速度通常称为经济车速。各种车型的经济车速不同，这些需要仔细阅读车辆说明书。但一般都会在 90km/h 左右，低于或高于经济车速油耗都会上升。

（三）提高燃料经济性的措施

由汽车非等速行驶的燃料消耗方程不难看出，影响汽车的燃料经济性因素主要有三个方面：发动机的有效燃油消耗率、汽车的行驶阻力和传动系统的传动效率。因此，要提高汽车燃料经济性，必须在结构和使用两方面采取具体措施，来降低发动机有效燃油消耗率、减小汽车的行驶阻力和提高传动系统的传动效率。

由发动机性能指标之间的关系和发动机的速度特性和负荷特性可知，发动机的有效燃油消耗率主要取决于发动机的有效热效率和发动机的工况。有效热效率主要取决于发动机的结构类型和压缩比；对一定的发动机而言，负荷一定时，有效燃油消耗率随发动机转速变化不大，只是在某一中等转速时略低；而转速一定时，有效燃油消耗率随负荷变化很大，负荷在 80% ~ 90% 范围内有效燃油消耗率最低，超出此范围有效燃油消耗率明显增加。由此可见，降低发动机的有效燃油消耗率，主要应选用热效率高的发动机，并在结构和使用两方面都尽量使发动机的负荷保持在有效燃油消耗率较低的范围内。

汽车的行驶阻力主要取决于汽车的结构、行驶工况和行驶条件。从各行驶阻力计算公式不难看出，要减小汽车的行驶阻力，在结构上主要应减小汽车总质量、减小空气阻力系数和迎风面积，在使用中主要应选择良好的道路条件并尽量减小汽车行驶的加速度。

传动系统的传动效率取决于传动系统各总成的机械效率,而各总成的机械效率主要取决于总成的结构,所以改进传动系统各总成的结构是提高传动系统传动效率的主要措施。

以下从汽车结构和使用两方面,分别介绍提高汽车燃料经济性的主要措施。

1. 结构措施

提高汽车燃料经济性的结构措施主要有合理选用发动机,合理选择变速器指数、提高传动系统的传动效率、减小汽车总质量、合理设计汽车外形、改进轮胎结构。

(1)合理选用发动机。

在汽车设计时,发动机一般是作为总成来选用的。为提高汽车的燃料经济性,在选用发动机时,主要应注意其类型、压缩比和最大功率。

合理选择发动机类型

①发动机的类型。不同类型发动机的性能有很大差异,选用热效率高的发动机,在一定工况下,发动机的有效燃油消耗率也比较低,是提高汽车燃料经济性的重要措施之一。

目前在汽车上应用的发动机按燃料不同,主要分为汽油机、柴油机和燃气发动机。三者相比,柴油机的热效率最高,尤其发动机在部分负荷工作时的燃油消耗率较低,柴油机的燃料消耗(按容积计算)比汽油机要节省20%~40%,因此选用柴油机,对提高汽车的燃料经济性极为有利。

按发动机对燃料供给量的控制方式不同,汽油机、柴油机和燃气发动机都可分为传统机械控制方式和电控方式。对燃料供给量采用电控方式的发动机,在各种工况下均可精确地控制混合气的浓度,保证各缸供应混合气的均匀性,燃料燃烧完全,发动机的经济性较好。因此,为提高汽车的燃料经济性,应尽量选用电控燃料喷射式发动机。

汽车上选用燃气发动机时,应尽量选用单燃料的燃气发动机。因为单燃料燃气发动机是专门根据燃气特点设计制造的,其性能明显优于双燃料或混合燃料燃气发动机。

②发动机的压缩比。压缩比较高的发动机,一般热效率较高,发动机动力性、经济性都比较好。因此,选用发动机时,压缩比也是一个重要参数。

③发动机的最大功率。由发动机的负荷特性可知,在转速一定的条件下,负荷率在80%~90%时,有效燃油消耗率最低。发动机在中等转速较高负荷率下工作时,其燃料经济性较好。在汽车的实际使用中,大部分使用时间内发动机的负荷率都达不到经济范围,试验表明,一般汽车在水平良好路面上以常用速度行驶时,克服各种阻力所需的功率仅为发动机相应转速下最大功率的50%~60%,相当于发动机最大功率的20%左右。因此,为提高汽车使用中发动机的负荷率,以提高汽车的燃料经济性,在保证汽车动力性满足使用要求的前提下,不宜选用大功率的发动机。

(2)合理选择变速器挡数。

由汽车的功率平衡图可知,汽车的行驶速度和阻力功率一定时,发动机的负荷率随使用的变速器挡位不同而变化,挡位越高,负荷率越大。只要变速器的挡位足够多,就可选择某一合适的挡位,使发动机的负荷率保持在80%~90%的经济范围内,从而使汽车的燃料经济性最佳。由此可见,增加变速器的挡位数量,可增加汽车以经济工况行驶的机会,有利于提高汽车的燃料经济性。但挡数太多,会使结构复杂,操作不便。

（3）提高传动系统的传动效率。

传动系统的传动效率等于传动系统各总成传动效率的乘积。在传动系统的结构设计中，合理选择传动方式和各总成的结构形式、改善润滑条件、缩短传动路线等，可减少传动过程中的功率损失，提高汽车的燃料经济性。

（4）减小汽车总质量。

汽车的总质量直接影响滚动阻力、坡道阻力和加速阻力的大小，减小汽车总质量，是减小行驶阻力以降低燃料消耗最有效的措施之一。

减小汽车总质量的措施主要有：采用高强度的低合金钢、铝合金、塑料等轻质材料制造汽车零件；改进汽车结构，尽量减少大型零部件的数量，提高零部件承载能力，如采用前轮驱动、承载式车身等；零件设计时，在保证零件强度和刚度的前提下，不追求过高的安全系数，以减小零件的尺寸和质量。

（5）合理设计汽车外形。

汽车的外形是影响空气阻力的主要因素，流线型的车身外形，并尽量减少车身外部凸出物的数量，可有效减小迎风面积、降低空气阻力系数，从而减小汽车行驶时的空气阻力，尤其对提高汽车中、高速行驶时的燃料经济性，有显著的效果。但随着社会的发展，人们的审美观点也在不断变化，汽车的外形设计，也必须符合美学要求。

（6）改进轮胎结构。

在硬路面上行驶时，轮胎变形引起的能量损失是滚动阻力的主要组成部分，而滚动阻力和空气阻力是汽车行驶中始终存在的行驶阻力，所以改进轮胎结构，减少轮胎引起的能量损失，对减小行驶阻力、提高汽车的燃料经济性有重要意义。

改进轮胎结构以减小滚动阻力的方法主要是：改进橡胶材料和采用子午线结构等。子午线轮胎与普通斜交轮胎相比，滚动阻力大幅度减小，而且行驶速度越高，差别越大。

2. 使用措施

在汽车使用方面，对汽车的燃料经济性影响最大的是汽车的技术状况和驾驶技术。在汽车的实际使用中，由于使用因素造成的燃料浪费往往远大于采取某项结构措施而节省的燃料，如：子午线轮胎比普通斜交轮胎可节油 6% ~8%，某轿车空气阻力系数从 0.5 降低到 0.3 可使油耗降低 22%，而不同技术水平的驾驶人在相同条件下驾驶同一汽车，其燃料消耗量的差异可达 20% ~40%。由此可见，为降低汽车运行中的燃料消耗，提高汽车的燃料经济性，在使用方面采取措施比在结构方面采取措施更有潜力。

（1）保持汽车良好的技术状况。

①发动机的技术状况。发动机是汽车上直接消耗燃料的总成，在发动机结构因素一定的前提下，保持其良好的技术状况是减少燃料消耗的技术基础。

发动机技术状况对燃料经济性影响较大的主要是：汽缸压力、配气相位、工作温度、燃料供给系统、点火系统的技术状况和冷却系统的技术状况。

由于磨损或其他原因造成汽缸密封性不良，使汽缸压力降低，发动机燃烧过程中的燃烧速度和平均有效压力就会下降，因此发动机的动力性下降、燃料消耗增多。

配气机构有关零部件的磨损或失调会使配气相位失准，充气系数下降，发动机功率降低、燃料消耗增多。试验表明:发动机的气门间隙每减小 0.1mm,功率降低 3.5% ~ 4.0%,燃料消耗增加 2% ~ 3%。

燃料供给系统的技术状况直接影响混合气的浓度和形成质量,从而影响发动机的动力性和燃料经济性。如:空气滤清器技术状况不良时,进气阻力大,实际充气量减小,使混合气变浓,燃油消耗率明显增加;燃油滤清器工作不良时,燃油中机械杂质堵塞油道、量孔,或进入燃烧室使积炭增多,都会影响供油浓度或燃烧过程,使燃油消耗率增加;柴油机供油提前角调整不当,会影响燃烧过程,使燃油消耗率增加;汽油机的化油器调整不当,会使混合气过浓或过稀,燃油消耗率增加,试验表明:化油器调整不当、技术状况不良时,可使发动机燃料消耗增加 20% ~ 30%。

汽油机点火系统技术状况不良,如点火不正时、断电器触点间隙不当或火花塞工作不良等,不仅影响发动机的起动性能和动力性能,还使燃油消耗率增大。试验表明:一个火花塞不工作,8 缸和 6 缸发动机燃料消耗分别增加 15% 和 25%;断电器触点间隙每增加或减小 0.1mm,燃料消耗分别增加 2% 和 4%。

冷却系统的技术状况直接影响发动机的工作温度。发动机工作温度过低,燃料雾化和蒸发不良,且发动机运转阻力大,使燃油消耗率增加;而温度过高,则充气量下降,且容易产生早燃和爆燃,也会使燃油消耗率增加。

②底盘技术状况。底盘技术状况好坏直接影响传动系统的机械效率和行驶阻力,因此对汽车的燃料经济性影响也很大。

汽车传动系统的技术状况良好时,机械效率一般为 0.85 ~ 0.90,功率损失为所传递功率的 10% ~ 15%。在传动系统功率损失中,变速器和主减速器的损失所占比例最大。在使用中,保证传动系统各总成的可靠润滑,并使各间隙保持在正常范围,对于减少摩擦损失,提高传动系统的机械效率,降低汽车的燃料消耗有明显效果。

行驶系统中的轮毂轴承过松或过紧、转向轮定位不正确、轮胎气压不符合标准,都会增大汽车行驶阻力,使汽车的燃料消耗增加。试验表明:转向轮前束值失准 1mm,燃料消耗增加约 5%;载货汽车的全部轮胎气压若都降低 49kPa,燃料消耗将增加约 5%,若气压降低 98kPa,燃料消耗将增加约 10%。

制动系统调整不当,放松制动踏板或手柄后有制动拖滞现象,会增加行驶阻力,使汽车的燃料消耗增加。

(2)提高驾驶技术。

根据长期驾驶经验的总结,降低汽车燃料消耗的合理驾驶操作方法包括:

①控制行车速度。

汽车在相同道路上行驶时,车速不同燃料消耗也不同。车辆在高速行驶时,空气阻力会随着速度的增加而迅速增大(空气阻力与车辆速度的二次方成正比),克服阻力所消耗的发动机功率增加,油耗增加;与之相反,如果车辆处于低速状态,尽管行驶阻力较小,但发动机的载荷率有所下降,进而导致燃油消耗率提升。

控制汽车行驶速度主要是做到“缓加速,中速行”。“缓加速”是指汽车加速时不要过急,因为汽车的加速度越高,克服加速阻力所需的功率越大,燃料消耗越多;“中速行”是指汽车的行驶速度不能过高或过低,以经济车速行驶时的燃料消耗量最低。

②合理选择挡位。

汽车行驶的道路条件相同时,使用的变速器挡位不同,发动机的工况不同,燃油消耗率也不同。一般来说,如果车辆处于同一道路条件且车速保持一致,此时其发动机功率处于相同的状态,挡位较低的汽车,其发动机载荷率较低,在同样的行驶里程中需要消耗更多的燃油。但是,在高挡低速行驶时,会因发动机转速降低,出现动力输出跟不上、车辆发抖的情况,就像小牛拉大车,油耗反而会增加。

合理使用挡位主要是要做到"低挡不高速,高挡不硬撑"。"低挡不高速"是指在变速器挂低挡时,不能追求高速行驶;使用低挡靠提高发动机转速来提高车速,发动机的内部损失增大,会使燃料消耗增加。"高挡不硬撑"是指汽车行驶阻力较大时,应及时换入低挡以提高驱动轮上的驱动力矩;在一般道路上行驶时,应尽可能采用高挡行驶,以增大发动机的负荷率。但汽车行驶阻力较大时,仍采用高挡强行,使发动机的负荷率过高,燃油消耗率也会增加。因此,在驾驶中必须合理选择挡位,使发动机的负荷率保持在燃油消耗率较低的范围。此外,换挡操作要做到脚轻手快,以减少功率浪费。

③养成良好的驾驶习惯。

驾驶人不良的驾驶习惯对汽车燃油经济性也有较大的影响。如猛踩加速踏板会使进气量猛然增加,发动机喷油量也会瞬间增加,导致燃油燃烧不充分;猛踩制动踏板又会使车速瞬间降低,造成动力流失。

综上所述,要提高汽车的燃油经济性,就必须加强对车辆的维护,使之处于良好的工作状态,同时提高驾驶技能,改正不良的驾驶习惯。

二 汽车的可靠性

(一)可靠性的定义

众所周知,在日常生活中,我们都希望自己拥有的物品耐用、少出故障,如出现故障也很容易维修,这就是可靠性的基本概念。

随着汽车技术的发展和社会的进步,不仅汽车可靠性早已引起人们的重视,而且对汽车可靠性的要求越来越高。汽车具有高度的可靠性,不仅是充分发挥其各种性能和提高运输生产率的保障,而且能大大减少折旧费用和维修费用。此外,汽车可靠性的好坏,对其市场竞争力、企业形象和信誉都有直接影响。因此,无论是汽车用户,还是汽车制造企业,都非常重视汽车的可靠性。

广义可靠性由三大要素构成:可靠性、耐久性和维修性。狭义的汽车可靠性,仅指汽车产品固有的质量属性,通常所说的可靠与不可靠,只是对汽车本身的质量而言。

1.可靠性

所谓汽车的可靠性是指:汽车产品在规定的使用条件下,在规定的时间内,完成规定功能的能力。分析汽车可靠性的定义,主要包括四个因素:汽车产品、规定条件、规定时间和规定功能。

汽车产品是指汽车整车、总成或零部件,它们都是汽车可靠性研究的对象。

规定条件是指规定的汽车产品工作条件,它包括:气候情况、道路状况、地理位置等环境条件,载荷性质、载荷种类、行驶速度等运行条件,维修方式、维修水平、维修制度等维修条件,存放环境、管理水平、驾驶技术等管理条件。

规定时间是指规定的汽车产品使用时间,它可以是时间单位(小时、天、月、年),也可以是行驶里程数、工作循环次数等。在汽车工程中,保修期、第一次大修里程、报废周期都是重要的特征时间。

规定功能是指汽车设计任务书、使用说明书、订货合同及国家标准规定的各种功能和性能要求。不能完成规定功能就是不可靠,称之为发生了故障或失效。根据故障危害程度的不同,汽车故障通常分为以下四种类型。

(1)致命故障:指危及人身安全、引起主要总成报废、造成重大经济损失、对周围环境造成严重危害的故障。

(2)严重故障:指引起主要零部件或总成损坏、影响行驶安全、不能用易损备件和随车工具在短时间内排除的故障。

(3)一般故障:指不影响行驶安全的非主要零部件故障,可用易损备件和随车工具在短时间内排除。

(4)轻微故障:指对汽车正常运行基本没有影响,不需要更换零部件,可用随车工具较容易排除的故障。

2. 耐久性

汽车的耐久性是指汽车产品在规定使用和维修条件下,达到某种技术或经济指标极限时,完成规定功能的能力。通常用汽车第一次大修里程的长短和汽车从使用到报废的寿命长短来说明汽车的耐久性。

3. 维修性

维修性是指在规定条件下使用的产品,在规定时间内按规定的程序和方法进行维修时,保持或恢复到能完成规定功能的能力。维修性好的汽车,发生故障后能很快修复,维修费用低,可缩短汽车停驶时间,提高汽车的使用经济性。

(二) 可靠性的评价指标

汽车可靠性的理论基础是概率论和数理统计。对产品进行可靠性评价时,可将产品分为不可修产品和可修产品两种类型,两种类型的产品在可靠性评价理论和方法上有很大差别。

1. 不可修产品的可靠性评价

不可修产品是指在使用中一旦发生故障,其寿命即告终结的产品。当然,不可修是相对的,更多是指实际上没有修理价值和修理后不能完全恢复功能的产品,如汽车上的油封、轴承、齿轮、皮带、灯泡等,即使是整车达到一定行驶里程后,也可视为不可修产品。

不可修产品是通过其寿命的统计对其可靠性进行评价的。主要评价指标有可靠度、不可靠度、失效概率密度、故障率、平均寿命等。

(1)可靠度。产品在规定的条件下,在规定的时间内,可能完成规定的功能,也可能完不成规定的功能,也就是说该产品可能有这个能力,也可能没有这个能力,这是一个随机事件,只能用概率来度量这种能力。产品在规定的条件下、在规定的时间内,完成规定功能的概率,称为可靠度。

产品在规定时间 t 内能否完成规定功能,取决于产品的固有寿命 T;只有 $T > t$ 时,该产品才能可靠地完成规定功能。在一批产品中,必然分布着固有寿命不同的产品,有些产品的固有寿命比规定时间长($T > t$),也有些产品的固有寿命比规定时间短($T < t$),这也是一个随机事件,若固有寿命比规定时间长的概率用 $P(T > t)$ 表示,可靠度用 $R(t)$ 表示,根据可靠度的定义有:

$$R(t) = P(T > t)$$

可靠度 $R(t)$ 是时间 t 的函数,所以可靠度又称可靠度函数。

(2)不可靠度,又称失效概率或失效概率函数。它是指产品在规定的条件下,在规定的时间内,不能完成规定功能的概率,用 $F(t)$ 表示。

当产品的固有寿命小于或等于规定时间,即 $T \leqslant t$ 时,该产品将随机地在规定时间内的某一时刻发生失效(即发生故障),不能继续完成规定的功能,这种失效的可能性用概率 $P(T \leqslant t)$ 表示,则:

$$F(t) = P(T \leqslant t)$$

不可靠度 $F(t)$ 与可靠度 $R(t)$ 一样,都是时间 t 的函数。两者的关系为:

$$R(t) + F(t) = 1$$

可靠度 $R(t)$ 和不可靠度 $F(t)$ 的函数曲线,如图 8-2 所示。

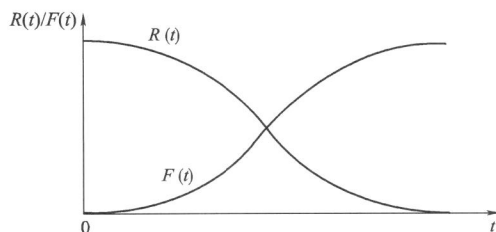

图 8-2　可靠度和不可靠度函数曲线

曲线说明:随着时间的增长,产品的可靠度越来越低,直到最终完全失效;而随着时间的增长,产品的不可靠度越大,即发生失效的可能性越大。

(3)失效概率密度,又称失效概率密度函数。它是由概率论的基础知识,导出的失效概率函数对时间 t 的微分,用 $f(t)$ 表示,即:

$$f(t) = \frac{dF(t)}{dt}$$

$F(t)$ 和 $R(t)$ 都是没有单位的,$f(t)$ 的单位为时间的倒数,这个时间是广义的,可以是小时、天、行驶里程、修理次数等。失效概率密度函数曲线,如图 8-3 所示。

(4)故障率,又称失效率。它是指产品在规定条件下,在规定时间内,产品的故障总数与寿命单位总数之比率,用 $\lambda(t)$ 表示。

当产品的寿命以时间为单位时,$\lambda(t)$也是时间t的函数。其物理意义是:产品在规定条件下工作到t时刻时,尚未失效的产品(即仍然完好的产品)在下一时刻发生失效的比率。

故障率函数$\lambda(t)$是由失效概率密度函数$f(t)$和可靠度函数$R(t)$导出的,表达式为:

$$\lambda(t) = \frac{f(t)}{R(t)}$$

故障率$\lambda(t)$也可用极限来定义:设有n个相同的产品在规定条件下独立进行试验,到t时刻时发生故障的总数为$N(t)$,则尚未失效(或发生故障)的产品总数为$[n-N(t)]$,当$n\rightarrow\infty$,$\Delta t\rightarrow0$时,用极限定义的故障率表达式为:

$$\lambda(t) = \lim_{n\rightarrow\infty,\Delta t\rightarrow0} \frac{N(t+\Delta t)-N(t)}{n-N(t)} \frac{1}{\Delta t}$$

故障率$\lambda(t)$的函数曲线也称寿命曲线,如图8-4所示。电子产品的故障率曲线多呈浴盆状,因此又常将故障率曲线称为浴盆曲线。机械产品的故障率曲线一般随时间的增长而增大(图中虚线所示)。故障率曲线可将故障分为三个时期:早期故障期、偶然故障期和耗损故障期。早期故障期,因为产品中有不合格产品,故障率较高,但随时间的推移,不合格品被淘汰,故障率逐渐下降;加强产品生产过程中的质量管理,提高装配质量,是提高早期故障期可靠性的有效措施。偶然故障期的故障率低且稳定,发生故障是偶然的,何时发生也无法预测,因此提高此时期内的可靠性也无具体措施。产品进入耗损故障期后,由于产品已接近或达到设计寿命,随时间的增长,故障率明显长高;提高此时期内整个系统的可靠性,就必须在进入耗损故障期之前,更换零件进行预防性的维修。

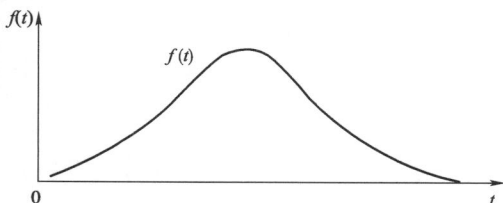

图8-3 失效概率密度函数曲线

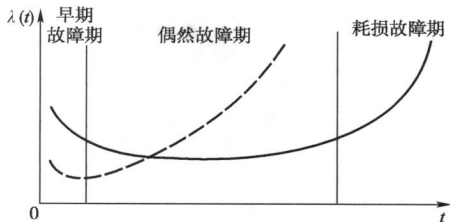

图8-4 故障率函数曲线

故障率表示汽车产品在使用中发生故障的频繁程度,通常用每1000h或每1000km的效率百分数来表示。

(5)平均寿命。对不可修产品,平均寿命是指从开始投入使用到发生失效(故障)的平均工作时间,即平均无故障工作时间,用MTBF(Mean Time Between Failures)表示。

平均寿命一般通过可靠性试验进行估算。如抽取n个产品进行可靠性试验,每个产品的试验都是到其失效为止,第i个产品的试验时间为t_i,则该产品的平均寿命为:

$$MTBF = \frac{1}{n}\sum_{i=1}^{n} t_i$$

在进行可靠性试验时,有时为节约时间和经费,试验不做到全部抽样产品失效,即做到某个规定的程度就截止试验,称为截尾试验。按规定的程度性质不同,截尾试验可分为定时截尾试验和定数截尾试验。

定时截尾试验的规则是:先规定一个时间 t_0,试验做到 t_0 时,不发生失效则终止试验。如果抽取 n 个产品进行可靠性试验,试验做到 t_0 时,有 r 个产品失效,第 i 个失效产品的试验时间为 t_i,则该产品的平均寿命为:

$$\text{MTBF} = \frac{1}{n} \left[\sum_{i=1}^{r} t_i + (n-r)t_0 \right]$$

定数截尾试验的规则是:先规定一个失效数 r,试验做到第 r 个产品失效时,则终止试验。如果进行可靠性试验抽取的产品数为 n 个,第 r 个失效的试验时间为 t_r,第 i 个失效产品的试验时间为 t_i,则该产品的平均寿命为:

$$\text{MTBF} = \frac{1}{n} \left[\sum_{i=1}^{r} t_i + (n-r)t_r \right]$$

2. 可修产品的可靠性评价

发生故障后,通过维修可恢复其规定功能的产品,称为可修产品。可修产品一般都是结构复杂、价格昂贵的产品,用两次故障之间的间隔时间的随机变化情况以及维修过程的统计量对其可靠性进行评价。常用的评价指标有平均故障间隔里程、平均首次故障里程、当量故障率等。

(1)平均故障间隔里程(MMBF)。汽车一般情况下属可修产品,其平均故障间隔里程与可修产品的平均寿命含义类似,平均寿命以时间"h"为单位,而平均间隔里程是以行驶里程"km"为单位。

平均故障间隔里程可定义为汽车平均无故障行驶的里程,采用规定里程的截尾试验方法进行统计估算,公式如下:

$$\text{MMBF} = \frac{T}{r}$$

式中: T——试验总里程, T = 试验车辆数 × 规定的试验里程,km;

　　　 r——全部试验车辆发生故障的总次数,因为轻微故障一般不影响正常行驶,所以不将轻微故障计算在内,仅计算致命故障、严重故障和一般故障的总次数。

(2)平均首次故障里程(MTTFF)。指汽车投入使用后第一次发生故障前,平均无故障行驶的里程。设抽取的试验样车辆数为 n,发生故障的试验样车辆数为 n',第 i 辆样车的首次故障里程为 t_i,规定的试验截止里程为 t,则平均首次故障里程 MTTFF 为:

$$\text{MTTFF} = \frac{1}{n'} \left[\sum_{i=1}^{n'} t_i + (n-n')t \right]$$

应注意:对汽车进行质量检验时,一般抽取的样车辆数较少(2~3 辆),可以采用上述简单的求数学平均值的方法对其可靠性进行评价;严格地说,应根据试验结果画图、求分布函数,采用寿命统计的分析方法来确定平均首次故障里程。

(3)当量故障率(λ_D)。用 MMBF 或 MTTFF 评价汽车的可靠性时,没有考虑不同级别故障(致命故障、严重故障、一般故障)的发生次数,也没有将轻微故障考虑在内。为更准确地评价汽车的可靠性,通常用当量故障率 λ_D 作为评价指标,当量故障率是指平均每 1000km、每辆汽车的当量故障数。根据汽车故障的危害程度,将汽车在试验过程中发生的所有故障(包括致命故障、严重故障、一般故障和轻微故障)次数按系数折合成发生一般故障的次数,称为当量故障数,用 r_D 表示。每辆试验车的当量故障数为:

$$r_D = \sum_{i=1}^{4} \varepsilon_i r_i$$

式中:r_D——当量故障数;

$\quad \varepsilon_i$——第 i 类故障系数,参考我国《汽车可靠性行驶试验方法》(GB/T 12678—2021)相关规定,其值分别为:致命故障 $\varepsilon_1 = 100$,严重故障 $\varepsilon_2 = 10$,一般故障 $\varepsilon_3 = 1$,轻微故障 $\varepsilon_4 = 0.2$;

$\quad r_i$——发生第 i 类故障的数量。

汽车的当量故障率 λ_D 按下式计算:

$$\lambda_D = \frac{1000}{T} \sum_{j=1}^{n} r_{Dj}$$

式中:λ_D——当量故障率,次/1000km;

$\quad r_{Dj}$——第 j 辆车的当量故障数;

$\quad n$——试验车辆数;

$\quad T$——试验总里程,即试验车辆数 × 规定试验里程,km。

(三)维修性的评价指标

汽车的维修性是在设计中实现的,在用汽车的维修性基本已成定局。良好的汽车维修性,应使发生故障的部位容易接近、容易检测、容易拆装,应当避免维修人员误装、误拆,应当保证维修人员的人身安全,应当尽量采用标准件、通用件。

维修性定义

评价汽车维修性的指标可分为时间评价指标和费用评价指标两类。

1. 时间评价指标

汽车的维修时间分为技术维修时间和行政维修时间。技术维修时间是指诊断、拆装、修理、调试等所用的时间总和,它与故障类型、维修人员的技术水平、工具和设备的配备情况等有关。行政维修时间是指办理出入厂手续、准备工作、等待配件、等待场地、等待设备等时间,它与维修厂管理水平、制造厂的售后服务、配件供应等因素有关。上述两维修时间之和称为总维修时间。时间指标主要有平均维修时间、维修时间率和有效度。

(1)平均维修时间(MTTR):指平均每次维修所用时间,主要用于评价单项维修作业的维修性,如果统计的维修次数为 n,第 i 次维修的总时间为 t_i,则平均维修时间 MTTR 为:

$$\text{MTTR} = \frac{1}{n} \sum_{i=1}^{n} t_i$$

(2)维修时间率(T_M):指平均每 1000km 的维修时间,它与故障率、单项维修时间、维护周期是否适合等因素有关。

$$T_M = \frac{技术维修总时间 + 行政维修总时间}{总行驶里程} \times 1000$$

维修时间的单位为 h，总行驶里程的单位为 km。

（3）有效度（A）：指汽车正常行驶总时间与汽车使用总时间之比，其中使用总时间等于正常行驶总时间与维修总时间之和。

$$A = \frac{行驶总时间}{行驶总时间 + 维修总时间}$$

2. 费用评价指标

维修费用一般包括材料费、工时费、设备工具费、管理费。材料费包括维修时更换零部件、消耗燃油润滑油及其他修理材料的费用；工时费包括技术工人和辅助工人的工时费；设备工具费包括设备和工具的折旧、损耗、修理费用及消耗的水、电、气等费用；管理费包括管理人员的工资、场地和厂房费用及备件管理费用。

费用指标主要有单项维修费和平均单位行驶里程维修费。

（1）单项维修费：指某单一故障平均每次的维修费用，或某级预防维护平均每次的费用。

（2）平均单位行驶里程维修费：指平均每 1000km 消耗的维修费，计算公式为：

$$每1000km维修费 = \frac{故障后维修与预防维护的总费用}{总行驶里程} \times 1000$$

（四）耐久性的评价指标

汽车的耐久性极大限度地依赖发动机的耐久性，发动机大修是汽车大修的标志。影响发动机耐久性的因素很多，但在正常使用条件下，发动机最关键部位的磨损对发动机的耐久性起决定性的影响，而发动机最关键部位的磨损是汽缸磨损，它是确定发动机大修的依据。

耐久性定义

汽车发动机的耐久性评价指标是由统计数据来计算的，主要有平均大修里程、平均稳定磨损期里程、大修时汽缸的平均最大磨损量、汽缸平均磨损速率、各缸的不均匀磨损系数。

（1）平均大修里程。如果抽取样机台数为 n，第 i 台发动机的大修里程为 t_i，则平均大修里程为：

$$\bar{t} = \frac{1}{n}\sum_{i=1}^{n} t_i$$

（2）平均稳定磨损期里程。稳定磨损期指磨合期过后到大修前的时间，它是发动机工作状态最好的时期，在此期间发动机的磨损量随时间增加缓慢。如果抽取样机台数为 n，第 i 台发动机的稳定磨损期里程为 t_{wi}，则平均稳定磨损期里程为：

$$\bar{t}_w = \frac{1}{n}\sum_{i=1}^{n} t_{wi}$$

（3）大修时汽缸的平均最大磨损量。最大磨损量包括汽缸锥度和圆度误差，如果抽取样机台数为 n，第 i 台发动机的大修时汽缸的最大磨损量为 M_i，则平均最大磨损量为：

$$\overline{M} = \frac{1}{n}\sum_{i=1}^{n} M_i$$

(4)汽缸平均磨损速率。指发动机大修时,各缸磨损锥度的平均值与大修里程之比。如果抽取样机台数为 n,第 i 台发动机大修时各缸的平均磨损锥度为 V_i、大修里程为 t_i,则汽缸平均磨损速率为:

$$\overline{V} = \frac{1}{n}\sum_{i=1}^{n} \frac{V_i}{t_i}$$

(5)各缸的不均匀磨损系数。指发动机大修时,各缸的最大磨损量 M_i 与各缸平均磨损量 $\overline{M}$ 的比值,第 i 个汽缸的不均匀磨损系数用符号 b_i 表示。

$$b_i = \frac{M_i}{\overline{M}}$$

模块小结

单元	重要知识点	小结
汽车的燃料经济性	燃料经济性的评价指标	单位行驶里程的燃料消耗量,只能用于比较同类型汽车或同一辆汽车的燃料经济性。 单位运输工作量的燃料消耗量,可以用来比较不同类型、不同装载质量汽车的燃料经济性。 消耗单位量的燃料所行驶的里程是指汽车消耗单位质量或单位容积的燃料所能行驶的里程
	提高燃料经济性的措施	结构措施:合理选用发动机、合理选择变速器挡数、提高传动系统的传动效率、减小汽车总质量、合理设计汽车外形、改进轮胎结构。 使用措施:保持汽车良好的技术状况、提高驾驶技术
汽车的可靠性	可靠性的定义	广义可靠性由三大要素构成:可靠性、耐久性和维修性。狭义的汽车可靠性,仅指汽车产品固有的质量属性,通常所说的可靠与不可靠,只是对汽车本身的质量而言
	可靠性的评价指标	不可修产品的可靠性主要评价指标有可靠度、不可靠度、失效概率密度、故障率、平均寿命等。 可修产品的可靠性常用的评价指标有平均故障间隔里程、平均首次故障里程、当量故障率等
	维修性的评价指标	评价汽车维修性的指标可分为时间评价指标和费用评价指标两类
	耐久性的评价指标	汽车的耐久性极大限度地依赖发动机的耐久性,发动机大修是汽车大修的标志。汽车发动机的耐久性评价指标是由统计数据来计算的,主要有平均大修里程、平均稳定磨损期里程、大修时汽缸的平均最大磨损量、汽缸平均磨损速率、各缸的不均匀磨损系数

知识拓展

新能源汽车简介

新能源汽车,又称代用燃料汽车,是指采用非常规的车用燃料作为动力来源,综合车辆的动力控制和驱动方面的先进技术,形成的具有新技术、新结构、先进技术原理的汽车。

一、纯电动汽车(Battery Electric Vehicles,BEV)

纯电动汽车是指驱动能量完全由电能提供的、由电机驱动的汽车。它是一种采用单一蓄电池作为储能动力源的汽车,它利用蓄电池作为储能动力源,通过蓄电池向电动机提供电能,驱动电动机运转,从而推动汽车行驶。纯电动汽车的可充电蓄电池主要有铅酸蓄电池、镍镉蓄电池、镍氢蓄电池和锂离子蓄电池等,这些蓄电池可以提供纯电动汽车动力。

二、混合动力电动汽车(Hybrid Electric Vehicle,HEV)

混合动力电动汽车的核心优势在于其动力系统的双重性。它结合了传统燃油发动机和电动机,通过智能控制系统实现两种动力源的协同工作。在车辆起步和低速行驶时,电动机作为主要动力源,提供静音、平稳的驾驶体验;而在高速行驶或需要更大动力输出时,燃油发动机则发挥主要作用,确保车辆的动力性能。这种双重动力系统的设计,既保留了传统汽车的驾驶感受,又有效降低了油耗和排放,实现了节能减排的目标。

三、燃料电池电动汽车(Fuel Cell Electric Vehicle,FCEV)

燃料电池电动汽车核心部件是燃料电池,在催化剂的作用下,氢气、甲醇、天然气、汽油等作为反应物与空气中的氧在电池中反应,进而产生电能为汽车提供动力。燃料电池电动汽车本质上来说,也属于电动汽车之一,在性能和设计方面和纯电动汽车都有很多相似之处,燃料电池电动汽车是将氢、甲醇、天然气、汽油等通过化学反应能转化成电能,而纯电动汽车是靠充电补充电能。

四、醇类燃料汽车(Methanol and Alcohol-powered Automobile)

醇类燃料汽车是指利用醇类燃料作为能源的汽车。醇类燃料是指甲醇(CH_3OH)和乙醇(C_2H_5OH),都属于含氧燃料。以甲醇为燃料的汽车称为甲醇汽车,以乙醇为燃料的汽车称为乙醇汽车。醇类燃料可以与汽油或柴油按一定比例配制成混合燃料,亦可以直接采用醇类燃料作为发动机的燃料。与汽油相比,醇类燃料具有较高的输出效率,由于燃烧充分,有害气体排放较少,属于清洁能源。甲醇主要从煤和石油中提炼,若形成规模生产,成本不高于汽油;乙醇一般利用谷物和野生植物生产,成本较低。随着技术的进步,醇类燃料将有很大的发展使用空间。

五、天然气汽车(Natural Gas Vehicles,NGVS)

天然气汽车是以油改天然气为燃料的一种气体燃料汽车。天然气甲烷含量一般在90%以上,是一种很好的汽车发动机燃料。天然气汽车包括压缩天然气(CNG)汽车、液化天然气(LNG)汽车、液化石油气(LPG)汽车。

1. 压缩天然气(CNG)汽车

压缩天然气是指压缩到 20.7~24.8MPa 的天然气,储存在车载高压气瓶中。压缩天然气(CNG)是一种无色透明、无味、高热量、比空气轻的气体,主要成分是甲烷。加工成本相对较低,极难液化,CNG 汽车最大的缺点是高压钢瓶过重,体积大且储气量小,占去了汽车较多的有效重量,限制了汽车携带燃料的体积,导致汽车连续行驶里程短,另外因钢瓶的存储压力高,也具有一定的危险性。

2. 液化天然气(LNG)汽车

天然气在常压下冷却至 -162℃ 后液化形成 LNG,其燃点为 650℃,爆炸极限为 5%~15%,安全性较高。LNG 汽车可以明显地压缩天然气体积,一次充气,可以行驶 500km 甚至 1000km 以上,非常适合长途运输使用。与 CNG 汽车相比,LNG 汽车在安全、环保、整车轻量化、整车续驶里程方面都具有优势。

3. 液化石油气(LPG)汽车

液化石油气是一种在常温常压下为气态的烃类混合物,比空气重,有较高的辛烷值,具有混合均匀、燃烧充分、不积炭、不稀释润滑油等优点,能够延长发动机使用寿命,而且一次载气量大、行驶里程长。

? 复习思考题

1. 什么是汽车燃料经济性?
2. 评价汽车燃料经济性的指标有哪些? 适用范围是什么?
3. 提高汽车燃料经济性的措施有哪些?
4. 什么是汽车的可靠性? 如何评价?

汽车的操纵稳定性

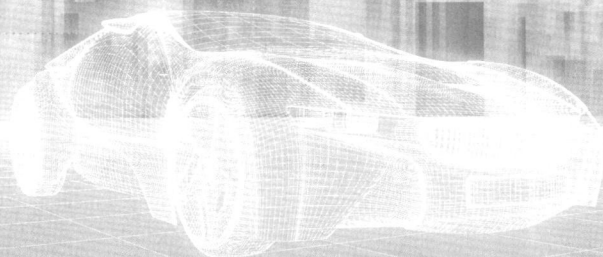

学习目标

◈ 知识目标

1. 能够描述汽车极限稳定性的概念;
2. 能够描述影响汽车转向时操纵稳定性的因素;
3. 能够描述影响汽车直线行驶时操纵稳定性的因素;
4. 能够描述汽车操纵轻便性的评价指标。

◈ 技能目标

1. 能够计算分析汽车极限稳定性的条件;
2. 能够计算分析保持汽车转向时操纵稳定的条件;
3. 能够分析提高汽车直线行驶操纵稳定性的措施;
4. 能够评价汽车的操纵轻便性能。

◈ 素养目标

1. 学习汽车极限稳定性的相关知识,培养突破自我、成就非凡的坚韧品质;
2. 学习汽车转向时操纵稳定性的相关知识,培养深思熟虑、沉着冷静的处事作风;
3. 学习汽车直线行驶时操纵稳定性的相关知识,培养诚实正直、坚守原则的高尚品德。

模块导学

汽车的操纵性和稳定性紧密关联,稳定性的好坏直接影响操纵性的好坏,通常将两者统称为操纵稳定性。操纵性是指汽车确切地响应驾驶人操纵指令的能力,稳定性是指汽车抵抗外界干扰而保持稳定行驶的能力。

汽车的操纵稳定性,是汽车的重要性能之一,它直接影响汽车的行驶安全、运输生产率和驾驶人的劳动强度等。在使用中,操纵稳定性不好的汽车,不仅驾驶人的劳动强度大、行驶安全性差,而且也使汽车的行驶速度受到限制,从而限制汽车动力性的充分发挥,使运输生产率下降。

本模块重点介绍汽车的极限稳定性、转向稳定性、直线行驶稳定性和操纵轻便性。

一 汽车的极限稳定性

汽车的极限稳定性是指汽车抵抗外界干扰而不发生翻车事故的能力。汽车的翻倒可分为纵向翻倒和侧向翻倒,汽车的极限稳定性也分纵向极限稳定性和侧向极限稳定性。

(一)纵向极限稳定性

1. 纵向翻倒

汽车的纵向翻倒最容易发生在上坡或下坡时,以上坡为例,汽车的受力情况如图 9-1 所示。在实际使用中,当坡道较大时,汽车行驶速度比较低,空气阻力忽略不计,同时汽车的动力主要用来克服坡道阻力,在较大的坡道上加速能力有限,也不考虑加速阻力。

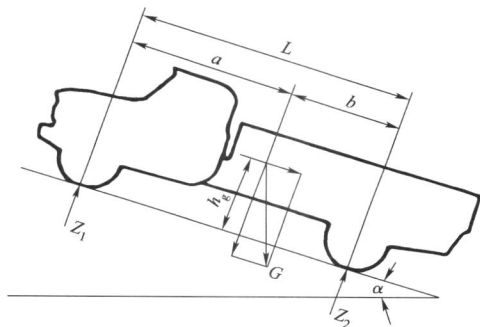

图 9-1 汽车上坡受力图

由受力图可求得汽车前、后轮的地面法向反作用力为:

$$Z_1 = \frac{bG\cos\alpha - h_g G\sin\alpha}{L}$$

$$Z_2 = \frac{aG\cos\alpha + h_g G\sin\alpha}{L}$$

式中: Z_1——前轮地面法向反作用力,N;

Z_2——后轮地面法向反作用力,N;

G——汽车的总重力,N;

a——汽车重心到前轴的距离,m;

b——汽车重心到后轴的距离,m;

h_g——汽车重心高度,m;

L——汽车前后轴距,m;

α——道路纵向坡道角度,(°)。

由以上公式可以看出,随着坡道角度 α 的增大,前轮的地面法向反作用力 Z_1 减小,当坡道角度增大到一定程度,前轮的地面法向反作用力 Z_1 为零时,前轮将失去转向操纵能力,并可能发生向后纵向翻倒。因此,汽车上坡时,不发生纵向翻倒的条件是:

$$Z_1 = \frac{bG\cos\alpha - h_g G\sin\alpha}{L} > 0$$

整理上式可得: $\tan\alpha < \dfrac{b}{h_g}$

由纵向翻倒的条件可知,汽车的重心到后轴的距离 b 越大,汽车的重心高度 h_g 越小,则汽车上坡时越不容易发生向后纵向翻倒,汽车的极限稳定性好。

2. 驱动轮滑转

汽车上坡时，坡道阻力也随坡道角度的增大而增加，当克服坡道阻力所需的驱动力超过附着力时，汽车的驱动轮就会产生滑转，汽车行驶的稳定性也会遭到破坏。汽车上坡时，后轮驱动的汽车不发生驱动轮滑转的条件是：

$$F_{tmax} = G\sin\alpha \leqslant Z_2\varphi$$

式中：φ——纵向附着系数。

F_{tmax}——最大驱动力，N。

将计算式代入 $Z_2 = \dfrac{aG\cos\alpha + h_gG\sin\alpha}{L}$，并整理可得：

$$\tan\alpha \leqslant \frac{a\varphi}{L - \varphi h_g}$$

驱动轮滑转

3. 纵向极限稳定条件

在实际使用中，如果汽车遇有较大坡道时，因附着条件的限制，地面无法提供克服坡道阻力所需的驱动力，汽车也就无法上坡，也就不会发生向后纵向翻倒。因此，要保持汽车纵向的极限稳定性，就要保证汽车上坡时，随着坡道角度的增大，驱动轮的滑转先于向后纵向翻倒。对后轮驱动的汽车，上坡时保持纵向极限稳定性的条件则为：

$$\frac{a\varphi}{L - \varphi h_g} < \frac{b}{h_g}$$

整理上式可得：$\dfrac{b}{h_g} > \varphi$。

上式称为后轮驱动汽车上坡时的纵向极限稳定条件，用同样的方法可求得后轮驱动汽车下坡时的纵向极限稳定条件，以及前轮驱动汽车、全轮驱动汽车上坡或下坡时的纵向极限稳定条件。对多数汽车而言，其重心位置都比较低，即重心高度 h_g 比较小，均能满足上述条件而有余，但越野汽车的重心一般较高，而且装用越野轮胎时附着系数也较大，失去纵向极限稳定性的危险增加。

（二）侧向极限稳定性

汽车行驶中，受到侧向力（如离心力、重力的侧向分力等）时，其左、右车轮的地面法向反作用力也随之改变，如果侧向力足够大，使某一侧车轮的地面法向反作用力为零时，汽车就可能发生侧向翻倒，而失去侧向极限稳定性。此外，侧向力超过附着力时，汽车会向侧向力作用方向侧滑。

1. 侧向翻倒

汽车高速转弯时，由于受到较大的离心力，最容易发生侧向翻倒。在道路转弯处，一般都有外高内低的横向坡度，汽车在横向坡道上等速转弯时的受力情况，如图9-2所示（ω 为角速度）。

由受力图可求得汽车左、右车轮的地面法向反作用力为：

$$Z_L = \frac{1}{B}\left(\frac{B}{2}G\cos\beta - Gh_g\sin\beta + F_c\frac{B}{2}\sin\beta + F_ch_g\cos\beta\right)$$

$$Z_R = \frac{1}{B}\left(\frac{B}{2}G\cos\beta + Gh_g\sin\beta + F_c\frac{B}{2}\sin\beta - F_ch_g\cos\beta\right)$$

式中：Z_L——左侧车轮地面法向反作用力，N；

　　　Z_R——右侧车轮地面法向反作用力，N；

　　　F_c——汽车转弯时的离心力，N；

　　　G——汽车的总重力，N；

　　　h_g——汽车重心高度，m；

　　　B——汽车左右轮距，m；

　　　β——道路横向坡道角度，(°)。

图 9-2 中 F_{yL} 为左侧车轮地面侧向反作用力，单位为 N；F_{yR} 为右侧车轮地面侧向反作用力，单位为 N。

汽车转弯时的离心力 F_c 作用在汽车重心上，其大小为：

$$F_c = \frac{G}{g}\frac{v^2}{R}$$

式中：G——汽车的总重力，N；

　　　g——重力加速度，m/s²；

　　　v——汽车行驶速度，m/s；

　　　R——转弯半径，m。

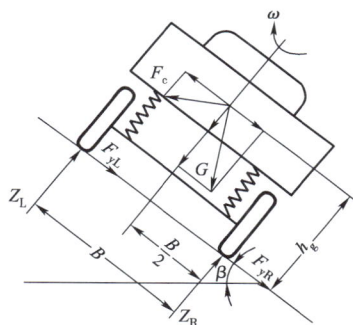

图 9-2　汽车在横向坡道上等速转弯受力图

侧向翻转

由公式和受力图可知，随汽车转弯速度 v 的提高，离心力 F_c 增大，汽车右侧车轮的地面法向反作用力 Z_R 减小，当车速足够高使 $Z_R = 0$ 时，汽车就可能向外侧（图中左侧）翻倒。汽车不向外侧翻倒的条件是 $Z_R > 0$，将 Z_R 和 F_c 计算式代入此条件并进行整理，可得汽车不向外侧翻倒而允许的转弯车速范围为：

$$v < \sqrt{\frac{gR(B + 2h_g\tan\beta)}{2h_g - B\tan\beta}}$$

由上式可见，当 $\tan\beta = \dfrac{2h_g}{B}$ 时，式中右侧分母为零，所以汽车在此横向坡道上，无论以多高的车速转弯行驶，均不会发生向外侧翻倒的现象。当 $\beta = 0$ 即汽车在平路上转弯时，汽车不发生向外侧翻倒的条件是：

$$v < \sqrt{\frac{gRB}{2h_g}}$$

实际在道路施工中，一般都在转弯处设有一定的横向坡度，目的就是提高汽车转弯时的稳定性。随坡道角度增大，汽车不发生向外侧翻倒所允许的转弯车速就越高。应当注意：如果横向坡道角度过大，而汽车转弯速度又比较低时，汽车可能向内侧（图 9-2 中右侧）翻倒，按 $Z_L > 0$ 可求得汽车在较大的横向坡道上转弯时，不发生向内侧翻倒而允许的最低转弯车速，这种情况在实际中一般不会出现。

汽车在横向坡道上停车或直线行驶时，离心力 $F_c = 0$，如果坡道角度过大，汽车就会向坡道下方（图 9-2 中右侧）翻倒，根据左侧车轮法向反作用力 Z_L 计算式，可求得汽车不发生翻倒允许的坡道角度 β 应满足下式：

$$\tan\beta < \frac{B}{2h_g}$$

由以上各式不难看出，增大转弯半径、增大轮距和降低汽车重心高度，均可提高汽车侧向极限稳定性。

2. 侧滑

汽车转弯行驶时，随车速提高，汽车所受的侧向力增大，当侧向力超过侧向附着力时，汽车就会沿侧向力方向侧滑。由图 9-2 可得汽车不发生向外（左）侧滑的条件为：

$$F_c\cos\beta - G\sin\beta \leqslant (F_c\sin\beta + G\cos\beta)\varphi$$

式中：φ——侧向附着系数。

将离心力 F_c 计算式代入上式，并整理可得汽车不发生向外侧滑的允许车速范围为：

$$v \leqslant \sqrt{\frac{gR(\varphi + \tan\beta)}{1 - \varphi\tan\beta}}$$

由上式可知，当 $\tan\beta = \dfrac{1}{\varphi}$ 时，式中右侧分母为零，所以汽车在此横向坡道上，无论以多高的车速转弯行驶，均不会发生向外侧滑的现象。当 $\beta = 0$ 即汽车在平路上转弯时，汽车不发生向外侧滑的条件是：

$$v \leqslant \sqrt{gR\varphi}$$

汽车在横向坡道上，停车或直线行驶时，离心力 $F_c = 0$，如果坡道角度过大，汽车就会向坡道下方（图 9-2 中右侧）侧滑，侧向力为 $G\sin\beta$，汽车不发生侧滑的条件则为：

$$G\sin\beta \leqslant (G\cos\beta)\varphi$$

即：$\tan\beta \leqslant \varphi$

3. 侧向极限稳定条件

为确保行驶安全，汽车高速转弯时，侧滑应先于侧翻。因为驾驶人一旦发现侧滑后，可及时降低车速，便能避免事故发生。要保证侧滑先于侧翻，由不发生侧翻和侧滑的条件可得：

$$\sqrt{\frac{gR(\varphi + \tan\beta)}{1 - \varphi\tan\beta}} < \sqrt{\frac{gR(B + 2h_g\tan\beta)}{2h_g - B\tan\beta}}$$

整理可得：$\dfrac{B}{2h_g} > \varphi$

上式即为侧向极限稳定条件，其中 $\dfrac{B}{2h_g}$ 称为侧向稳定性系数。即使在侧向附着系数较高的良好路面上,一般汽车也能满足侧向极限稳定条件。在车辆使用中,尤其应注意载货汽车的装载高度,汽车重心高度随装载高度提高,使侧向稳定系数下降,汽车发生侧翻的危险性增加。

(三)提高极限稳定性的措施

由汽车纵向和侧向极限稳定条件不难看出,汽车的极限稳定性主要取决于汽车本身的尺寸参数,影响最大的是汽车的重心高度,降低汽车的重心高度是提高汽车极限稳定性的有效措施。此外,增大汽车重心与驱动车轴之间的距离,增大汽车的轮距,对改善汽车的极限稳定性也具有一定意义。

二 汽车转向时的操纵稳定性

(一)轮胎的侧偏特性

汽车上装用的轮胎都是有弹性的充气轮胎,当车轮受到侧向力作用时,轮胎就会发生侧向变形,从而使轮胎胎面接地印迹的中心线和车轮平面不重合,错开 Δh,如图 9-3 所示。

装有弹性轮胎的车轮滚动轨迹,如图 9-4 所示(Δn 为受侧向力时,轮胎接地点与车轮中心平面的距离)。当车轮不受侧向力滚动时[图 9-4a)],轮胎胎面中心 a、b、c、d、e、f 各点依次落于地面上的 a_1、b_1、c_1、d_1、e_1、f_1 各点上,此时车轮沿直线滚动。当车轮受侧向力作用滚动时[图 9-4b)],假定侧向力不足以使车轮侧滑,由于弹性轮胎的侧向变形,使胎面中心 a、b、c、d、e、f 各点依次落于地面上的 a'_1、b'_1、c'_1、d'_1、e'_1、f'_1 各点上,此时车轮的滚动轨迹偏离其直线行驶方向 α 角度。即装有弹性轮胎的车轮受侧向力作用时,由于轮胎的侧向变形,车轮的滚动轨迹偏离其直线行驶方向,这种现象称为弹性轮胎的侧偏现象,α 角度称为侧偏角。

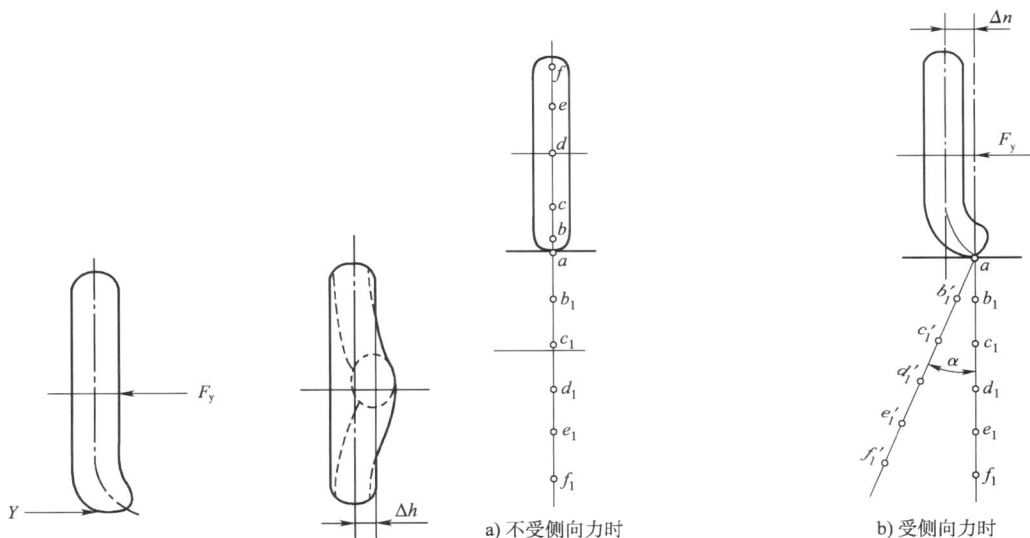

a) 不受侧向力时   b) 受侧向力时

图 9-3 弹性轮胎的侧向变形   图 9-4 装有弹性轮胎的车轮滚动轨迹

对一定的轮胎而言,侧偏角随侧向力的增加而增大,侧偏角与侧向力之间的关系称为轮胎的侧偏特性。图9-5所示为试验测得的轮胎侧偏特性曲线,在侧偏角不超过3°~4°时,侧向力与侧偏角接近线性关系。侧向力增加,侧偏角也增大,当侧向力增加到接近附着极限时,由于轮胎接地部分局部滑移,侧偏角迅速增大。汽车正常行驶时,轮胎的侧偏角一般不超过4°~5°,因此可认为侧向力与侧偏角呈线性关系,即:

$$F_y = K\alpha$$

式中:K——侧偏刚度,N/(°)。

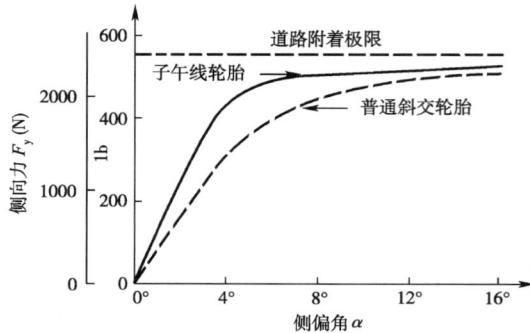

图9-5　轮胎侧偏特性曲线

侧偏刚度是指每产生1°的侧偏角所需的侧向力。轮胎的侧偏刚度主要与外胎结构、轮胎气压、轮胎与路面之间的法向和切向作用力等有关,一般用试验方法确定。

(二)轮胎侧偏对转向操纵稳定性的影响

1.无侧偏时的转向半径

在汽车转弯行驶时,为减小轮胎磨损和提高汽车行驶稳定性,最理想的状态是所有车轮都保持纯滚动,这就要求所有车轮都绕同一中心做圆周运动,该中心称为瞬时转向中心,如图9-6所示。从瞬时转向中心到汽车纵轴线之间的距离称为转向半径。

由图9-6可知,要保持理想的汽车转向,内、外转向车轮的转角必须保持一定的关系,此关系称为理论转角特性,即:

$$\cot\delta_1 - \cot\delta_2 = \frac{OG}{L} - \frac{OD}{L} = \frac{d}{L}$$

式中:δ_1、δ_2——左、右轮转角,(°);

　　　d——左、右转向主销中心距,m;

　　　L——轴距,m。

在实际的汽车转向时,内、外转向轮的转角关系是由转向梯形机构决定的。在汽车设计时,通过对转向梯形参数(转向梯形各边长度和底角)的合理选择,也只能使实际的内、外轮转角关系尽量接近理论转角特性,要完全符合理论转角特性是不可能的。

不考虑轮胎侧偏时,设汽车前轴中点的速度方向与汽车纵轴线之间的夹角为δ,由图9-6中各三角形关系可以证明,δ与左、右转向轮转角δ_1和δ_2的关系为:

$$\delta = \frac{\delta_1 + \delta_2}{2}$$

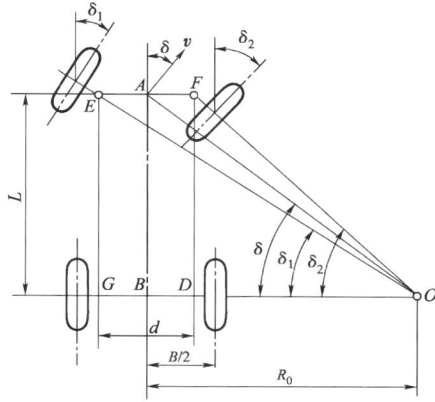

图 9-6　无侧偏时的汽车转向

则由三角形 ABO 可得无侧偏时的转向半径为：

$$R_0 = \frac{L}{\tan\delta}$$

当汽车转向角度较小时,并用弧度表示 δ 的大小,则：

$$\tan\delta \approx \delta$$

$$R_0 \approx \frac{L}{\delta}$$

2. 有侧偏时的转向半径

汽车转向时的离心力会使弹性轮胎产生侧偏,轮胎的侧偏会影响实际的转向半径。如图 9-7 所示,为便于分析,假设在离心力作用下,同一轴车轮的侧偏角度相等,前轴车轮的侧偏角度为 α_A,后轴车轮的侧偏角度为 α_B。

汽车转向时,由于弹性轮胎的侧偏,使前、后轴中点速度方向和瞬时转向中心都发生改变。与无侧偏时相比,前、后轴中点的速度分别由 v_A 和 v_B 变为 v'_A 和 v'_B,过前、后轴中点 A 和 B 分别作前、后轴中点实际速度 v'_A 和 v'_B 的垂线交于 O' 点,此点即有侧偏时的瞬时转向中心,可见瞬时转向中心也不再是原来的 O 点。过 O' 点作汽车纵轴线的垂线交于 D 点,$O'D$ 即为有侧偏时汽车的转向半径,用 R 来表示。

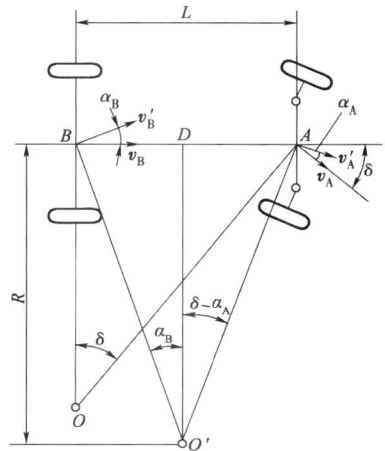

图 9-7　有侧偏时的汽车转向

由图 9-7 中的三角关系可得：

$$\tan(\delta - \alpha_A) = \frac{AD}{O'D}$$

$$\tan\alpha_B = \frac{BD}{O'D}$$

将以上两式相加,并且 $AD + BD = L$,$O'D = R$,$\tan(\delta - \alpha_A) \approx \delta - \alpha_A$,$\tan\alpha_B \approx \alpha_B$,整理可得：

$$R \approx \frac{L}{\delta + \alpha_B - \alpha_A}$$

比较有侧偏时和无侧偏时的转向半径公式即可得出如下结论：

（1）对一定汽车而言，当前轮转角（或转向盘转角）一定时，即 δ 一定，前、后轴车轮的侧偏角度影响转向半径。当前、后轴车轮的侧偏角度相等时，有侧偏时的转向半径与无侧偏时的转向半径也相等，称汽车具有中性转向特性；当后轴车轮的侧偏角度大于前轴车轮的侧偏角度时，有侧偏时的转向半径小于无侧偏时的转向半径，称汽车具有过多转向特性；当后轴车轮的侧偏角度小于前轴车轮的侧偏角度时，有侧偏时的转向半径大于无侧偏时的转向半径，称汽车具有不足转向特性。

（2）当汽车沿给定的弯道转向行驶时，即转向半径 R 一定，前、后轴车轮的侧偏角度影响汽车转向所需的前轮转角（或转向盘转角）。当前、后轴车轮的侧偏角度相等时，具有中性转向特性的汽车，转向所需的前轮转角与无侧偏时相等；当后轴车轮的侧偏角度大于前轴车轮的侧偏角度时，具有过多转向特性的汽车，转向所需的前轮转角比无侧偏时小；当后轴车轮的侧偏角度小于前轴车轮的侧偏角度时，具有不足转向特性的汽车，转向所需的前轮转角比无侧偏时大。

（三）提高转向操纵稳定性的措施

在实际汽车转向行驶时，车速是影响前、后轴车轮侧偏角度的重要因素。当汽车沿给定的弯道转向行驶时，具有中性转向特性的汽车，转向所需的前轮转角是固定的，与车速无关；具有过多转向特性的汽车，由于随车速的提高，后轮与前轮侧偏角度的差值增大，所以转向所需的前轮转角必须减小；具有不足转向特性的汽车，由于随车速的提高，后轮与前轮侧偏角度的差值减小，所以转向所需的前轮转角必须增大。

具有过多转向特性的汽车在给定的弯道上转向时，所需的前轮转角必须随车速的提高而减小，当车速达到某一临界车速时，所需的前轮转角就会减小到零，这意味着汽车以临界车速行驶时，前轮只要有微小的转角，汽车就会以很小的半径绕瞬时转向中心高速转向，而且如果前轮不能及时回正，转向半径会越来越小，将导致汽车失去稳定性。具有中性转向特性的汽车转向时对车速不敏感，具有适度不足转向特性的汽车才有良好的操纵稳定性。

为提高汽车转向时的操纵稳定性，使汽车具有适度的不足转向特性，一般通过合理选择汽车的重心位置和轮胎充气压力来实现。在汽车总布置设计时，确定的汽车重心到前、后轴的距离，决定了汽车转向时离心力在前、后轴上的分配，直接影响前、后轮的侧偏角度，重心位置的确定应保证前轮侧偏角比后轮大。在使用中，轮胎的充气压力是影响其侧偏刚度的重要因素，气压越高，侧偏刚度越大，所以汽车前轮的充气压力一般比后轮低，以保证前轮侧偏角比后轮大。

三 汽车直线行驶时的操纵稳定性

影响汽车直线行驶操纵稳定性的因素主要有转向轮的振动、转向轮的定位和轮胎侧偏。

（一）转向轮振动的影响

汽车的转向轮通过悬架和转向传动机构与车架相连,这些互相联系的机件组成了弹性振动系统。如图 9-8 所示,在汽车行驶过程中,由于路面不平等因素的影响,就会使转向轮出现上下跳动(图 9-8a)或左右摆动(图 9-8b)的现象,转向轮的振动不仅会使行驶阻力、轮胎磨损、行驶系统和转向系零件动载荷增加,而且严重影响汽车的操纵稳定性,使汽车行驶速度的发挥受到限制。

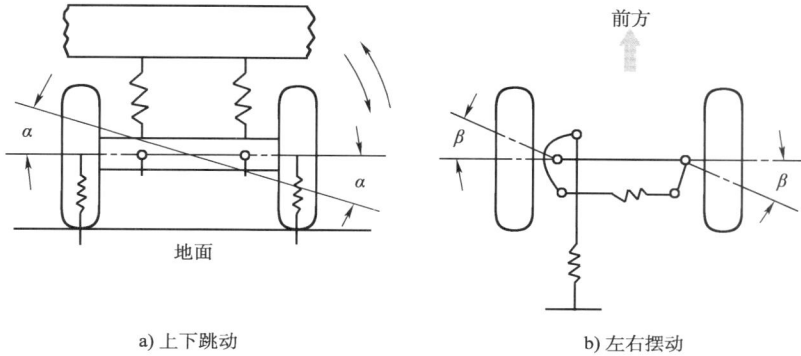

a) 上下跳动　　　　　　　　　　　b) 左右摆动

图 9-8　转向轮的振动

α-振动角度;β-摆动角度

转向轮的上下跳动可看作绕汽车纵轴线的角振动,它一般是由路面不平或车轮不平衡引起的。汽车直线行驶中,由于路面不平或车轮不平衡等使转向轮绕汽车纵轴线产生角振动时,由于陀螺效应(详见理论力学相关内容)会使转向轮绕主销偏转,如果左轮升高,车轮将向右偏转;如果左轮下落,车轮将向左偏转,即转向轮绕汽车纵轴线的角振动激发了转向轮绕主销的角振动。同样由于陀螺效应,转向轮绕主销的角振动会反过来加剧转向轮绕汽车纵轴线的角振动,如此反复,将严重影响汽车直线行驶的稳定性。

转向轮的左右摆动就是绕主销的角振动。无论是由于路面不平、车轮不平衡或侧向风等直接引起转向轮绕主销的角振动,还是转向轮绕汽车纵轴线的角振动间接引起转向轮绕主销的角振动,都会影响汽车直线行驶时的方向稳定性。

（二）转向轮定位的影响

转向轮的定位参数中,主销内倾和主销后倾对操纵稳定性影响较大。

1. 主销内倾的影响

主销内倾角是指在汽车横向垂直平面内,转向主销中心线与铅垂线之间的角度 γ,如图 9-9所示。当汽车转向时,转向轮绕主销偏转,假设前轴(转向轴)的空间位置不变,且转向轮绕主销偏转180°,则转向轮由图中实线所示位置转到虚线所示位置,转向轮的接地点 A 深入到地面以下的 A' 点,但实际转向轮不可能进入地面以下,而是将转向轮连同汽车前轴被抬高一定距离 h,驾驶人施加在转向盘上的运动能量部分转化为前轴升高的势能而储存起来。虽然汽车实际转向时,转向轮的偏转角度 γ 一般只有 35°左右,不可能达到 180°,但由此可能推论,由于主销内倾角的影响,转向轮绕主销偏转时,前轴被抬高而势能增大,储存起来的势能与转向轮的偏转角度成正比。汽车转向后,驾驶人松开转向盘,在前轴重力作用下,被储存起来的势能便释放出来,从而使转向轮自动回正。这种自动回正作用,有利于保持汽车直线行驶的稳定性,但主销内倾角过大,会使转向沉重。

2. 主销后倾的影响

主销后倾角是指在汽车纵向垂直平面内,转向主销中心线与铅垂线之间的角度 β,如图 9-10 所示。汽车转向时,离心力在前轴上的分力引起路面对转向轮的侧向反作用力 Y_1。由于主销的后倾,轮胎的接地点与主销之间存在一定的垂直距离,则侧向反作用力绕主销形成力矩。无论转向轮绕主销向何方向偏转,侧向反作用力绕主销形成力矩都会促使转向轮自动回正,因此主销后倾也有利于保持汽车直线行驶时的稳定性,但主销后倾角过大,同样也会使转向沉重。

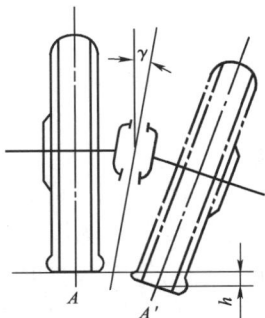

图 9-9　主销内倾的自动回正作用

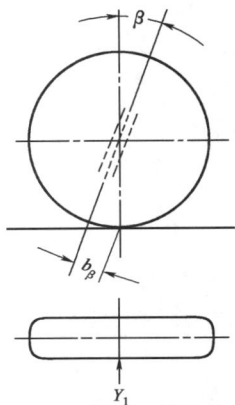

图 9-10　主销后倾的自动回正作用
β-主销后倾角;b_β-力臂

(三) 轮胎侧偏的影响

1. 前轮侧偏的影响

弹性轮胎与路面的接触不是点接触,而是面接触。转向轮接地印迹内侧向反作用力的分布,影响汽车直线行驶时的操纵稳定性。当车轮静止时,受到侧向力作用后,由于接地印迹长轴方向各点的侧向变形量相等,所以地面侧向反作用力均匀分布。但滚动的车轮受到侧向力作用时,由于弹性轮胎的侧偏使接地印迹扭曲,接地印迹前端离车轮平面近,后端则离车轮平面远,轮胎的侧向变形量沿接地印迹长轴方向由前到后逐渐增大。由于侧向反作用力的大小与侧向变形量成正比,所以转向轮接地印迹内侧向反作用力的合力向后偏移,如图 9-11 所示,侧向力 F_{JY} 与侧向反作用力 Y_1 形成的力偶矩力图使转向轮回到直线行驶位置。由此可见,转向轮的侧偏有利于汽车转向后转向轮的自动回正,同样有利于保持汽车直线行驶时的稳定性。

转向轮的侧偏刚度越小,受到侧向力作用时的侧偏角度就越大,自动回正作用也随之增大。目前轿车上广泛采用低压胎以提高其附着性能,也增大了转向轮的自动回正作用,但为防止转向沉重,因此采用低压胎的汽车不得不减小其主销后倾角,有些甚至出现负值。

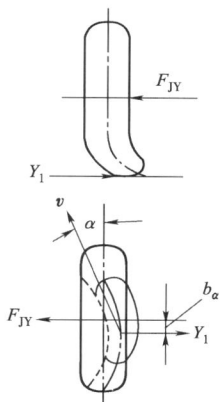

图 9-11 轮胎侧偏的自动回正作用

F_{JY}-侧向力;Y_1-侧向反作用力;α-侧偏角;b_α-转向量接地点后移量

2. 前、后轮侧偏的综合影响

前、后轮的侧偏角度影响汽车的转向特性,而具有不同转向特性的汽车,其直线行驶时的稳定性也不同。

具有中性转向的汽车沿 xx 方向直线行驶时,如果有偶然的侧向力 R_y 作用在汽车重心上,由于前、后车轮的侧偏角度相等,汽车将沿与 xx 方向成 $\alpha = \alpha_A = \alpha_B$ 角的 mm 方向直线行驶,如图 9-12a)所示。要想维持原来的行驶方向,只要向侧向力相反一侧转动转向盘,使汽车纵轴线与原行驶方向成 α 角,然后再将转向盘转回直线行驶位置,如图 9-12b)所示。

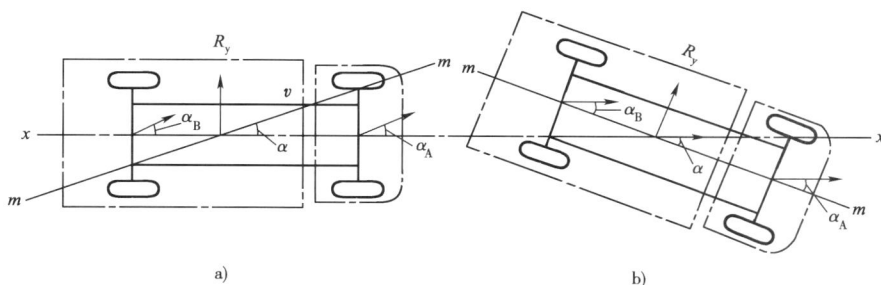

图 9-12 中性转向特性汽车的直线行驶稳定性

具有过多转向特性的汽车直线行驶时,如果有偶然的侧向力 R_y 作用在汽车重心上,由于前轮侧偏角度 α_A 比后轮侧偏角度 α_B 小,汽车将向侧向力方向相反的一侧转弯行驶,并产生离心力 F_C,如图 9-13 所示。由于离心力 F_C 的侧向分力 F_{CY} 与侧向力 R_y 的方向相同,会加剧轮胎的侧偏,从而使转向半径减小,离心力进一步增大,尤其车速较高时,如此恶性循环,最终将导致汽车失去操纵稳定性。

具有不足转向特性的汽车直线行驶时,如果有偶然的侧向力 R_y 作用在汽车重心上,由于前轮侧偏角度 α_A 比后轮侧偏角度 α_B 大,汽车将向侧向力作用方向一侧转弯行驶,并产生离心力 F_C,如图 9-14 所示。由于离心力 F_C 的侧向分力 F_{CY} 与侧向力 R_y 的方向相反,有抑制

侧向力 R_Y 的作用,所以当侧向力 R_Y 消失后,汽车能自动恢复直线行驶。由此可见,具有不足转向特性的汽车也有良好的直线行驶稳定性。

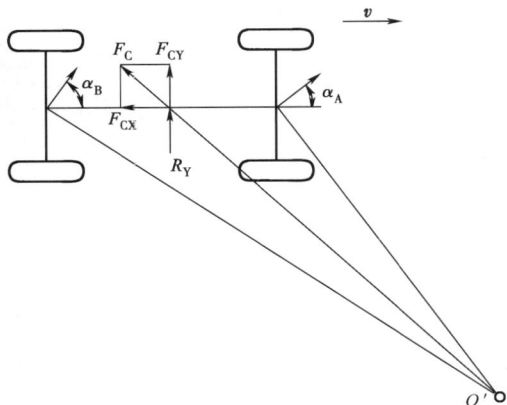

图 9-13　过多转向特性汽车的直线行驶稳定性

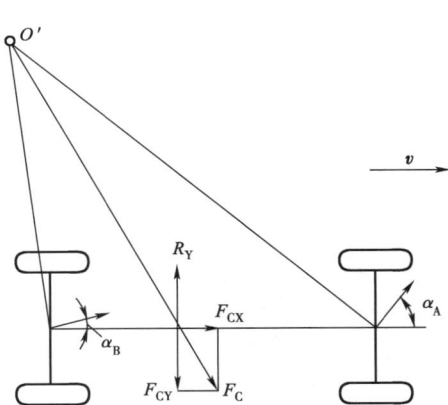

图 9-14　不足转向特性汽车的直线行驶稳定性

(四)提高直线行驶操纵稳定性的措施

提高汽车直线行驶时的操纵稳定性,主要应采取以下措施:

(1)转向轮振动的产生原因主要是路面不平和车轮不平衡等,改善道路条件、保持车轮动平衡是防止车轮振动的有效措施。在使用中,应特别注意车轮的平衡问题,必要时应对车轮进行动平衡试验,消除不平衡因素。

(2)在汽车设计中,合理选择悬架结构,如采用独立悬架取代非独立悬架,可避免或减轻由于陀螺效应引起的转向轮左右摆动。

(3)悬架与转向传动机构的运动干涉,也是引起转向轮左右摆动的一个重要因素。在汽车设计时,应尽量使转向垂臂与直拉杆连接球头接近悬架铰接点,以协调悬架与转向传动机构的运动关系。

(4)合理选择转向轮定位参数,在充分考虑转向轻便和轮胎侧偏影响的前提下,保证转向轮有足够的自动回正能力。

(5)适当减小转向轮的侧偏刚度,不仅可增强转向轮的自动回正能力,而且有利于使汽车具有适度的不足转向特性,对提高汽车直线行驶时的操纵稳定性具有重要意义。

四　汽车的操纵轻便性

(一)操纵轻便性的评价指标

操纵轻便性主要影响驾驶人在工作中的疲劳强度,它取决于单位行驶里程内的操纵作业次数、所需的操纵力和操纵行程。

驾驶人在工作中的主要操纵作业包括离合器踏板操纵、制动踏板和手柄操纵、加速踏板操纵、换挡操纵和转向盘操纵。

驾驶人在单位行驶里程(100km)内完成各项操纵作业的次数,受汽车结构、道路条件、行驶环境等因素的影响很大,难以用统计数字进行比较,一般根据汽车相关装置的结构进行分析评价,如带同步器的变速器比无同步器的变速器换挡时踩离合器的次数少等。

驾驶人完成各项操纵作业所需的操纵力和操纵行程主要取决于操纵机构的结构,具体的操纵力和操纵行程可用仪器测量。对离合器踏板操纵、制动踏板和手柄操纵、转向盘操纵一般要求如下:

(1)离合器踏板操纵。轿车离合器踏板操纵力一般为 80～150N,其他车辆操纵力为 150～250N;离合器踏板行程一般为 80～150mm,最大不超过 180mm。

(2)制动踏板和手柄操纵。紧急制动的次数约占制动总次数的 5%～10%,所以紧急制动时所需的最大操纵力允许值较大,各国法规规定的最大操纵力一般为 500～700N;实际车辆紧急制动时的最大操纵力,轿车一般为 200～350N,其他车辆一般为 350～550N;制动踏板行程,轿车一般为 100～150mm,其他车辆一般为 150～200mm;驻车制动手柄的最大操纵力一般为 400～500N,最大行程一般为 160～200mm。

(3)转向盘操纵。汽车转向时,施加在转向盘上的手力,轿车一般不大于 200N,中型载货汽车和客车一般不大于 360N,重型载货汽车一般不大于 450N。

转向盘的圈数有两种情况:

第一种,不带助力的,也就是纯机械型的转向器,从转向盘处于正向位置开始,往一边转到极限位置(俗称"把转向盘打死")是两整圈再加 90°。人们习惯上喜欢称之为"两圈半"。如果从一个极限位置转到另一个极限位置,就是四圈半。不但转动的圈数多,转动时手感也比较重。

第二种,带助力的转向器,从正向往一边转到极限位置是一圈半,从一个极限位置转到另一个极限位置正好三整圈。不但圈数少了,转动时手感还相当轻松。

(二)提高操纵轻便性的措施

提高汽车操纵轻便性的措施主要是改进汽车结构,包括以下几个方面:

(1)提高汽车动力性,完善传动系统结构。通过对发动机和传动系统的改进和优化,提高汽车的动力性,从而提高汽车的通过能力和克服各种行驶阻力的能力,在机械变速器上装用同步器,用自动变速器取代机械变速器,均可在相同的使用条件下,有效减少对离合器和换挡的操纵次数,从而减轻驾驶人的疲劳强度。

(2)用液压或气压传动取代机械传动。用液压传动或气压传动代替机械传动,不仅可减少传动损失,而且在转向、制动和离合器传动机构中采用的液压或气压传动装置,均有助力作用,使驾驶人能轻松地完成各项操纵作业。

(3)电控技术的应用。近年来,电子控制技术在汽车上的广泛应用,对提高汽车的操纵轻便性也起到了积极作用,如巡航控制系统、电控节气门系统的应用,使驾驶人在长途行驶中,只要道路条件和交通条件允许,即可通过简单的操纵使汽车进入巡航控制模式,驾驶人只需控制汽车的行驶方向,而不需操纵加速踏板和制动踏板,汽车就能以设定车速自动行驶。此外 ABS 系统在汽车上的应用,不仅提高了汽车的制动性,同时由于相同条件下的制动距离和时间缩短,也减轻了驾驶人制动操纵的疲劳强度。

应当注意:不能为提高汽车的操纵轻便性,过分减小驾驶操纵所需的力,否则会使驾驶人失去踏板感,又称路感。

模块小结

单元	重要知识点	小结
汽车的极限稳定性	含义和分类	汽车的极限稳定性是指汽车抵抗外界干扰而不发生翻车事故的能力。汽车的翻倒可分为纵向翻倒和侧向翻倒,汽车的极限稳定性也分纵向极限稳定性和侧向极限稳定性
汽车转向时的操纵稳定性	轮胎的侧偏特性	装有弹性轮胎的车轮受侧向力作用时,由于轮胎的侧向变形,使车轮的滚动轨迹偏离其直线行驶方向,这种现象称为弹性轮胎的侧偏现象
	轮胎侧偏对转向操纵稳定性的影响	当前、后轴车轮的侧偏角度相等时,具有中性转向特性的汽车,转向所需的前轮转角与无侧偏时相等;当后轴车轮的侧偏角度大于前轴车轮的侧偏角度时,具有过多转向特性的汽车,转向所需的前轮转角比无侧偏时小;当后轴车轮的侧偏角度小于前轴车轮的侧偏角度时,具有不足转向特性的汽车,转向所需的前轮转角比无侧偏时大
	提高转向操纵稳定性的措施	为提高汽车转向时的操纵稳定性,使汽车具有适度的不足转向特性,一般通过合理选择汽车的重心位置和轮胎充气压力来实现
汽车直线行驶时的操纵稳定性	转向轮振动的影响	转向轮的振动不仅会使行驶阻力、轮胎磨损、行驶系统和转向系零件动载荷增加,而且严重影响汽车的操纵稳定性,使汽车行驶速度的发挥受到限制
	转向轮定位的影响	转向轮的定位参数中,主销内倾和主销后倾对操纵稳定性影响较大
	轮胎侧偏的影响	转向轮接地印迹内侧向反作用力的分布,影响汽车直线行驶时的操纵稳定性。具有不同转向特性的汽车,其直线行驶时的稳定性也不同
	提高直线行驶操纵稳定性的措施	改善道路条件、保持车轮动平衡是防止车轮振动的有效措施。合理选择悬架结构,可避免或减轻转向轮左右摆动。尽量使转向垂臂与直拉杆连接球头接近悬架铰接点,以协调悬架与转向传动机构的运动关系。合理选择转向轮定位参数,保证转向轮有足够的自动回正能力。适当减小转向轮的侧偏刚度
汽车的操纵轻便性	操纵轻便性的评价指标	操纵轻便性主要影响驾驶人在工作中的疲劳强度,它取决于单位行驶里程内的操纵作业次数、所需的操纵力和操纵行程。驾驶人在工作中的主要操纵作业包括离合器踏板操纵、制动踏板和手柄操纵、加速踏板操纵、换挡操纵和转向盘操纵
	提高操纵轻便性的措施	提高汽车动力性,完善传动系统结构。用液压或气压传动取代机械传动。电控技术的应用

知识拓展

汽车操作稳定性的影响因素

汽车操纵稳定性,是指在驾驶人不感觉过分紧张、疲劳的条件下,汽车能按照驾驶人通过转向系统及转向车轮给定的方向(直线或转弯)行驶;且当受到外界干扰(路不平、侧风、货物或乘客偏载)时,汽车能抵抗干扰而保持稳定行驶的性能。汽车的操纵稳定性包含相互联系的两个部分,一是操纵性,另一个是稳定性。影响汽车操纵稳定性的因素很多,其中主要因素是在行驶系统、传动系统及转向系统等方面。

一、行驶系统的影响

行驶系统中影响操纵稳定性的主要因素有:前轮定位参数、前轴或车架变形、后悬架结构参数、横向稳定杆、悬架、轮胎等。

1. 前轮定位参数的影响

前轮定位参数包括:前轮外倾角、主销内倾角、主销后倾角和前轮前束(前束角)。

前轮外倾角的作用主要是当汽车行驶时,将轮毂压向内轴承,而减轻外端较小的轴承载荷,同时,可以防止因前轴变形和主销孔与主销间隙过大引起前轮内倾,减轻轮胎着地与主销轴线与地面交点间的距离,从而使转向轻便。

主销内倾角是在前轮转动时将车身抬高,由于系统位能的提高而产生的前轮回正力矩,它与侧向力无关。因此可以说,主销内倾角主要在低速时起回正作用,"后倾拖距"主要在高速时起回正作用。

主销后倾角对汽车操纵稳定性的影响主要通过"后倾拖距"使地面侧向力对轮胎产生一个回正力矩,该力矩产生一个与轮胎侧偏角相似的附加转向角,它与侧向力成正比,从而增加汽车不足转向趋势,有利于改善汽车的稳态转向特性。若主销后倾角减小,使得回正力矩变小,当地面对转向轮的干扰力矩大于转向轮的回正力矩时,就会产生摆振。前轮外倾随负荷的变化而变化。当车辆转向时,在离心力作用下,车身向外倾斜,外轮悬架处于压缩状态,车轮外倾角逐渐减小(向负外倾变化);内轮悬架处于伸张状态,使得本来对道路向负外倾变化的外倾角减弱。从而提高车轮承受侧向力的能力,使汽车转向时稳定性大为提高。

前轮前束不可过大,若前束过大,会使车轮外倾角、主销后倾角变小,会使前轮出现摆头现象,行驶中有蛇行,转向操作不稳。

2. 前轴或车架变形的影响

由于车架是汽车的基础,它的变形会直接影响各部件的连接及配合,从而直接影响操纵稳定性。如果汽车前轴变形,就会改变主销孔的轴线位置,使主销内倾角变大,则外倾角变小;反之,内倾角变小,外倾角变大,从而使汽车在行驶时产生转向沉重、磨胎和无自动回正的现象。

3. 后悬架结构参数的影响

后悬架结构参数对汽车操纵稳定性的影响,近似于前悬架的"干涉转向"。它是在汽车转向时,由于车身侧倾导致独立悬架的左右车轮相对车身的距离发生变化,外侧车轮上跳,与车身的距离缩短,内侧车轮下拉,与车身的距离加大。悬架的结构参数不同,车轮上下跳动时,车轮前束角的变化规律也必然会不同。

4. 横向稳定杆的影响

横向稳定杆常用来提高悬架的侧倾角刚度,或是调整前、后悬架侧倾角刚度的比值。在汽车转弯时,它可以防止车身产生很大的横向侧倾和横向角振动,以保证汽车具有良好的行驶稳定性。提高横向稳定杆的刚度后,前悬架的侧倾角刚度增加,转向时左右轮荷变化加大,前轴的每个车轮的平均侧偏刚度减小,汽车不足转向量有所增加。

5. 悬架的影响

当车辆受到侧向作用力时,汽车前、后轴垂直载荷变动量的大小是影响操纵稳定性的主要原因。影响汽车前轴和后轴左、右车轮的垂直载荷变动量的主要因素有:前、后悬架的侧偏刚度,悬挂质量,质心位置,前、后悬挂侧倾中心位置等。

6. 轮胎的影响

轮胎是影响汽车操纵稳定性的一个重要因素,增大轮胎的载荷能力,特别是后轮胎的载荷能力,都会改善汽车的稳态转向特性。改变后轮胎的外倾角,也可以改善汽车的操纵稳定性,这是因为后轮胎的负外倾角可以增加后轮胎的侧偏刚度,从而减小过多转向趋势。

二、传动系统的影响

纵向驱动力会增加前驱动汽车的不足转向趋势。当然,用发动机进行制动时,将使汽车有增加过多转向的趋势。所以,大功率的前驱动汽车在加速过程中,若将加速踏板踩到底后突然松开,则汽车的转向特性会发生明显的变化,甚至成为过多转向。因此,汽车会发生出乎意料的突然驶向弯道内侧的"卷入"现象。可以通过采用自动变速器、有限差速作用差速器(LSD)和使驱动轮在制动时能产生不足转向的悬架结构来减少、消除"卷入"现象。后轮驱动汽车在进行发动机制动时,由于制动力的作用增大了后轴侧偏角,产生了过多转向的趋势,加上其他因素的综合影响,后驱动汽车也常有"卷入"现象。

三、转向系统的影响

当车厢侧倾时,如果转向系统与转向系统运动学关系不协调,将会引起转向车轮侧倾,干涉转向。在汽车直线行驶中,当车厢与车桥发生相对运动时,会引起前轮转动而损害汽车的操纵稳定性。汽车的转向系统刚度会引起转向车轮的变形转向,转向系统刚度低,转向车轮的变形转向角大,从而增加了汽车的不足转向趋势;转向系统刚度高,转向车轮的变形转向角小,则减小了汽车的不足转向趋势。

? **复习思考题**

1. 什么是汽车操纵稳定性?

2. 汽车侧翻的原因是什么? 怎样才能避免翻车事故的发生?

3. 什么是轮胎的侧偏特性? 对汽车的操纵稳定性有何影响?

4. 如何提高汽车转弯时的操纵稳定性?

5. 汽车直线行驶时影响其操纵稳定性的因素有哪些?

6. 如何提高汽车直线行驶时的操纵稳定性?

汽车的舒适性

学习目标

◈ 知识目标

1. 能够描述汽车舒适性的评价指标；

2. 能够描述汽车平顺性的评价指标；

3. 能够描述汽车噪声来源及控制标准。

◈ 技能目标

1. 能够分析提高汽车平顺性的措施；

2. 能够分析提高汽车舒适性的措施；

3. 能够分析改善车内环境的手段。

◈ 素养目标

1. 学习汽车行驶平稳性的相关知识，培养虚心学习、脚踏实地的优良品质；

2. 学习汽车噪声的相关知识，强化绿色出行的环保意识。

模块导学

汽车的舒适性是指汽车行驶中，保证货物不受损坏或乘客乘坐舒适的能力。它是汽车的综合使用性能。

本模块重点介绍对舒适性影响较大的汽车行驶平顺性、汽车噪声和汽车内部环境。

一 汽车行驶的平顺性

汽车是一个复杂的振动系统。在汽车行驶过程中,由于路面不平引起的冲击、加速或减速时的惯性力、发动机和传动轴的振动等,都会引起汽车振动。当汽车的振动达到一定程度时,将对乘客或货物的安全带来不利的影响,还会使汽车的使用寿命降低、操纵稳定性下降、行驶速度的发挥受到限制。

汽车行驶的平顺性是指汽车行驶时的隔振能力,主要研究汽车振动对人的生理反应(疲劳和舒适)和所载货物完整性的影响。

(一) 平顺性的评价指标

汽车行驶平顺性的评价指标,一般是根据人体对振动的生理反应来制定的。常用汽车车身振动的固有频率和振动加速度均方根值,评价汽车的行驶平顺性。

试验表明,为了保持汽车具有良好的行驶平顺性,车身振动的固有频率应为人体所习惯的步行时身体上、下运动的频率,它为 $60 \sim 80$ 次/min,振动加速度的极限值为 $0.2 \sim 0.3g$。对载货汽车,为了保证运输货物的完整性,车身振动加速度也不宜过大,其极限值一般应低于 $0.6 \sim 0.7g$;如果车身振动加速度达到 $1g$,未经固定的货物,就有可能离开车厢底板。

1.《汽车平顺性试验方法》(GB/T 4970—2009)标准

《汽车平顺性试验方法》(GB/T 4970—2009)标准采用脉冲输入行驶评价方法和随机输入行驶评价方法来评价汽车的平顺性。

(1)脉冲输入行驶评价方法。

当振动波形峰值系数小于9时,脉冲输入行驶试验用座椅坐垫上方、座椅靠背、乘员(或驾驶人)脚部地板和车厢地板最大(绝对值)加速度响应 $\ddot{Z}_{max}$ 与车速 v 的关系评价。

当峰值系数大于9时,用基本评价方法不能完全描述振动对人体的影响,还应采用辅助评价方法即振动剂量值来评价。

①最大(绝对值)加速度响应 $\ddot{Z}_{max}$ 的计算。

$$\ddot{Z}_{max} = \frac{1}{n}\sum_{j=1}^{n}\ddot{Z}_{maxj}$$

式中:n——脉冲试验有效试验次数,$n \geqslant 5$;

$\ddot{Z}_{max}$——最大(绝对值)加速度响应,m/s²;

$\ddot{Z}_{maxj}$——第 j 次试验结果的最大(绝对值)加速度响应,m/s²。

②峰值系数及振动剂量值的计算。

峰值系数是加权加速度时间历程 $a_w(t)$ 的峰值(绝对值量大)与加权加速度均方值 $\bar{a}_w$ 比值的绝对值。

振动量值 VDV(m/s^{1.75})的计算:

$$VDV = \left[\int_0^T a_w{}^4(t) \, dt \right]^{\frac{1}{4}}$$

式中：$a_w(t)$——加权加速度时间历程，m/s^2；

　　　T——作用时间（从汽车前轮接触凸块到汽车驶过凸块且冲击响应消失时间段），s。

（2）随机输入行驶评价方法。

对乘员（或驾驶人）人体及脚部地板处的振动用加权加速度均方根值 $\bar{a}_w$ 评价，并分别用 $\bar{a}_{wx},\bar{a}_{wy},\bar{a}_{wz}$ 表示前后方向、左右方向和垂直方向振动的加权加速度均方根值。人体及脚部地板处振动也可用综合总加权加速度均方根值 $\bar{a}_v$ 来表示。参考《汽车平顺性试验方法》（GB/T 4970—2009）相关规定，研究振动对人体舒适性感觉产生影响时，建议用座椅坐垫上方、座椅靠背处和脚支承面处综合总加权加速度均方根值来评价。

①座椅坐垫上方、座椅靠背及驾驶室地板处各点的总加权加速度均方根值的计算：

$$\bar{a}_{vj} = (k_x^2 \bar{a}_{wx}^2 + k_y^2 \bar{a}_{wy}^2 + k_z^2 \bar{a}_{wz}^2)^{\frac{1}{2}}$$

式中：$\bar{a}_{wx}$——前后方向（即 x 轴向）加权加速度均方根值，m/s^2；

　　　$\bar{a}_{wy}$——左右方向（即 y 轴向）加权加速度均方根值，m/s^2；

　　　$\bar{a}_{wz}$——垂直方向（即 z 轴向）加权加速度均方根值，m/s^2；

k_x、k_y、k_z——各轴轴加权系数：

　　　j——$j = 1$、2、3，分别代表座椅坐垫上方、座椅靠背及驾驶室地板三个位置；

　　　$\bar{a}_{vj}$——某点总加权加速度均方根值，m/s^2。

②综合总加权加速度均方根值 $\bar{a}_v$ 按照表 10-1 计算。

不同研究情况采用的频率加权函数和轴加权系数　　　　表 10-1

位置	坐标轴名称	轴加权系数
座椅坐垫上方	纵向	$k_x = 1.00$
	横向	$k_y = 1.00$
	垂向	$k_z = 1.00$
靠背	纵向	$k_x = 0.80$
	横向	$k_y = 0.50$
	垂向	$k_z = 0.40$
脚	纵向	$k_x = 0.25$
	横向	$k_y = 0.25$
	垂向	$k_z = 0.40$
$\bar{a}_v = \left(\sum \bar{a}_{vj}^2 \right)^{\frac{1}{2}}$		

③总加权加速度均方根值 $\bar{a}_v$ 与人的主要感觉之间的关系见表 10-2。

$$\bar{a}_v 与人体感觉的关系 \qquad 表10-2$$

总加权加速度均方根 $\bar{a}_v$ 值（m/s²）	人的主观感觉
小于0.315	没有不舒服
0.315~0.63	有些不舒服
0.5~1	比较不舒服
0.8~1.6	不舒服
1.25~2.5	很不舒服
大于2	极不舒服

2. 感觉评价

感觉评价是指根据乘客的主观感觉,对汽车行驶的平顺性进行评价。由于汽车行驶平顺性的好坏最终是反映在人的感觉上,平顺性的评价指标与感觉评价结果存在误差,所以感觉评价是平顺性的最终评价。

（二）提高平顺性的措施

提高汽车行驶的平顺性,主要是减小汽车行驶时的振动强度,缩短振动时间,具体措施包括改进悬架结构、提高轮胎的缓冲性能、减小非悬架质量、改善道路条件等。

1. 改进悬架结构

悬架的弹性特性和减振器性能是影响汽车行驶平顺性的主要因素。

（1）改进悬架的弹性特性。悬架弹性特性是指悬架变形与所受载荷之间的关系,此关系可表示为:

$$G = C \cdot f$$

式中:G——悬架所受载荷(即悬架质量的重力),N;

C——悬架刚度,N/mm;

f——在载荷 G 作用下悬架的垂直变形(挠度),mm。

刚度为定值的悬架,其变形与所受载荷成正比,称为线性悬架,一般钢板弹簧、螺旋弹簧均属此类。变刚度的悬架称为非线性悬架,如空气弹簧、空气-液力弹簧等。

车身的固有振动频率随悬架变形而变化,车身的固有振动频率可由下式确定:

$$n = \frac{1}{2\pi}\sqrt{\frac{gC}{G}} = \frac{1}{2\pi}\sqrt{\frac{g}{f}}$$

式中:n——车身的固有振动频率,Hz;

g——重力加速度,$g=9810$mm/s²;

G——悬架所受载荷(即悬架质量的重力),N;

C——悬架刚度,N/mm;

f——在载荷 G 作用下悬架的垂直变形(挠度),mm。

在实际使用中,悬架所受载荷直接取决于汽车的有效载荷,而汽车的有效载荷是经常变化的,尤其是有效载荷变化很大的大客车和载货汽车,如果采用线性悬架,将导致空载和满载时车身的固有振动频率相差过大,空载时车身的固有振动频度过高,远远大于人体感觉最舒适的振动频率范围,汽车行驶的平顺性严重下降。

为提高汽车行驶的平顺性,应减小车身固有振动频率随载荷的变化范围,采用变刚度的非线性悬架就是最有效的措施。对普通的钢板弹簧和螺旋弹簧,为改变其弹性特性使之非线性化,可通过加入辅助弹簧或采用适当的导向机构等措施来实现。

(2)改进减振器的性能。为衰减车身自由振动和抑制车身、车轮的共振,以减小车身垂直振动的加速度和车轮的振动幅度,悬架系统应有适当的阻尼作用。

悬架系统对振动的阻尼作用主要来源于悬架系统的内部摩擦和减振器,除钢板弹簧悬架外,其他悬架的内部摩擦是很小的,所以减振器的作用非常重要。改进减振器的性能,虽然对车身的固有振动频率影响不大,但可使车身的振动迅速衰减,缩短振动时间,从而提高汽车行驶的平顺性。

2. 提高轮胎的缓冲性能

轮胎由于本身的弹性,在很大程度上吸收了因路面不平所产生的振动,因此提高轮胎的缓冲性能,对提高汽车行驶的平顺性具有重要意义。

轮胎的缓冲性能是指轮胎靠本身的弹性缓和路面冲击的能力。随着车速的提高,对轮胎的缓冲性能的要求越来越高。提高轮胎缓冲性能的措施如下:

(1)增大轮胎断面、轮辋宽度和空气容量,并相应降低轮胎气压。
(2)改进外胎结构形式,增加帘线强度,采用较细的帘线,减少帘布层数。
(3)提高帘线和橡胶的弹性,采用较柔软的胎冠。

3. 减小非悬架质量

非悬架质量即不由悬架支承的质量,主要包括车轮和车轴。非悬架质量的大小直接影响振动时传给车身的冲击力。减小非悬架质量,可减小振动时车身所受的冲击力,从而减小车身垂直振动的加速度,提高汽车行驶的平顺性。由于独立悬架一般比非独立悬架的非悬架质量小,所以采用独立悬架的汽车,平顺性较好。

非悬架质量对行驶平顺性的影响,常用非悬架质量与悬架质量之比进行评价。比质量越小,则行驶平顺性越好。

4. 改善道路条件

对一定的汽车而言,振动强度主要取决于道路条件和行驶速度。道路不平是引起汽车振动的主要原因,改善道路条件,避免或减轻汽车的振动,是提高汽车行驶平顺性最简单而且最有效的措施。

此外,在设计时合理布置座椅位置,在使用中加强车轮和悬架的维护等,均对提高汽车行驶时的平顺性有利。

二 汽车的噪声

噪声指人们不希望听到的声音。各种调查和测量结果表明,汽车噪声是目前城市环境中最主要的噪声源。因此,控制汽车的噪声污染越来越引起人们的重视。

噪声通常不会对人的身体健康立即产生直接影响,但噪声高于70dB时,会使人心情不安、烦躁、疲倦、工作效率下降和语言、通信困难等,从而严重影响人们的正常学习、工作和生活。长时期处于噪声环境的人,还会引发心血管疾病、胃肠功能紊乱和神经衰弱,甚至出现听力下降或听力神经受损等情况。

(一)汽车噪声源及控制

汽车噪声主要来源于发动机、传动系统、轮胎和车身。此外,汽车噪声还包括制动噪声、储气筒放气声、喇叭声以及各种专用车辆上动力装置噪声等,由于这些噪声不是连续的,因此不是汽车的主要噪声源。

汽车噪声的强弱不仅与汽车的结构类型密切相关,还受使用过程中技术状况、行驶车速、发动机转速、载荷以及道路条件的影响。

1.发动机噪声及控制

发动机噪声是汽车的主要噪声源。我国轿车车外加速噪声中,发动机噪声约占55%;在大、中型汽车车外加速噪声中,发动机噪声约占65%。发动机噪声包括燃烧噪声、机械噪声、进气噪声、排气噪声、风扇噪声等。

(1)燃烧噪声。它是因可燃混合气在汽缸内燃烧时,缸内压力急剧变化而产生的。

在汽油机正常燃烧时的燃烧噪声比较小,但发生爆震或表面点火不正常燃烧时,就会产生很大噪声。因此,汽油机燃烧噪声的控制措施主要是:选择合适牌号的汽油、适当推迟点火正时、及时清除燃烧室积炭等,以防止不正常燃烧现象的产生。

燃烧噪声是柴油发动机的主要噪声源。柴油机燃烧噪声比汽油机大,主要原因是燃烧时压力增长率高,而压力增长率取决于着火延迟期内形成的混合气数量。因此,控制柴油机着火延迟期内形成的混合气数量,以降低燃烧时的压力增长率是控制柴油机燃烧噪声的根本措施,具体包括适当延迟喷油正时、提高压缩比、选用十六烷值高的柴油、改进燃烧室结构、采用增压技术和提高废气再循环率等。

(2)机械噪声。它主要是在发动机运转过程中,相对运动零件之间相互摩擦或相互撞击所发出的声响。

机械噪声在很大程度上取决于发动机的转速,是汽油发动机的主要噪声源。控制发动机机械噪声的结构措施主要是:尽量减轻运动件的质量,以减小惯性力,并在满足装配和使用要求的前提下,尽量减小零件间的配合间隙;在使用中,定期维护和及时修理,保证配合零件之间的间隙正常和润滑可靠。

(3)进、排气噪声。它是发动机在进、排气过程中,由于气体流动和气体压力波动引起振动而产生的噪声。

进、排气噪声随发动机负荷和转速的不同而变化,是发动机的主要噪声源,也是易于采取降噪措施的对象。控制进气噪声主要有两方面的措施:一是改进空气滤清器结构,尽量加大空气滤清器的长度和断面,以增大空气滤清器的容积,并保持空气滤清器清洁;二是采用进气消声器。发动机排气噪声的控制也可从两方面采取措施:一是改进排气系统的结构,如避免断面突变、弯道处采用较大的过渡圆角、降低管内壁面粗糙度、减小排气门杆直径等；二是采用排气消声器和减小由排气歧管传来的结构振动。

（4）风扇噪声。它主要由于叶片切割空气并使周围空气产生涡流，引起周围空气压力的波动而产生的噪声，此外还有因机械振动引起的噪声。

风扇噪声是汽车的最大噪声源之一，尤其是近年来，由于空调系统和排气净化装置等在汽车上的应用，发动机罩内温度上升，冷却风扇负荷加大，风扇噪声更为严重。风扇噪声主要与发动机的转速有关。

控制风扇噪声的主要措施有：改进风扇结构，包括叶片形状、角度和材料；合理选择风扇与散热器之间的距离，最佳距离为 100 ~ 200mm；采用电子风扇或装用风扇离合器，以便在不需要风扇工作时，减少发动机的噪声源。

2. 传动系统噪声及控制

传动系统噪声可分为变速器噪声、传动轴噪声和驱动桥噪声，各总成的结构形式、汽车的运行工况（如速度和负荷的大小及变化情况）等对传动系统噪声有很大影响。变速器噪声是传动系统的主要噪声源，占传动系统总噪声的 50% ~ 70% 。

（1）变速器噪声。主要包括齿轮传动噪声、轴承运转噪声，此外还有发动机通过离合器传递给变速器壳的振动噪声。

齿轮传动噪声主要是轮齿进入啮合时的撞击声和轮齿脱离啮合时的摩擦声。控制齿轮噪声的主要措施有：合理设计齿轮传动机构，如选择合适的齿轮结构形式、材料和参数等；改进制造工艺，提高齿轮的加工精度；正确安装，以保证啮合间隙正常；选用合适润滑油，保证润滑可靠。

轴承噪声是由于工作中的振动和摩擦而产生的噪声。控制轴承噪声的主要措施有：优先选用球轴承；提高轴承制造精度和座圈刚度，以减小滚体与滚道之间的摩擦和冲击；正确安装，保证合适的轴承间隙和预紧度；改善润滑条件，以减轻摩擦。

控制变速器噪声除上述控制齿轮噪声和轴承噪声的措施外，还应注意对变速器壳体采取隔振、隔声措施，如：在结构上保证变速器壳体具有足够的刚度，避免共振；提高变速器壳体的密封性，防止齿轮噪声直接向外传递；变速器壳体选用高内阻材料，或在壳体表面涂阻尼材料，提高变速器壳体的隔声效果。

（2）传动轴噪声。主要是转速和转矩变化、变速器或驱动桥的振动、传动轴本身的不平衡等引起的传动轴振动噪声。

控制传动轴噪声的措施主要有：提高传动轴的刚度，保证传动轴的平衡；控制万向节最大允许夹角，最好采用等速万向节，消除传动轴工作时转速和转矩的波动；在使用中，保证传动轴各配合间隙正常，保证各润滑点润滑可靠；在中间支承与吊耳间采取隔振措施，阻尼传动轴振动通过中间支承向车身的传播。

（3）驱动桥噪声。驱动桥主要组成零件是齿轮和轴承，所以驱动桥噪声与变速器噪声有很多相似之处，也包括齿轮传动噪声、轴承运转噪声和机械振动噪声。

由于驱动桥质量为非悬架质量，受路面不平、驱动力和制动力的影响，会产生强烈的弯曲振动或扭转振动，所以在驱动桥噪声中，机械振动噪声占的比例比变速器大。为控制驱动桥的振动噪声,在结构上应保证驱动桥有足够的弯曲刚度和扭转刚度。

3. 轮胎噪声及控制

轮胎直接发出的噪声包括:轮胎花纹噪声、道路噪声、弹性振动噪声和空气噪声。轮胎花纹噪声是轮胎噪声的主要组成部分,它是指汽车行驶时,因轮胎花纹槽内的空气在接地时被挤压,并有规则地排出,从而引起周围空气压力变化而产生的噪声。道路噪声是指汽车在路面上行驶时,由于路面凹坑内的空气受挤压并排出而产生的噪声。其噪声产生机理与轮胎花纹噪声相同,均是由轮胎和路面相互作用而产生的。弹性振动噪声是由于轮胎不平衡、胎面花纹刚度变化或路面凹凸不平等原因激发轮胎振动而产生的噪声。空气噪声是指由于轮胎搅动周围空气而产生的噪声。

影响轮胎噪声的因素很多,最大的影响因素是轮胎花纹和路面状况。控制轮胎噪声的措施主要有:合理设计并合理选用轮胎结构和花纹类型;改善道路条件,使路面保持合适的粗糙度,路面粗糙度以 0.5mm(平均纹高)为宜;在使用中,使轮胎保持正常气压,并控制汽车行驶速度和加速度。

4. 车身噪声及控制

车身噪声主要由两部分组成:一是车身振动噪声;二是空气与车身之间撞击和摩擦而产生的噪声。

控制车身噪声的措施主要有:提高车身刚度,以降低振动引起的噪声;采用流线型好的车身外形,并保持车身外表光洁,减少车外凸出物的数量,以降低空气与车身之间撞击和摩擦而产生的噪声。

(二)汽车噪声控制标准

1. 车外最大允许噪声级

《汽车加速行驶车外噪声限值及测量方法》(GB 1495—2002)是机动车辆产品的噪声标准,也是城市机动车辆噪声检测的依据。该标准规定的各类机动车辆车外最大允许噪声级见表 10-3。

汽车加速行驶车外噪声限值   表 10-3

汽车分类	噪声限值 dB(A)	
	第一阶段	第二阶段
	2002.10.1—2004.12.30 期间生产的汽车	2005.1.1 以后生产的汽车
M_1	77	74
M_2(GVM≤3.50t)或 N_1(GVM≤3.50t): GVM≤2t	78	76
2t < GVM≤3.5t	79	77
M_2(3.5t < GVM≤5t)或 M_3(GVM >5t): P <150kW	82	80
P≥150kW	85	83

汽车分类	噪声限值 dB(A)	
	第一阶段	第二阶段
	2002.10.1—2004.12.30 期间生产的汽车	2005.1.1 以后生产的汽车
N_2(3.5t < GVM≤12t)或 N_3(GVM > 12t):		
P < 75kW	83	81
75kW≤P < 150kW	86	83
P≥150kW	88	84

说明:

a)M_1,M_2(GVM≤3.5t)和 N_1 类汽车装用直喷式柴油机时,其限值增加 1dB(A)。

b)对于越野汽车,其 GVM > 2t 时:

如果 P < 150kW,其限值增加 1dB(A);

如果 P≥150kW,其限值增加 2dB(A)。

c)M_1 类汽车,若其变速器前进挡多于四个,P > 140kW,P/GVM 之比大于 75kW/t,并且用第三挡测试时其尾端出线的速度大于 61km/h,则其限值增加 1dB(A)

注:GVM-最大总质量(t);P-发动机额定功率(kW)。

2. 车内最大允许噪声级

《机动车运行安全技术条件》(GB 7258—2017)规定,汽车(纯电动汽车、燃料电池汽车和低速汽车除外)驾驶人耳旁噪声声级应小于或等于 90dB(A)。其中"A"是指在按规定检测噪声时,声级计应使用挡位:"A"计权、"快"挡。

三 汽车的内部环境

驾乘人员的乘坐舒适性可由人对车内环境的感觉和反应来评价,汽车的内部环境是影响汽车舒适性的直接因素,也是重要因素。

汽车内部环境是汽车豪华程度的重要标志之一。改善车内环境,不仅是提高驾乘人员乘坐舒适性的手段,也是提高市场竞争力的重要手段,但也会使汽车的成本和价格升高。

汽车的内部环境主要包括车内空气环境、车内噪声环境和车内设施。

(一)车内空气环境

保持车内空气适宜的温度、湿度和清新度,是改善汽车内部环境、提高乘坐舒适性的重要措施。目前,改善车内空气环境的主要手段就是装用汽车空调。

汽车空调的基本功能就是改善车内驾乘人员的舒适性,将车内封闭空间的空气环境调整到人体最适宜的状态,具体功能包括:

(1)利用暖风和冷气装置,使车内保持适宜的温度。

（2）利用除湿和加湿装置,使车内保持适宜的湿度。

（3）利用送风装置,使车内保持适宜的气体流动。

（4）利用通风装置和空气净化装置,保持车内空气的清洁。

（5）利用除霜(除雾)装置,防止车窗玻璃结霜,保证驾乘人员视野清晰。

（二）车内噪声环境

车内噪声也是影响车内驾乘人员舒适性的重要因素之一。控制车内噪声首先应控制发动机噪声、传动系统噪声、轮胎噪声和车身噪声,此外,采取隔振、隔声和密封等措施隔绝噪声传播途径,选用吸声性能好的汽车内部装饰材料,对降低车身内部噪声、改善汽车内部环境也非常重要。

如何控制车内
噪声环境

（三）车内设施

汽车内部设施主要包括座椅、装饰和日常生活设施。

驾乘人员的乘坐舒适性在很大程度上取决于座椅的布置和结构。座椅的高度、宽度、深度、倾斜度和座间距等应符合人体工程学的要求,采用可调座椅能满足不同驾乘人员的需求,是提高乘坐舒适性的有效措施。

汽车的内部装饰会影响驾乘人员乘车时的心理反应,颜色协调、布置典雅的内部装饰,给人以美感,对改观车内驾乘人员的感觉评价有积极作用。

齐备的日常生活设施,也是改善汽车内部环境、提高汽车舒适性的重要途径。提高舒适性的日常生活设施主要有:钟表、音响、电视、通信设备、烟灰盒、点烟器等。

模块小结

单元	重要知识点	小结
汽车行驶的平顺性	平顺性的评价指标	汽车的行驶平顺性常用汽车车身振动的固有频率和振动加速度均方根值评价
	提高平顺性的措施	提高汽车行驶的平顺性具体措施包括改进悬架结构、提高轮胎的缓冲性能、减小非悬架质量、改善道路条件等
汽车的噪声	汽车噪声源及控制	汽车噪声主要来源于发动机、传动系统、轮胎和车身。此外,汽车噪声还包括制动噪声、储气筒放气声、喇叭声以及各种专用车辆上动力装置噪声等
	汽车噪声控制标准	《机动车运行安全技术条件》(GB 7258—2017)规定,汽车(纯电动汽车、燃料电池汽车和低速汽车除外)驾驶人耳旁噪声声级应小于或等于90dB(A)
汽车的内部环境	车内空气环境	保持车内空气适宜的温度、湿度和清新度,是改善汽车内部环境、提高乘坐舒适性的重要措施。目前,改善车内空气环境的主要手段就是装用汽车空调
	车内噪声环境	降低车内噪声的措施:控制发动机、传动系统、轮胎和车身的噪声。采取隔振、隔声和密封等措施。选用吸声性能好的汽车内部装饰材料
	车内设施	汽车内部设施主要包括座椅、装饰和日常生活设施

知识拓展

汽车平顺性的影响因素

汽车行驶平顺性是汽车在行驶过程中避免产生振动和冲击,以保证乘员舒适性和货物完整性的性能。以下是影响汽车行驶平顺性的主要因素:

一、结构因素

1. 悬架弹性的影响

悬架弹性对车身振动频率起着决定性的作用。悬架上的载荷与其变形之间的关系称为弹性元件的弹性特性。如果悬架的刚度是常数,则其变形与所受载荷成正比,这种悬架称为线性悬架,一般钢板弹簧、螺旋弹簧悬架均属此类。采用线性悬架的汽车往往不能满足汽车平顺性的要求,行驶中汽车的有效载荷变化较大,会出现空载时振动频率较高或满载振动频率较低的现象。为了改善这种情况,现代汽车多采用非线性悬架,即其刚度可随载荷的变化而变化。如采用空气弹簧、空气液力弹簧和橡胶弹簧等具有非线性特性的弹性元件,或增设副簧、复合弹簧。

2. 悬架阻尼的影响

为了衰减车身的自由振动并抑制车身和车轮的共振,以减小车身的垂直振动加速度和车轮的振幅,悬架系统中应具有适当的阻尼。悬架的阻尼主要来自减振器、钢板弹簧叶片和轮胎变形时橡胶分子间的摩擦等。钢板弹簧悬架系统中的干摩擦较大,而且钢板弹簧叶片数目越多,摩擦越大,可以满足悬架系统的阻尼需求。故有的汽车采用钢板弹簧悬架时可以不装减振器,但弹簧摩擦阻尼的数值很不稳定。而采用其他内摩擦很小的弹性元件(如螺旋弹簧、扭杆弹簧等)的悬架,必须采用减振器,以吸收振动能量而使振动迅速衰减。为使减振器阻尼效果好,又不传递大的冲击力,常将压缩行程的阻力和伸张行程的阻力取不同值。压缩行程取较小的相对阻尼系数,伸张行程取较大的相对阻尼系数。

3. 主动悬架与半主动悬架的影响

一般悬架由弹簧和减振器组成,其特性参数是在一定条件下进行优化确定的。这种悬架的特性参数一旦选定便无法更改,称为被动悬架。其缺点是不能适应使用工况的变化(如载荷变化引起的悬架质量变化,车速和路况所决定的路面输入变化等)而进行控制调整,无法满足汽车较高性能的要求。利用电控技术与随动液压技术的主动悬架和半主动悬架能较好地改善汽车的平顺性。

4. 非悬架质量的影响

非悬架质量对汽车的平顺性影响较大,减小非悬架质量可降低车身的振动频率、提高车轮的振动频率,从而使高频共振移向更高的行驶速度。这对平顺性有利。另外,非悬架质量减小可有效减小其对车身的冲击力。

5. 轮胎的影响

轮胎是与路面直接接触的部件,轮胎的特性对平顺性的影响非常明显。轮胎的缓冲性能好一些,有助于提高汽车的平顺性。

6.底盘旋转件不平衡的影响

在汽车行驶过程中,底盘旋转件(如传动轴、车轮等)的不平衡极易产生周期性的激振力,而后通过悬架传至车身,影响汽车的平顺性。

7.轴距的影响

在汽车行驶过程中受到路面不平的冲击时,汽车车身的俯仰角加速度随轴距的加大而减小。而对于垂直振动加速度,随着轴距的加大,除了前、后轴上方没有变化外,其他各处都减小。所以轴距加长对汽车平顺性的改善是非常有利的。

8.乘坐位置与座椅的影响

座椅的位置对平顺性反应的差别很大。试验和实际感受表明接近车身中部的座位,其振动量最小。与汽车质量中心的距离越大,车身振动对乘客的影响越大。座椅垫的弹性要适当,若汽车的悬架较硬,可采用较软的坐垫;若汽车悬架较软,则采用较硬的坐垫,以防因乘客在座位上的振动频率与车身的振动频率重合而发生共振。另外,坐垫也需要一定的阻尼,以衰减振动。

二、使用因素

1.路况与车速

汽车在不平道路上行驶时,前、后车轮连同车身都要受到来自路面的冲击作用。对某一汽车来说,激振的强度和频率主要取决于路面状况和车速。这就相应决定了汽车振动响应。

2.悬架系统的技术状况

悬架系统的固有频率和阻尼系数对汽车的平顺性有着重要的影响。汽车在使用过程中由于受各种因素的影响,这些参数可能产生变化,如钢板弹簧各片之间的润滑不好或由于减振器阻尼过大,都会使弹簧部分或全部被锁住,引起车身振动频率增加。当汽车通过不平的路面时,就会使汽车产生剧烈的冲击。

❓ 复习思考题

1.什么是汽车的舒适性?
2.什么是汽车的平顺性?如何评价?
3.提高汽车平顺性的措施有哪些?
4.汽车噪声的来源有哪些?控制措施及标准是什么?
5.汽车的内部环境主要包括哪些方面?如何改善汽车的内部环境?

汽车的通过性

学习目标

❖ 知识目标

1. 能够描述汽车通过性的评价指标;

2. 能够描述影响汽车通过性的因素。

❖ 技能目标

1. 能够计算分析结构参数及驱动与附着参数;

2. 能够分析提高汽车通过性的结构措施和使用措施。

❖ 素养目标

1. 学习汽车通过性评价指标的相关知识,树立遵守基本行为规范、坚守道德底线意识;

2. 学习提高汽车通过性措施的相关知识,树立爱岗敬业、追求卓越的职业精神。

模块导学

汽车的通过性又称汽车的越野性,它是指汽车在无路或坏路条件下的工作能力。无路条件主要指松软的土壤、沙漠、雪地和沼泽等,坏路主要指坎坷不平的路面、纵坡或横坡较大的路面、有台阶或壕沟等障碍物的路面。汽车在无路或坏路条件下使用时,其运输工作效率越高,说明汽车的通过性越好。

汽车的通过性,对经常越野行驶的军用车辆和矿用车辆等非常重要。本模块重点介绍汽车通过性的评价指标和提高措施。

通过性的评价指标

汽车通过性的评价指标可分两大类:一是结构参数,二是支承与牵引参数。结构参数主要用于评价汽车在坏路条件下通过各种障碍物的能力,支承与牵引参数主要用于评价汽车在无路条件下的行驶能力。

(一) 结构参数

汽车通过各种障碍物时,如果汽车与障碍物之间的间隙不足,会导致汽车被障碍物刮碰而损坏,甚至出现汽车被顶起(汽车下部与障碍物接触)、触头(汽车前部与障碍物接触)、托尾(汽车后部与障碍物接触)、夹住(汽车两侧或上部与障碍物接触)而无法通过的现象,通常将这种现象称为间隙失效。

各种障碍物的特点不同,表征汽车通过这些障碍物的结构参数也不同,主要包括:最小离地间隙、接近角、离去角、纵向通过角、最小转弯半径等,如图 11-1 所示。

1. 最小离地间隙

最小离地间隙(图 11-1 中 C)是汽车除车轮外的最低点与路面间的距离。它表征汽车无碰撞地越过石块、树桩等直径较小的凸起障碍物的能力。通常汽车的最小离地间隙在前桥、飞轮壳、变速器壳、消声器或主减速器壳处。在设计越野汽车时,应保证有较大的最小离地间隙。

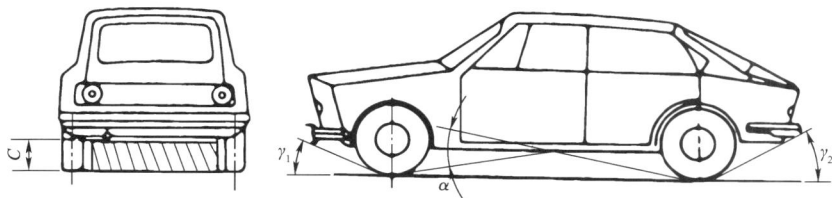

图 11-1　评价通过性的结构参数

2. 接近角 γ_1 与离去角 γ_2

在侧视图上,从汽车前端突出的最低点作前轮外圆的切线,该切线与路面之间的夹角(图 11-1 中 γ_1)称为接近角。而从汽车后端突出的最低点作后轮外圆的切线,该切线与路面之间的夹角(图 11-1 中 γ_2)称为离去角。

接近角和离去角分别表征汽车接近或离开障碍物时,不发生碰撞的能力。接近角和离去角越大,汽车的通过性越好。

3. 纵向通过角

在侧视图上,从汽车两轴之间下端突出较低的点,分别作前、后轮胎外圆的切线,两切线之间的最小夹角(图 11-1 中 α)称为纵向通过角。纵向通过角等于所作前、后轮切线与路面之间夹角之和,它表征汽车可无碰撞地通过直径较小的小丘或拱桥等障碍物的能力,纵向通过角越大,汽车的通过性越好。

4. 最小转弯半径和最大通道宽度

汽车在转向盘转到极限位置使前轮处于最大转角状态转弯行驶时,外侧前轮胎面中心在路面上形成的轨迹到转向中心的距离,称为最小转弯半径。它表征汽车在最小面积内的回转能力或绕过障碍物的能力,最小转弯半径越小,汽车的通过性越好。

汽车在转向盘转到极限位置转弯行驶时,离转向中心最远和最近的汽车外部突出点的转弯半径之差,称为最大通道宽度。它表征汽车通过狭窄弯曲地带的能力,最大通道宽度越小,汽车的通过性越好。

5. 车轮半径

车轮半径 r 影响汽车通过垂直障碍物(如台阶、壕沟等)的能力。汽车能越过的台阶最大高度和壕沟最大宽度,不仅与车轮半径有关,而且与驱动轮上能产生的最大驱动力、行驶车速、障碍物的性质和表面状况等因素有关。

试验表明,对后轴驱动的汽车,能越过的台阶最大高度一般约为 $\frac{2}{3}r$;而对双轴驱动的汽车,能越过的台阶最大高度约等于车轮半径 r。如果壕沟的边沿足够结实,单轴驱动的双轴汽车,在低速条件下能越过的壕沟宽度一般约等于车轮半径 r;而双轴驱动的汽车,在低速条件下能越过的壕沟宽度约为车轮半径的 1.2 倍。

(二) 支承与牵引参数

影响汽车通过性的支承与牵引参数主要有最大动力因数、轮胎接地压强、驱动轮附着质量、前后轮迹重合系数。

1. 最大动力因数

汽车以变速器最低挡位行驶时的最大动力因数,标志着汽车的最大爬坡能力和克服最大道路阻力的能力。汽车在无路或坏路条件下行驶时,最大的特点就是行驶阻力大,为保证汽车具有良好的通过性,就必须提高最大动力因数。

2. 轮胎接地压强

轮胎接地压强是指轮胎接地印迹单位面积上的垂直负荷,它直接影响滚动阻力和附着系数的大小。在硬路面上行驶时,滚动阻力以轮胎变形引起的能量损失为主,保持较高的轮胎接地压强,也就意味着在轮胎负荷一定的条件下,减小了轮胎接地面积,即减小了轮胎的变形,从而使滚动阻力减小,汽车的通过性提高。在松软路面上行驶时,滚动阻力以路面变形引起的能量损失为主,适当减小轮胎接地压强,不仅可减小路面变形引起的滚动阻力,而且也可提高附着系数,从而使汽车的通过性提高。

3. 驱动轮附着质量

汽车正常行驶不仅要满足驱动条件,而且必须满足附着条件。提高汽车的驱动力和附着力,对提高汽车的通过性都同等重要。驱动轮附着质量越大,附着力越大,汽车的通过性越好。因此,适当提高汽车重力在驱动轮上的分配比例,最好采用全轮驱动以充分利用各车轮上的附着质量,可提高汽车的通过性。

4. 前后轮迹重合系数

前后轮迹重合系数是指前轮迹宽度与汽车行驶过后形成的车辙宽度之比。前后轮迹重合系数越大,说明汽车行驶时前后轮迹的重合度越高,尤其在松软路面上行驶时,汽车的行驶阻力小,通过性好。

二　提高通过性的措施

（一）结构措施

影响汽车通过性的结构因素很多,但主要是与驱动力和结构参数有关的结构因素。

1. 合理选择汽车的结构参数

在汽车设计时,必须合理选择汽车的结构参数,如汽车的轴距、总高、总宽、车轮半径等,以保证汽车具有足够大的最小离地间隙、接近角、离去角、纵向通过角和足够小的最小转弯半径、最大通道宽度,从而提高汽车的通过性。

2. 提高最大动力因数

在结构上,可采用动力性好的发动机、适当增大传动系统的传动比等措施,来提高汽车的最大动力因数,以提高汽车克服行驶阻力的能力,从而提高汽车的通过性。

3. 采用液力传动

在汽车上装用液力变矩器或液力耦合器,可以提高汽车在松软路面上的通过能力。与装用机械传动装置相比,在汽车起步时,采用液力传动可使驱动轮的转矩增加缓慢且平稳,驱动轮对路面产生的冲击减轻,可避免因土壤表层被破坏而导致附着系数下降,也可避免因土壤被破坏而导致车轮下陷,从而使附着力提高、滚动阻力减小,汽车的通过性提高。

此外,采用机械传动的汽车在坏路面上行驶时,由于车速低,惯性力小,常因换挡时动力中断而停车,此时因驱动轮对路面冲击大,重新起步存在较大困难。而采用液力传动的汽车,不需换挡就可自动变速变扭,可在较长时间内以低速(0.5~1.0km/h)稳定行驶,避免上述问题的发生,从而使汽车的通过性提高。

4. 改进差速器结构

汽车转弯行驶时,为保证左右驱动车轮能以不同的角速度旋转,在汽车传动系统中安装差速器。由于普通齿轮式差速器具有在驱动轮间平均分配转矩的特性,当某一驱动车轮陷入附着系数较小的路面(如泥泞或冰雪路面)上时,为防止该驱动轮滑转,另一侧车轮的驱动力也会受到同样小的附着力限制,因此会大大降低汽车的通过性。

当左右驱动轮不等速运转时,差速器中机件间的摩擦作用,可使左右驱动轮得到不等的转矩。设传给差速器的转矩为 M，差速器的内摩擦力矩为 M_r，当一侧驱动轮由于附着系数较小而滑转时，另一侧位于较好路面上的驱动轮旋转较慢，得到的转矩 M_1 为：

$$M_1 = \frac{M + M_r}{2}$$

可见，由于差速器的内摩擦，可使不滑转的车轮得到较大的转矩，对提高汽车的通过性是有益的。但一般齿轮式差速器内摩擦是很小的，为了增加差速器的内摩擦，越野汽车常采用高摩擦式差速器，以提高汽车通过性。

采用差速器强制锁止装置，当左右驱动轮上的附着系数相差较大时，可使附着系数较大一侧的车轮获得更大的转矩，从而提高汽车的通过性。

5. 采用驱动防滑技术

目前，很多轿车上都装用了电脑控制的驱动防滑（ASR）系统，或称牵引控制（TC）系统。ASR 系统是继 ABS 之后应用于车轮防滑的电子控制系统，其功用是防止汽车在起步、加速时和在滑溜路面上行驶时的驱动轮滑转。

驱动轮的滑转，会使驱动轮上的附着系数下降。纵向附着系数下降，会使最大的地面驱动力减小，导致汽车的起步性能、加速性能和在滑溜路面的通过性能下降。而横向附着系数的下降，又会降低汽车在起步、加速或在滑溜路面上行驶时的操纵稳定性。因此，采用 ASR 系统控制驱动轮滑转，可提高汽车的通过性和操纵稳定性。

ASR 系统的控制参数是滑转率，滑转率的计算公式如下：

$$s_z = \frac{V_q - V}{V_q} \times 100\%$$

式中：s_z——驱动轮滑转率；

V_q——驱动轮轮缘速度，km/h；

V——汽车车身速度，km/h，实际应用时常以非驱动轮轮缘速度代替。

ASR 系统与 ABS 系统共用轮速传感器，控制电脑根据各轮速传感器信号计算 s_z，当 s_z 值超过某一限定值时，控制电脑向执行机构发出指令，控制车轮的滑转。ASR 系统控制驱动轮滑转主要采取两种方式：一是控制发动机输出转矩，二是对滑转车轮实施制动。

对滑转车轮实施制动的作用类似于差速锁。当一侧驱动轮上的附着系数较小时，如果该驱动轮滑转率超过限值，控制电脑就会向差速制动阀和制动压力调节器发出控制信号，对滑转车轮施加制动力，使另一侧非滑转驱动轮仍有正常的驱动力。如果两侧的驱动轮都出现滑转，但滑转率不同，ASR 系统会对两驱动轮施以不同的制动力。

发动机输出转矩控制可通过改变节气门开度、调节喷油器的喷油量或改变点火提前角等方法来实现，目前应用的 ASR 系统通常采用的是控制节气门开度和点火提前角的方式。

（二）使用措施

1. 控制车速

行驶车速较高或车速变化时，会加重轮胎对路面的冲击，在松软路面上行驶就存在土壤遭破坏，使附着系数下降、滚动阻力增加的可能。因此，在坏路面上行驶时，以较低的车速匀速行驶,可提高汽车的通过性。

2. 正确选用轮胎

轮胎花纹对附着系数有很大影响。正确地选择轮胎花纹,对提高汽车在一定类型地面上的通过性有很大作用。越野汽车的轮胎具有宽而深的花纹,当汽车在湿路面上行驶时,由于只有花纹的凸起部分与地面接触,轮胎对地面有较高的单位压力,足以挤出水层;而在松软地面上行驶时,轮胎下陷,嵌入土壤的花纹凸起的数目增加,与地面接触面积及土壤剪切面积都增加,因而,同样能保证有较好的附着性能。

在表面滑溜泥泞而底层坚实的道路上,选用带防滑钉的轮胎或在轮胎上套防滑链,相当于在轮胎上增加了一层高而稀的花纹,可有效提高汽车的通过性。

在松软路面上选用径向刚度较小的轮胎,可减小轮胎接地压强,增大接地面积,使汽车的通过性提高。

3. 适当调整轮胎气压

在松软路面上行驶的汽车,应相应降低轮胎的气压,以增大轮胎接地面积,减小轮胎接地压强,有利于提高汽车的通过性。但降低轮胎气压,在硬路面上行驶时,轮胎变形引起的滚动阻力会增大,而且会因轮胎变形过大而降低其使用寿命。

为提高汽车通过松软路面的能力,在硬路面上行驶时又不致引起过大的滚动阻力和影响轮胎寿命,可装用轮胎的中央充气系统,使驾驶人能根据道路情况,随时调节轮胎气压。

4. 正确驾驶

正确的驾驶方法也可提高汽车通过性。在通过沙地、泥泞、雪地等松软地面时,应该用低速挡,以保证车辆有较大的输出转矩和驱动力。在行驶中应尽量避免换挡、加速或制动,并保持直线行驶,因为转弯时将引起前后轮辙不重合,增加滚动阻力。

车轮表面的泥土,会使附着系数降低。遇到这种情况,驾驶人适当提高车速,将车轮上的泥土甩掉。当汽车传动系统装有差速锁时,应在进入有可能使车轮滑转的路面前,就将差速器锁住。因为车轮一旦滑转后,土壤表面就会被破坏,附着系数下降,车轮也会下陷,再锁住差速器,其作用也会降低。

此外,为了提高越野汽车的涉水能力,应注意发动机的分电器总成、火花塞、曲轴箱通气口等的密封问题,并尽量提高空气滤清器和排气管口的位置。

模块小结

单元	重要知识点	小结
通过性的评价指标	结构参数	结构参数主要用于评价汽车在坏路条件下通过各种障碍物的能力,主要包括:最小离地间隙、接近角、离去角、纵向通过角、最小转弯半径等
	支承与牵引参数	影响汽车通过性的支承与牵引参数主要有最大动力因数、轮胎接地压强、驱动轮附着质量、前后轮迹重合系数
提高通过性的措施	结构措施	合理选择汽车的结构参数、提高最大动力因数、采用液力传动、改进差速器结构、采用驱动防滑技术
	使用措施	控制车速、正确选用轮胎、适当调整轮胎气压、正确驾驶

📖 知识拓展

汽车在坏路或无路条件下的使用

汽车在坏路或无路条件下使用时，主要会因附着条件差、滚动阻力大或障碍物的影响等，而导致牵引-附着条件恶化，使汽车正常行驶困难甚至无法行驶。

汽车在松软的土路上行驶时，由于路面的变形而形成车辙，车轮的滚动阻力增大。尤其在泥泞而松软的土路上，常因附着系数低，引起驱动轮打滑，使汽车无法行驶。

汽车在松软的沙地上行驶时，由于松软的沙地表面松散，受压后变形大，车轮的滚动阻力大，且松软的沙地附着系数低，所以汽车的通过能力下降。尤其是在流沙地上，车轮的滚动阻力系数比一般的沙路更大，驱动轮的附着系数更小，汽车通过更困难。

雪路对汽车通过性的影响主要取决于雪层的密度和硬度。雪层密度与气温和压实的程度有关，随气温降低，雪层密度减小。雪层硬度也与气温有关，随气温降低，雪层的硬度增大。雪层密度和硬度越小，车轮的滚动阻力越大，而附着系数越低，汽车的行驶条件越差。

汽车在冰路上行驶时，轮胎与冰面的附着系数非常低，且车轮滚动阻力比刚性路面相对增加，导致汽车行驶困难。为了保证行车安全，汽车在冰路上行驶时，车速要适当降低，行车间隔要适当增大，汽车在通过河流或湖泊的冰面时，还需要检查冰层厚度和坚实情况。

汽车在坏路或无路条件下使用时，改善驱动轮的附着条件和减小车轮的滚动阻力，是提高汽车通过能力的关键。常用措施包括：车轮防滑措施、自救措施和轮胎使用措施等。

1. 车轮防滑措施

在汽车驱动轮上安装防滑链是改善驱动轮附着条件的有效措施，已得到广泛应用。

常用的防滑链有普通防滑链和履带式防滑链。普通防滑链是带齿的链条，用专用的锁环装在轮胎上，这种防滑链在冰雪路面和松软层不厚的土路上有良好的通过性，而在松软层厚的土路上效果明显下降。履带式防滑链有菱形和直线形两种，能保证汽车在坏路上，甚至驱动轮陷入土壤或雪内仍可以通过，菱形履带式防滑链还具有防侧滑能力。

此外，防滑链的链条较重，拆装不方便，且装有防滑链的汽车，其动力性和燃料经济性均下降；在硬路面上行驶时的冲击使轮胎和后桥磨损增大。为此，仅在坏路或无路条件下为克服汽车行驶时，才装用防滑链。

2. 自救措施

汽车克服局部障碍或陷住时，通常可采用自救措施。如：去掉松软泥土或雪层，在驶出的路面上撒砂、铺石块或木板等，然后将汽车开出，也可以将绳索的一端绑在树干（或木桩）上，另一端绑在驱动轮上，如同绞盘那样驶出汽车。

3. 轮胎使用措施

冰雪路面附着系数小，用一般轮胎行驶较困难，国外多使用具有特殊胎面花纹的雪地轮胎，雪地轮胎在冰雪道路上具有良好的制动性能。

在松软路面上适当减小轮胎气压,可增大轮胎与路面的接触面积,减小轮胎的接地压强,从而减小滚动阻力并改善附着条件,提高汽车的通过性能。但轮胎气压降低后,轮胎变形加大,使用寿命降低,因此不能长期使轮胎在低压下工作。

轮胎胎面花纹可分为普通花纹、越野花纹和混合花纹,其中越野花纹的轮胎,其花纹横向排列、花纹沟槽深、凸出面积小,与地面抓着力大、抗刺扎和耐磨性好,适合在坏路和无路条件下使用。

此外,在坏路或无路条件下,正确的驾驶操作对提高汽车通过能力也有很大作用。如汽车通过砂地、泥泞土路或雪地等松软路面时,应采用低速挡位,并保持低速稳定行驶,以保证汽车具有较大的牵引力,防止车轮打滑和下陷,提高汽车的通过能力。

❓ 复习思考题

1. 什么是汽车的通过性?
2. 影响汽车通过性的结构参数有哪些?
3. 影响汽车通过性的驱动与附着参数有哪些?
4. 提高汽车通过性的措施有哪些?

参 考 文 献

[1] 王忠良,吴兴敏,隋明轩.汽车使用性能与检测[M].北京:北京理工大学出版社,2014.

[2] 侯树梅,冯健璋.汽车发动机原理与汽车理论[M].3版.北京:机械工业出版社,2016.

[3] 姚道如,曾凡灵.汽车检测技术[M].北京:机械工业出版社,2018.

[4] 姚文俊.发动机原理与汽车理论[M].北京:人民交通出版社股份有限公司,2019.

[5] 陈燕,陈晖.汽车发动机原理与汽车理论[M].2版.北京:人民交通出版社股份有限公司,2020.

[6] 白秀秀,高翠翠.发动机原理与汽车理论[M].北京:北京理工大学出版社,2020.

[7] 余晨光,杨波.汽车理论[M].武汉:武汉理工大学出版社,2023.

[8] 闵海涛,王建华.汽车设计[M].6版.北京:机械工业出版社,2023.

[9] 全国汽车标准化技术委员会.汽车平顺性试验方法:GB/T 4970—2009[S].北京:中国标准出版社,2010.

[10] 中华人民共和国公安部.机动车运行安全技术条件:GB 7258—2017[S].北京:中国标准出版社,2018.

[11] 全国汽车标准化技术委员会.汽车发动机性能试验方法:GB/T 18297—2024[S].北京:中国标准出版社,2024.